환국의 눈물

환국의 눈물

펴 낸 날   2024년 11월 15일

지 은 이   이병삼
펴 낸 이   이기성
기획편집   이지희, 윤가영, 서해주
표지디자인 이지희
책임마케팅 강보현, 김성욱
펴 낸 곳   도서출판 생각나눔
출판등록   제 2018-000288호
주   소   경기 고양시 덕양구 청초로 66, 덕은리버워크 B동 1708호, 1709호
전   화   02-325-5100
팩   스   02-325-5101
홈페이지   www.생각나눔.kr
이 메 일   bookmain@think-book.com

• 책값은 표지 뒷면에 표기되어 있습니다.
  ISBN 979-11-7048-756-2(03910)

아
메
리
카
대
륙
에

실
재
한

환
국
인
과

거
인
의

諸
國

이
병
삼

지
음

환국의 눈물

백두산 등 우리민족과 관련된 567개 지명을 복원하는
20년간의 세계사적 추적기록

생각
의뜰

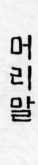

머
리
말

✳ 환국은 삼한인이 처음 세운, 대표 격인 나라다.

내가 이 책의 제목을 『환국의 눈물』이라 지은 것은 잃어버린 환국 사에 대한 수많은 선각자의 눈물을 가슴으로 느꼈기 때문이다. 아픈 진실보다는 덜 아픈 거짓이 나을지도 모른다고 말들을 하지만, 나는 뼈가 문드러지더라도 인류 앞에서 진실을 토해내야만 했다. 진실 앞에서 아픈 것은 아픈 것이 아니기 때문이다.

나는 한국사를 배우던 학창 시절부터 우리나라 역사가 잘못되었다는 말을 수없이 들어왔는데, 결국 지명이 잘못된 것이었다.

황궁씨가 마고에게 약속한 복본은 인간이 천지와 조화하는 것인데 나는 지명 복원이야말로 그 복본의 기초라고 생각하였다.

그래서 우선 지명 복원을 위해 두 가지 가설을 세웠다.

첫째, 선조들이 만든 지명은 반드시 조감도 방식으로 지어졌다.

둘째, 한국어가 산스크리트어이고 노스트라티카이며, 그 소리를 기록한 것이 가림토 문자, 한글이고 그 뜻을 기록한 것이 한자이다.

지명의 기본은 대륙명일진대, 선조들은 '신이 지구 전체를 두 팔로 감싸 안고 있는 모습'으로 세상을 상상하였다.

몸통의 땅을 진아시아, 진아라고 불렀고 왼팔의 땅을 마아시아, 마야라고 불렀다. 또 오른팔의 땅은 마아시아와 나란히 있다고 하여 '앞으로나란히아시아'라고 불렀다. 이후 현지에서는 앞으로만 따서 아프리카로, 진아시아에서는 나란히만 따서 리미아(利未亞)로 불렀다. 양팔 사이 가운데 땅은 호주가 붙어있는 남극 대륙으로 가본 달리로 불렀다. 그리고 진아시아의 오른편 땅을 변아시아, 둘레아시아(투르크)라고 불렀고 둘레아시아를 옆에서 에우른다고 하여 그 땅을 에우르옆아(Europa)로 불렀다.

그렇다면, 선조들은 어떻게 왜 조감도식 지명을 지었을까 생각해보니, 우선 어떤 지역을 재방문하기 위해 그 지역의 지상화 모양을 기록하고, 찾아가는 비행체 시스템이 있었을 것이며, 예지력이 있었던 선조들이, 훗날 조작된 조선의 지명에 넘어가지 않도록 장치를 해둔 것이리라 생각된다. 나는 선조들의 깊은 뜻을 생각하면서, 지명을 하나하나 복원하였는데 그 과정은 실로 고되고 어려운 길이었다.

그런데 조선의 지명을 왜곡한 프로젝트는 무슨 까닭으로 기획된 것인지 궁금해지기 시작하였는데, 그 목적은 한마디로 조선 부흥을 막기 위한 것이었다. 조선인을 미개한 원주민으로 조선땅을 신대륙으로 위장하여 침략을 정당화하고, 땅 매매 기록 등 기억을 조작하여 부흥 의지를 꺾어 놓는 것이다. 또 유물, 책자들을 소각하거나 대양에 투기하고, 건축물은 파괴하여 레저시설 땅 밑에 묻었다. 또 지명을 탈취하기 위해 인명, 식물명이라는 적당한 이유를 붙여 유래를 조작하는 방법도 사용되었다.

이제 지명 복원을 위해 내가 인정하지 말아야 할 것을 생각해보았다.
첫째, 아메리카 대륙에서 말이 대략 1만여 년 전에 멸종되었다고 하는데, 나는 동의하지 않는다. 1602년 마테오리치가 제작한 곤여만국전도를 보면 아메리카 대륙에 '馬' 자가 들어간 지명들이 수없이 많기 때문이다.

둘째, 아메리카 역사에 철기 문명이 없었다는 것도 동의하지 않는다. 세계 최대의 광산이 브라질에 있고, 남미에 적철광 광산이 개발된 흔적이 있는데 철기 문명이 없었다고 할 수 없는 것이다.

셋째, 아메리카에 코끼리가 없었다는 것도 동의하지 않는다. 코끼리 무덤이 우루과이, 콜롬비아 북부 지역, 아르헨티나 푸에르토마데로 지역에서 발견되기 때문이다.

넷째, 베링해협이 수만 년 전부터 있었다는 말도 동의하지 않는다. 이는 고지도를 분석하여 18세기에 베링해협이 생겼다는 김종문 님의 주장에 동의하기 때문이다.

나는 남북미 대륙을 중심으로 지명을 기술하였으며, 그 외의 땅에 대하여 구체적으로 다루기에는 더 많은 연구가 필요할 것으로 보인다. 또한, 실질적인 고토 회복보다는, 진실된 세계사와 지명으로 복원하는 것이 시급하고, 그 바탕하에 선한 마음으로 인류 전체에 영향을 주는 것이 나에게 주어진 사명이라 생각한다.

마지막으로 이 책이 나오기를 오랫동안 바라 마지않던, 내가 하늘만큼 땅만큼 사랑했던, 나를 너무도 사랑한, 나의 어머니의 영전에 이 책을 바친다.

2024. 3. 봄날 아르턴 꽃향기에 취하면서
저자 이병삼

제1편

아눈나키 문명부터 환국의 쇠락까지

(43만 년 전 ~ 기원전 3897년)

"수밀이 신화와 마고 신화 등을 종합해 보면, 43만 년 전 아눈나키 문명이 있었고, 33만 년 전 인류 탄생과 더불어 마고성 시대가 도래하였다.

기원전 70378년 오미의 난으로 말미암아 인류는 마고성 시대를 마감하고 전 환국 시대를 맞이한다.

그리고 기원전 7197년에 환인씨에 의해 한민족의 대표 격 국가인 환국이 세워졌다. 지금은 잊혀진 환국의 역사에 대하여 슬퍼하는 선조들의 눈물을 상상하였다."

가. 아눈나키 문명

수밀이 신화에 따르면, 니비루별의 왕족과 아눈나키들은 고향별을 떠나 43만 년 전 지구에 도착한다.

니비루별의 왕 아누의 자식인 엔릴, 엔키, 그리고 닌마(마고)가 광산 노동자인 아눈나키들의 노동을 지도하였는데, 그들의 임무는 고향별의 대기를 정화할 금을 캐내어 니비루별로 보내는 것이었다.

33만 년 전 과중한 노동으로 불만이 증폭된 아눈나키들이 반란을 일으킬 조짐을 보이자, 지도자들은 그들의 임무를 대신해줄 새로운 인간 루루를 만들기로 결정하였다.

이 43만 년 전부터 10만 년간은 오로지 신이라 불린 지도자들과 아눈나키의 문명만이 존재하였다.

나. 마고성 시대

수밀이 신화와 부도지에 따르면, 마고성 시대는 인간 창조된 33만 년 전부터 시작한다.

기록을 종합하면 인간 창조 기록은 아래와 같다.

수밀이 신화에 나오는 7대 신 가운데 하나인 닌마(Ninmah)가 바로 마고인데 그는 이복형제 엔키와 함께 인간 창조를 주도하였다.

그들은 먼저 실험실에서 아눈나키의 정자(선천)와 원시 인류의 난자(후천)를 수정하여 혼합 수정체를 만들었다. 이를 닌마 자신의 자궁에 착상시켜 궁희와 소희란 여자를 낳았는데, 궁희는 뱀의 이미지였고, 소희는 큰 새의 이미지여서 그렇게 불렀다.

다음 단계로 혼합 수정체를 궁희, 소희의 자궁에 착상시켜 황궁, 청궁, 백소, 흑소의 남자 넷과 그 짝이 되는 여자 넷을 낳게 했다.

이들이 씨 인간 나반(아버지) 4명과 아만(어머니) 4명이며 이들이 서로 교배하여 인구를 불린 다음 광산 노동에 투입된 것이다.

수밀이 신화와 부도지는 인간 창조에 있어 서로 다른 기술들이 많지만, 내용의 줄거리는 같기에 저자는 서로 보완할 수 있다고 보았다.

1. 아이사타(阿耳斯它)

인류의 조상 나반과 아만이 처음 만난 곳은 아이사타(阿耳斯它), 사타려아(斯陀麗阿)라고 전하는데 이곳을 마고성으로 볼 수 있다.

아이사타(阿耳斯它)에서 阿는 '언덕', 耳는 '귀 모양', 斯는 '떨어지다', 它는 '뱀'이므로, 이으면 떨어진 뱀 허물을 가진, 귀를 닮은 언덕인데, 현재 아르헨티나

© Google Map(Earth)

산후안 동편 Mogote Corralitos산(-31.624, -67.908)에 있다.

인간 창조부터 기원전 70378년경까지 26만 년 동안이 마고성 시대인데, 마고성에서 인간들이 교배되고 새로 생긴 인간들은 전 세계 광산에 노동자로서 파견되었다.

기원전 70378년경에는 '오미의 난'이 일어나 인간들을 통제하기 어려워지자, 마고(닌마)는 4개의 민족이 마고성을 떠나 각자도생하게 하고 훗날 때가 되면 복본하도록 명하였다.

다. 전환국 시대

전환국 시대란 백소씨계의 지소씨가 일으킨 '오미의 난'으로 인간들이 마고성을 벗어난 이후인 기원전 70378년부터 환국이 세워질 때인 기원전 7197년까지의 63,182년 동안을 말한다.

영생에 가까운 수명을 누렸던 황궁씨(직계 유인씨), 청궁씨, 백소씨(직계 지소씨), 흑소씨가 마고성 밖에서 각자 후손들을 다스렸다.

1. 부도(符都)

© Google Map(Earth)

마고성 시대 26만 년간 사람들은 율려(律呂) 즉 자연의 소리에 따라 자유자재로 살았다. 이 율려는 지상의 모양도 바꾸어놓았는데 율려에 의해 만들어진 것이 부도(符都)이다.

또 마고성 사람들이 오미의 난(포도당 중독)에 빠져 자신의 처지를 각성하게 되자, 마고도 더 이상 통제할 수 없었는데, 이들이 마고성 밖으로 처음 뛰쳐나간 곳이 바로 인근의 부도(符都)이다.

부(符)는 '씨방'의 뜻이요 도(都)는 '도읍'이므로, 이으면 씨방 모양의 산등성이를 가진 땅이다. 현재 아르헨티나 산후안 북측, 울룸산(-31.370, -68.642)에 있다.

2. 큰안장산

율려는 큰안장산도 만들어 내었는데 우측
그림의 아르헨티나 Albardon산(-31.298,
-68.419)에 있다.

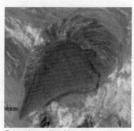

© Google Map(Earth)

라. 환국 시대

황궁씨 계열의 환인씨가 구다천에 나라를 세우는 등 12개의 환
국이 세워진 기원전 7197년을 기원으로 하여 배달국이 세워진 기
원전 3897년까지 3,301년 동안을 환국시대라고 한다.

청궁씨는 황궁씨 나라에 거의 동화되었고, 백소씨 흑소씨는 기골
이 장대하여 북미, 남미 남부, 남미 동부에 장인국을 세웠고 일부는
환국과 대결하고 일부는 환국과 협력하였다.

1. 사납아국(斯納阿國)

사납아국에서 斯는 '희다', 納
는 '젖다', 阿는 '언덕'이므로
이으면 흰젖언덕국가이다.

흰젖언덕을 다시 한자 말로 바
꾸면 바로 牛乳堆(우유니)라고
한다. 현재 우유니 사막(Salar

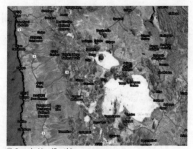

© Google Map(Earth)

de Uyuni) (-20.067, -67.510)이 바로 사납아국이 있었던 곳이다. 이
나라는 소금 무역을 주업으로 하여 살았는데 인구는 많지 않았다.

2. 우루국(虞婁國)과 필나국(畢那國)

2-1. 우루국(虞婁國)

우루국의 우(虞)는 '헤아리다', 루(婁)는 '거두어들이다'라는 뜻이므로 이으면 해가 지는 나라가 된다. 현재 볼리비아 티와나쿠 문명의 지역 (-16.533, -68.678)으로 티와나쿠의 뜻은 해환국이다.

티티카카(Titicaca)는 해(티티)가 (들어)가는 곳을 의미하고 그것은 우루의 해설과 같다. 우루스섬은 티티카카 호수 위의 인공섬으로 고대 우루국의 후손 우루족들이 살고 있다. 아이마라 문명 역시 이 지역에서 발생한 것인데 아이는 해요, 마라는 없어진다는 뜻으로 우루의 해설과 역시 동일하다. 즉 우루국, 티와나쿠, 티티카카, 아이마라는 해가 진다는 같은 뜻을 지니는 것이다.

한편, 티와나쿠로부터 500m 남쪽에 Puma Punku가 있다. 아이마라족(우루족)이 건축한 도시 푸마푼쿠는 섬록암을 재단한 정교한 건축물로 유명하다. 고대 해환국에서는 퓨마(범)의 성질이 온순하여 애완용으로 키웠는데 야생에 풀어준 곳이 푸마푼쿠이다. 「범 내려온다」라는 노래 구절에도 우리는 전혀 공포감을 느끼지 않는 것은 범이 바로 애완동물 퓨마이기 때문이다.

우루국(虞婁國)은 필나국(畢那國)과 연방제로 존재하였으며, 환단고기에는 하나의 환국으로 기록되어 있다.

2-2. 필나국(畢那國)

필나국에서 필(畢)은 '마치다', 나(那)는 '성', '산', '삐쭉(솟은 땅)'을 뜻하므로 합하면 마치삐쭉, 즉 마추픽추(Machu Picchu)이다. 마추픽추는 우리말로는 성장을 마친 오래된 산, 케추아어로는 오래된 봉우리의 뜻을 가진다.

우리말 왜다(외다의 방언)는 '같은 말을 되풀이하다', '메아리치다'의 뜻을 가지는데, 인근의 와이나픽추(Wayna Picchu)는 마추픽추와 서로 메아리쳐주는 사이의 산이다.

우르밤바 계곡의 마추픽추는 고대 환국의 하나로 세워졌다가, 파차쿠티(Pachacuti) 잉카 황제가 1400년경에 보수하였으며 Francisco Pizarro가 1532년에 대환천수(잉카제국)의 정복 전쟁을 시작한 후, 1572년 신잉카국마저 멸망하면서 필나국은 오랫동안 잊혀졌다.

3. 비리국(卑離國)

비리국은 별칭 비나국(卑那國)이며 현재 나스카 지역에 있었다.

11세기 유통되었던 노르웨이의 동전이 나스카에서 발견된 것은 비리국 멸망 이후에도 나스카인들이 전 세계를 항해하였음을 보여주는 것이다. 나스카(나즌곳) 평원에 가보면 12환국의 시그니처들이 그려져 있다.

아메리카 지명이 거의 조감도식으로 명명되었고, 초고대 남미 인도에 비행정의 사용 기록이 있고, 1592년에 발발한 임진란에서도 비거라는 비행체의 제작과 사용 기록이 있으므로, 선조들은 비행체를 운행한 것으로 볼 수 있다.

즉 이곳에는 12환국의 동맹을 다지기 위하여 12환국의 시그니처가 나스카 평원에 나열되어있다. 예를 들면, 매구여국은 나무를, 직구다국은 거미를, 일군국은 사슴을, 구다천국은 콘도르를, 비리국(나스카)은 펠리칸을, 구막한국은 범고래를 그렸으며, 침략받았을 때는 또 다른 모종의 신호를 그렸을 것이다. 동맹국 간 사정을 알고, 서로 간의 전쟁을 방지하고, 침략에 공동으로 방어함으로써 환국의 안전 보장을 지키기 위한 그림인 것이다.

여기서 나는 동맹의 노래를 불렀다.

우리의 동맹이여
힘들고 어려우면 동맹에 도움을 청하라
여기 동맹의 이름들이 있노라
우리의 동맹은 이익이 아니라 핏줄로 감싸져 있노라
동맹의 중심이던 진아시아가 갈라지면서 분열하였고
마침내 적의 수중에 떨어졌도다
그러나 오늘날 동맹은 새로이 재건되었다
그러니 다시금 일어나서 동맹을 부르라
동맹은 쉬거나 다리 뻗지 않고 눈물로 달려가리라
옛날 그때처럼

4. 구모액국(句牟額國)

4-1. 구모국(句牟國)

구모국(句牟國)에서 句는 '굽다', 牟는 '소 우는 소리'이므로, 합하면 (배)꼽 속곳이고 이른바 쿠스코(Cusco)가 된다. 잉카말로도 쿠스코는 배꼽이란 뜻을 갖고 있다.

4-2. 액국(額國)

액국은 리마국(利禡國)과 같다.

리마국에서 리(利)는 '승전', 마(禡)는 '마제'를 의미하므로 합하면 승전 의 마제를 뜻한다. 그런데 리마가 머리에 있는 이마로도 불리면서 별 칭 액국(額國)으로도 불리고 서로 혼용하게 된 것이다. 리마(Lima)는 원주민어로 '예언하는 곳'이란 뜻인데 이마(額)에는 예언과 관련된 제3 의 눈이 있는 곳이므로 서로 통한다.

리마 근교의 파차카막 유적지에는 피라미드를 볼 수 있는데 환국의 피라미드 조건을 만족한다.

5. 수밀이국(須密爾國)

수밀이국은 수국(須國)과 밀국(密國)과 이국(爾國)의 연합국이다.

수(須)의 뜻은 '기다리다' 이므로 키토이며, 밀(密)의 뜻은 '촘촘하다' 이므로 촌(Chone)이며, 이(爾)의 뜻은 '같이'이므로 까르치(Carchi)를 가리킨다. 이 삼국은 현재 에콰도르에 위치하므로 이곳이 수밀이국 의 본산이다. 또 푸네이 피라밋은 에콰도르의 안데스 산맥에 있다.

우리에게는 수메르 문명으로 알려진 나라가 바로 수밀이국이다. 에 콰도르의 무타트 신화가 수메르 아눈나키 신화와 유사한 것은 우연이 아니다.

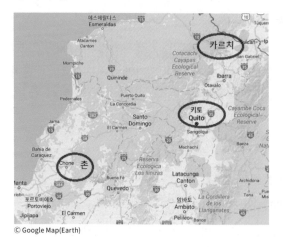
© Google Map(Earth)

19세기 후반 메소포타미아 바빌로니아 문서 보관소에서 발굴된 수천 개의 쐐기 문자로 쓰인 점토판들 중 일부는 수밀이국, 즉 현 에콰도르에서 반출되었을 가능성이 크다고 본다.

에콰도르는 적도선에 있으므로 니비루로 가는 우주선의 기착지로 적당하므로 아눈나키들이 여기에 피라미드를 세워 우주선의 기착을 유도했다고 보는 것이다. 오늘날에도 우주선 발사지로 적도 부근을 선호하는데 메소포타미아는 적당한 위도에 있지 않다. 점토판의 흙의 성분을 분석하면 어느 지역 흙인지 밝혀질 것으로 본다. 16세기경 중남미를 해씨판 일본이 점령하면서 수많은 고대 기록을 불태우고 역사를 은폐했다는 점에서 이를 분석해 보아야 한다.

인접한 페루의 북부 모체 문명에서도 점토판 기술을 사용했다고 알려져 있고 북미에서 미시간 서판이 발견되는 등 이 기술은 메소포타미아만의 독점 기술은 아니다.

6. 양운국(養雲國)

양운국에서 양(養)의 뜻
은 '먹이다', 운(雲)의 뜻
은 '덩이'이므로, 합하면
먹덩이, 검은 덩어리이다.
현재 콜롬비아 중부에 있
는 지역인데 서편 끝의
좌표는 (2.953, -73.160), 동

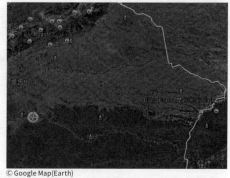

© Google Map(Earth)

편 끝의 좌표는 (6.073, -67.464)에 있다.

7. 구다천국(句茶川國)

기원전 7197년 안파견
환인이 처음 구다천(사
백력)에서 구다천국(句茶
川國)을 열었고, 기원전
5800년경 구다천국의 제
3대 고시리 환인 때, 제
후국인 구로국과 독로국

© Google Map(Earth)

사이에 '쿠루크세트라 전쟁'이 벌어져 결국 독로국이 구로국을 쳐부수
고 아유타국을 포함한 구다천 전체를 장악하여 제4대 주우양 환인의
구다천국시대를 열었다.

이 지역 출신은 許라는 성을 쓰는데 許를 파자하면 '정오(태양)을 말
하다.'이고, 자훈이 '(태양을) 바라다.'이므로, 허씨 성을 가진 자들이
바라다족이다.

구다천국(句茶川國)에서 句는 '당기다', 茶는 '소녀', 川은 '들판'이므로, 이으면 댕기 머리 소녀 모양의 들판 국가이고, 현재 브라질, 가이아나, 베네수엘라 삼국에 걸친 땅(3.836, -60.535)에 있다. 또 사백력에서 斯는 '찍다', 白은 '밝다', 力은 '힘주다'이므로 합하면 짝'찍'발로 힘주고 있는 모양이고 이는 구다천을 달리 해석한 것이다.

8. 흑수백산(黑水白山)

흑수는 밀림의 나뭇잎 등과 같은 유기물이 부식된 것이 흘러나와 검은 빛을 띠고 있으므로 이름 지어졌고, 네 개의 지류가 있기에 별칭 네그루강으로도 불린다. 洛이란 물 모양을 한 낙수도 흑수의 일부분이었다. 백산은 구다천국의 근간을 이루는 구다천 고원을 이르는 말이다.
환국의 중심은 구다천국인데 그 영역을 이를 때 흑수의 이북, 백산의 땅이라고 하였다.

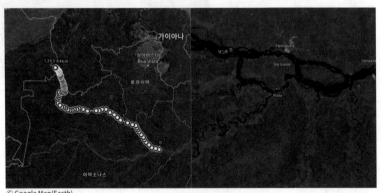

© Google Map(Earth)

9. 구로국(俱嚕國)

구로국에서 俱는 '갖추다', 嚕는 '알랑거리다'이므로 이으면 갖알라, 갓난 알라이다. 그림 중간에 누워있는 갓난아기가 보이는데, 현재 베네수엘라 볼리바르주(5.209, -61.691)에 있다.

© Google Map(Earth)

구로국은 쿠루(Kuru)국으로도 부르며 구다천국의 제후국이다.

10. 독로국(瀆盧國)

독로국에서 瀆은 '도랑', 盧는 '가마우지'로 이으면 도랑(민물) 가마우지 모양의 땅이다. 이 형상의 땅이 현재 베네수엘라 볼리바르주(5.732, -62.390)에 있다.

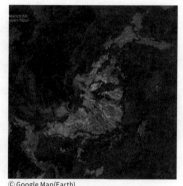
© Google Map(Earth)

별칭 세트라국(새터나라)으로도 불리며 구로국의 북동쪽 50km 거리에 있으며 구로국과 같은 종족이나 서로 사이가 매우 좋지 않았다.

한편 변진독로국(弁辰瀆盧國)은 북개마대령의 서쪽에 있고 월지국(온두라스)이 그 북쪽 500리(235km)에 있는데 독로국과 비슷한 이름이나 완전히 다른 나라이다.

11. 아유타국(阿踰陁國)

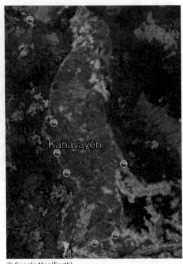

© Google Map(Earth)

아유타국에서 阿는 '아름답다', 踰은 '지나가다', 陁는 '길게 이어진 모양'이므로 합하면 알(고환)을 지나 (사정액이) 길게 이어진 모양을 나타낸다. 현재 베네수엘라 볼리바르주(5.636, -61.764)에 있다.

김수로 왕비 허황옥의 고향 아유타국은 구다천국의 제후국이며 허씨, 바라다족의 나라이다.

12. 매구여국(賣勾餘國)과 직구다국(稷臼多國)

구로국-독로국 전쟁에서 독로국이 구로국에 승리하자 구로국 잔존 세력은 이동하여 12환국 중 하나인 직구다국-매구여국으로 망명하게 된다.

직구다국에서 稷는 '삼가다', 臼는 '나무', 多는 '포개지다'이므로 합하면 삼나무가 포개진 모양의 나라를 뜻하는데 현재 베네수엘라 구아리코주(8.352, -65.379)에 있다.

또 매구여국에서 賣는 '으스대다', 勾는 '휘어지다', 餘는 '남다'이므로, 이으면 여섯 휘어진 나무 모양의 나라란 뜻이고 현재 베네수엘라 구아리코주(9.205, -65.608)에 있다.

© Google Map(Earth)

13. 파내류산(波奈留山)

파내류산에서 波는 '주름', 奈는 '어찌', 留는 '머무르다'이므로 합하면 주름살 어멈 모양의 산이다. 현재 브라질 Capoto/Jarina(-9.860, -53.291)에 있는데 긴 매부리코의 주름살 어멈이 보인다.

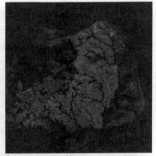

© Google Map(Earth)

14. 파라내국(波羅奈國)

파라내국에서 波는 '달리다', 羅는 '벌이다', 奈는 '어찌'이므로 합하면 달벌레국이다. 파나류산과 파라내국은 근거리에 위치하나 전혀 다른 곳이다. 불경전에는 석가모니가 전생에 이 달벌레국 대왕의 아들, 인욕 태자였음

© Google Map(Earth)

을 말하고 있다. 달벌레국은 12환국에 속하지는 않지만, 환단고기
에는 자주 언급되는 나라인데 현재 브라질의 파라주 가야포(-8.250,
-52.038)에 있다.

곤여만국전도(坤輿萬國全圖)에는 皮可라가 있는데 皮는 '벗기다', 可
는 '들다', 라는 옥편에 없는 한자로 벌레 변에 음가는 '라'이므로, 버
들벌레가 되는데 곧 버들하늘소이다. 따라서 피가라는 달벌레국의
별칭이며, 달벌레는 민간에서는 비슷한 모양의 옥토끼로도 불렸다.

15. 곤륜(崑崙)

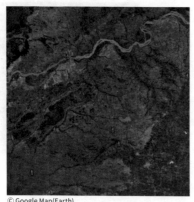

© Google Map(Earth)

본래 석가모니 이전의 불교의
발상지는 곤륜(崑崙)과 이전원
(伊甸園)이다.

곤륜에서 崑은 '오랑캐', 崙은
'산'이므로 곤륜은 오랑캐 산이
다. 오랑캐는 곤륜을 포함하여
오난하(오리노코강) 인근의 고귀
한 족속을 이르는 말이다. 즉
'오난하의 강가에 사는 이'라고 해서 오난가이라고 했는데 이 말이
오랑캐로 굳어져 버린 것이다.

오랑캐의 특징은 적어도 直前生의 기억을 가지고 있는 점인데 항상
유리한 것은 아니었다. 군사 조직의 경우, 전생 기억은 적군 살상에
방해만 되었으므로 강제로 기억 퇴행 작업을 하기도 하였다.

곤륜은 베네수엘라 안소아테기주(8.334, -64.642)에 있는데 긴 코와
긴 수염의 신선(오랑캐)이 구름을 타고 날아가는 모습을 볼 수 있다.

16. 이전원(伊甸園)

이전원에서 伊은 '너', 甸은 '다
스리다', 園은 '사원'이므로, 합
하면 네다섯 개의 (나무로 둘러싸
인) 사원을 의미하는데 현재 베
네수엘라 안소아테기주(9.251,
-65.221)에 있다.

이전원과 매구여국은 거의 같
은 지역을 가리킨다. 이전원이

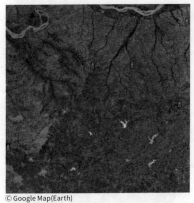
© Google Map(Earth)

불교의 본산이라면 이곳을 터전으로 하는 매구여국 역시 같은 본산
의 지위를 가진다.

17. 구막한국(寇莫汗國)

구막한국에서 寇는 '자르다', 莫은 '매우 넓다', 汗은 '나다'이므로 이
으면 자매 둘이 태어난 곳, 이른바 두랑고(둘 난 곳)이다.

초기 구막한국에는 위대한 자매가 태어났으며 두랑고 북쪽의 Her-
mosillo은 자매의 묘실이 있는 곳으로 추정된다. 구막한국은 양운
국으로부터 100일(4,700킬로미터)을 가야 한다는 진서의 기록에 따라,
가리키는 곳이 두랑고이므로 이곳을 구막한국으로 특정하였다.

18. 고목국(枯木國)과 니카라구아

중남미의 과테말라는 고목(枯木)이란 뜻의 Kuautemalon이 그 어원
이라고 하며, 우리말로는 '겉에 말라'란 뜻이다. 따라서 과테말라는

우리 역사의 실존하는 고목국이며, 고목의 원형은 현재 멕시코 치아파스(16.664, -91.195)에 있다.

© Google Map(Earth)

그림의 우측 하단에 나무 한쪽이 썩어 말라버린 빈 공간을 빗대어 고목으로 표현하고 있다. 니카라구아에서 '니'는 둘을 뜻하고, '카라'는 꼴을 뜻하고 '구아'는 물이므로, 두 모양의 물이란 뜻을 가졌다.

곤여만국전도에는 와적마혁(瓦的馬革)으로 적혀있는데 瓦는 '이다', 的은 '곱다', 馬는 '아지랑이', 혁(革)은 '늙다'이므로, 해석하면 이 곱의 하늘, 즉 두 개의 천해란 뜻이다. 따라서 니카라구아와 와적마혁은 서로 통한다.

19. 객견현한국(客見賢汗國)

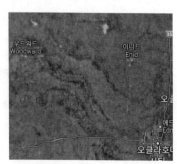
© Google Map(Earth)

별칭으로 客見汗國이나 客賢汗國으로도 불린 이 나라의 원형은 객견현한국(客見賢汗國)이다. 見과 賢은 음가가 현으로 같으므로 중복으로 인식하여 見을 지워버린 것으로 추정된다.

객견현한국(客見賢汗國)에서 客은 '붙이다', 見은 '볼', 賢은 '어질다', 汗은 '땀'으로, 이으면 부채 버리지 땅 나라가 되는 것이다. 현재 오클라호마주(35.774, -97.799)에 부채 벌레 모양의 땅이 보인다.

객견현한국은 곤여만국전도에서는 가파사기국으로 나온다. 加는 '들다', 巴는 '소용돌이', 斯는 '떨어지다', 祈는 '빌다'이므로 온갖 것들이 들리고 소용돌이치고 떨어질 때 신에게 비는 나라, 곧 가파사기국이다. 가파사는 토네이도를 설명하는 단어이므로 가파사기국은 지도 위치상 토네이도가 자주 발생하는 현재의 오클라호마주를 가리킨다.

20. 선비이국(鮮卑爾國)

선비이국(鮮卑爾國)에서 鮮은 '좋다', 卑는 '같이', 爾는 '가깝다'이므로, 남성 성기와 같이 있고 가깝다는 뜻이므로, 곧 고환을 말한다. 이 나라에는 별칭이 많이 있는데, 선비국은 줄임말이고 선패국은 잘못된 표기이다.

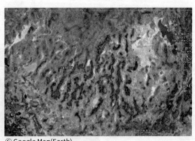
© Google Map(Earth)

또 별칭 탁위국(啄韋國)에서 啄은 '부리', 韋는 '가죽'이므로 불(알)의 피부를 의미하고 별칭 시위국(豕韋國)은 멧돼지 가죽 모양을 뜻한다. 또한, 별칭 통고사국(通古斯國)에서 通은 '알다', 古는 '묵다', 斯는 '떠나다'이므로, 이으면 알(정자)이 저장되어 떠나는 곳, 곧 고환을 뜻한다. 따라서 현재 두 고환 모양이 있는 네바다주(39.960, -115.688)를 선비이국(鮮卑爾國)으로 특정한다.

21. 일군국(一群國)

일군국은 기원전 7197년 건국되었던 12환국 중 하나이다. 일군국(一
群國)에서 一은 '하나'이며 群은 '무리'이므로, 이으면 아무리국이다.
18세기 초까지도 베링해협이 없었기에 현 동북아와 현 북미 대륙을
합하여 아시아 대륙이라 했고 현 남미 대륙은 아메리카라 하였는데
일군국은 현 북미 대륙의 동북 면에 있는 나라였다.

22. 진서 기록상 숙신(구다천국)에서 일군국까지 마행 5만 리

22-1. 숙신에서 비리국까지 마행 200일(9,400km)

© Google Map(Earth)

22-2. 비리국에서 양운국까지 마행 50일(2,350km)

© Google Map(Earth)

22-3. 양운국에서 구막한국(두랑고)까지 마행 100일(4,700km)

© Google Map(Earth)

22-4. 구막한국에서 일군국까지 마행 150일(7,050km)

© Google Map(Earth)

제2편

배달국 건국부터 단군조선 멸망까지

(기원전 3897년 ~ 기원전 232년)

"배달국은 기원전 3897년에 건국하였고 뒤를 이은 단군조선은 기원전 232년에 멸망하였는데 그 무대는 남북 아메리카 대륙이었다.

배달국과 단군조선 외에도 수많은 제후국들의 흥망성쇠가 있었으며, 백성들은 개인 무술을 익혀 무림의 세상을 이루기도 하였고, 불교 등 거대 종교가 남미 인도에서 발흥하기도 하였다."

무림의 지명

천자국과 제후국의 도읍지가 변천하면, 이전 도읍지 세력들은 독자세력을 구축하게 되는데 그것이 무림의 기초가 되었다. 이때 왕조의 지배 구조에 따라 무림은 친왕조 또는 반왕조가 되기도 하였다.
무림의 문파는 도교적 특성을 가진 곳이 특히 많았다.

1. 무당산(武當山)

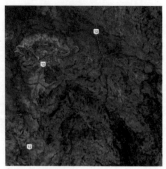
© Google Map(Earth)

무(武)는 '발자국', 당(當)은 '바닥'이므로, 합하면 발바닥이다. 현재 베네수엘라 볼리바르주(7.191, -66.376)에 있다. 여기에 발바닥 모양의 땅이 보이는데 상나라 수도인 은의 북쪽에 있다.

2. 소림산(小林山)

© Google Map(Earth)

소림사는 소림산에 있다. 소림에서 小은 '첩(妾)', 林은 '수풀'이므로 해설하면 여성 성기를 말한다. 현재 콜롬비아 과이니아주(3.805, -67.833)에 있다.

3. 공동산(崆峒山)

공동산을 중심으로 무림의 공동파가 만들어졌다. 空 모양의 산과 同 모양의 산을 찾아야만 했는데 현재 브라질(-8.909, -65.350)에 있었다.

© Google Map(Earth)

4. 아미산(峨眉山)

峨는 '높다', 眉는 '눈썹'이므로 합하면 높은 눈썹 모양의 산이다. 현재 콜롬비아 카케타주(0.591, -72.611)에 있다.

© Google Map(Earth)

5. 화산(華山)

화산은 도교(道敎)의 발상지로도 유명하다. 華는 '외관의 미화, 흰가루(白粉)'라는 뜻이므로, 백분으로 화장한 모습의 산을 뜻한다. 현재 베네수엘라 볼리바르주(6.500, -63.320)에 있다.

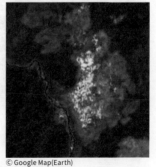

© Google Map(Earth)

6. 천룡산(天龍山)

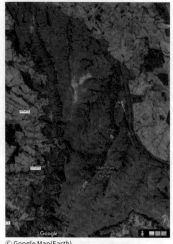

© Google Map(Earth)

천룡산을 중심으로 천룡방(天龍幇)이 만들어졌다. 天은 '남편', 龍은 '은총'이므로, 합하면 남편의 은총이란 뜻이다. 더 해설하면, 부부가 성관계하는 모습을 남편의 은총이라 하는데, 여럿 부인 중에 한 부인에게 합방의 기회가 주었다면 은총과 다름없었을 것이다. 현재 브라질 마토그로소(-15.811, -59.363)에 있다.

7. 개방(丐幇)

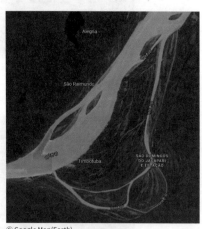

© Google Map(Earth)

개방에서 丐은 '빌다', 幇은 '무리'이므로, 이으면 빌무리, 즉 별무리이다. 현재 브라질 아마소나스(-2.730, -67.441)에 있다.

아마존강 주위 평지에 별무리 같은 흔적들이 보인다. 따라서 개방의 뜻은 거지무리가 아닌 찬란한 별무리임을 알아야 할 것이다.

8. 점창산(點蒼山)

점창산을 기반으로 하여 도교 문파, 점창파가 탄생하였는데 주로 사일검법의 무공을 사용한다. 點은 '따르다', 蒼은 '어슴푸레하다'이므로, 이으면 딸이 긴 한데 어슴푸레한 모양의 땅이다. 다시 해설하면 치마 입은 모습과 얼굴로 보아 여자이긴

© Google Map(Earth)

한데, 남성 성기를 가지고 있으니 딸이라고 하기도 힘든 상태라는 것이다.

현재 파라주 Munduruku(-7.171, -57.680)에 있다.

Munduru는 호국 밀교 의식으로 신인(神印)으로 번역되는데 이 술법을 행하는 곳을 Munduruku라고 한다.

9. 취화산(翠華山)

翠는 '물총새', 華는 '산 이름'이므로 물총새 산이다. 현재 콜롬비아 메타주(1.800, -73.933)에 있다. 종남산(終南山)이라고도 하며 이 산 남쪽에 백제의 수도 사비성이 있다.

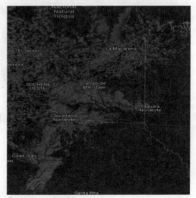
© Google Map(Earth)

10. 제운산(齊雲山)

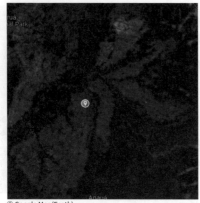

© Google Map(Earth)

도교 4대 성지(무당산, 청성산, 제운산, 용호산) 중의 하나이다. 齊은 '배꼽', 雲은 '덩이짐'이므로 이으면 배꼽의 덩이(혹)이다. 현재 브라질 로라이마(1.033, -60.921)에 있다.

11. 호접곡(蝴蝶谷)

© Google Map(Earth)

호접은 나비란 뜻으로, 호접곡은 현재 브라질 파라(-8.704, -52.088)에 있는데 화과산 속에 있다. 호접곡은 접곡의 신이 사는 곳이기도 하다. 그림에서는 상부 가운데에 나비의 더듬이가 보인다.

12. 화과산(花果山)

화과산은 손오공이 태어난 수렴동이 있는 곳이다. 화과산에서 花는 '비녀', 果는 '끝내'이므로, 이으면 비녀의 끝에 있는 산이다. 현재 브라질 파라주 Badjonkore(-8.690, -52.122)에 있다.

© Google Map(Earth)

13. 화과산 내 수렴동(水簾洞)

수렴동은 화과산 내에 있으며 Iga-rape do Guariba가 지나는 곳이면서, 낙차가 큰 곳이면서, 안쪽에 동굴이 있다면 수렴 동굴일 것이다. 손오공이 원숭이 왕으로 있었던 곳이며, 브라질 파라주(-8.778, -52.081)에 있다.

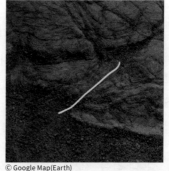

© Google Map(Earth)

손오공은 10대 제자이자 수달타의 조카인 수보리의 제자가 되어 도술을 전수받았고, 제멋대로 굴다가 스승의 스승인 석가모니 손바닥에 굴복하여 오행산에 천 년 가까이 구속되었다.

삼장(현장)법사(600년~664년)는 624년 24살에 서역에 구도여행을 떠나는데 손오공이 그의 수호자로서 발탁되면서 드디어 오행산에서 풀려난다. 구도여행을 성공적으로 마치고 손오공은 투전승불이 되었으니, 무림과 불교에 모두 관계가 있는 인물이 되었다.

나. 불교에 관한 연구

A. 반야 사상과 선극 사상

불교를 포함한 인도 철학의 주요 논점은 반야(般若)를 해설하는 것이다. 般若의 般은 '돌다', 若는 '좇다'라는 뜻이므로, 돌고 좇는 것이란 말이 되고 이를 실천하는 것이 지혜란 뜻이 된다.

우리가 사물을 볼 때 좌로 도는가 우로 도는가를 보고, 또 N극을 좇는 것인지 S극을 좇는 것인지 보라는 것이 선극(旋極)이며 반야이자 지혜인 것이다. 따라서 마하반야바라밀다는 '큰 旋極의 바람이 일기를 바랍니다.'란 뜻이 된다.

선극을 아는 것이 주천을 할 수 있는 마음가짐이 되고, 주천에 의하여 머리에 일곱 촛대가 생기고, 아라한이 될 수 있는 것이다. 반야는 산스크리트어 Prajña(쁘락냐)의 한자 음역인데 쁘락냐는 우리말로 '풀어주냐'란 뜻이다. 반야나 선극을 알면 우리 몸의 속박이 풀려 해탈로 나아가는 첫걸음이 된다는 말이다.

나는 2001년 세계 최초로 근원선극(近圓旋極)이란 개념을 『보면 낫는다』라는 저서를 통해 주장하였다. 나의 선극 개념 중 선성은 3종류(우선성, 좌선성, 무선성)로 극성은 3종류(N극성, S극성, 무극성)로 나뉘고 여기에 근원성의 3종류(근성, 원성, 무근원성)를 도입하여 15개의 근원선극성(iN+, iN-, IS+, IS-, iO, fN+, fN-, fS+, fS-, fO, eN+, eN-, eS+, eS-, eO) 즉 에너지 문자를 만들었고 오방(사방과 중앙)에 적합한 에너지 문자를 측정하여 그 합체인 오선극도를 만들었다. 이 문자로 사방과 중앙 등 오방을 15개 중 하나의 문자로 표현을 한 것이 오선극도인데 모두 759,375종류가 있다.

오선극도로 표현된 공간 에너지 분포는 실제 공간 에너지의 근사치
인데 이것이 필요한 이유는 디지털화에 필수적이기 때문이다.

xyz좌표계는 우주의 모든 공간을 기록할 수 있는 혁신을 가지고 왔
지만, 기준점으로부터 거리상의 계측만을 이끌어낼 뿐, 좌표계 공
간 지점의 에너지를 표현할 방법이 없었다. 그래서 내가 주장하는
신좌표계는 xyzω인데 ω는 오선극도를 나타내는 에너지 문자 5개로
표현한다. 이렇게 함으로써 물리적 좌표와 에너지 좌표로 어떤 지점
을 완벽히 기록할 수 있는 것이다.
에너지를 기록하는 이유는 우리가 필요한 에너지를 사용하기 위함
이고 이렇게 함으로써 우주 전체의 에너지 특성을 알고 블랙홀과
스타게이트를 예측할 수도 있는 것이다. 하지만 이 개념은 당시 세
상에는 큰 관심을 끌지는 못하였다.

B. 석가모니에 관한 연구

반야를 기본으로 한 인도 철학은 19세기에 지명 이동이란 역사 왜
곡으로 더 이상의 발전이 멈추어 버렸다.
인도에서 전전불에서 전불로 계승되다가, 제7불 석가모니가 포교했
다는 현재 불교의 신도 수가 고작 인구의 0.7%에 불과한 것은 지명
이동이 아니면 설명할 수 없는 현상이다. 한편, 당시 5,000년의 역
사를 가지는 힌두교 신도들과 석가모니 세력과의 직접적인 접촉 사
실이 경전에 기록되지 않는 이유는, 석가모니 당시에 힌두교와 불교
가 공존하지 않았고, 먼 거리의 서로 다른 종교였다는 증거가 되는

것이다. 그래서 나는 진정한 불교의 발생지를 찾고 석가모니의 유언을 존중하고자 온갖 노력을 다하였다.

한편, 나는 석가모니가 기원전 463년에 탄생하여 기원전 363년에 열반에 들었다는 다른 석탄일을 지지한다. 석가모니 부처의 성씨는 석가(釋家)인데 釋의 뜻은 '씻다'요, 家의 뜻은 '터'이므로 별칭 씻다르타로 부르는 것이다.

그의 아버지의 이름의 원형은 '숯도 달아서 깨끗한 밥'이다. 그래서 전자를 따서 숫도다라라고 부르기도, 후자를 따서 정반왕이라 부르기도 한다. 석가모니 아내의 이름의 원형은 '고삐를 야소(들소)에게 달아 밭 다 갈았잖아.'이다. 그래서 줄여서 야소다라로도, 고삐로도, 밧다깟짜나로 부르기도 하였다.

석가모니는 열반에 들면서 슬퍼하는 아난다에게 "아난다여, 슬퍼할 것이 없느니라. 여래를 기념할 만한 네 곳을 보면서, 여래를 생각하라."라고 유언하였다. 그 네 곳은 석가모니가 태어난 람비니와 그로부터 1,155km 떨어진 부다가야, 그로부터 503km 떨어진 녹야원, 그로부터 595km 떨어진 구시국이다.

C. 불교 관련 지명

1. 람비니(藍毘尼)

藍의 뜻은 '쪽', 毘는 '밝다', 尼는 '말리다'이 므로 합하면 쪽발말 이다. 현재 브라질의 파라주(-7.72, -51.29)에 나무가 자라 분명하 지 않으나 자세히 보

© Google Map(Earth)

면 말 모양에 쪽발이 보인다.

마야부인이 가이라국에서 구리성으로 가는 도중에 람비니에서 석가모 니를 출산하게 된 것인데 석가모니 유언에 람비니를 기념하라 하였으니 이제부터라도 그렇게 해야 할 것이다.

2. 가필라국

석가모니가 태어난 가필라국은 파라내국(달벌레국, 피가라국)의 동 편에 있다. 가필라국의 바른말 은 가이라(迦夷羅)이다. 迦夷羅에 서 迦는 '막다', 夷는 '베다', 羅는 '그물'이므로, 합하면 막베 그물 인데 현재 브라질 파라주(-7.763, -51.637)에 있다.

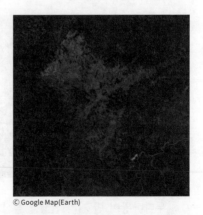

© Google Map(Earth)

가필라국에서는 사자협왕이 정반왕, 백반왕, 곡반왕, 감로반왕 네 아

들을 낳고, 정반왕은 구리성 선각왕의 딸 마야와 파자파티를 취해 석가모니와 난다를 낳았다.

3. 교살라국(憍薩羅國)

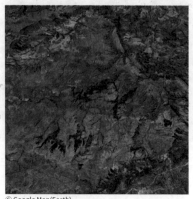
© Google Map(Earth)

憍는 '뽐내다', 薩은 '보살', 羅는 '두르다'이므로 뽐내는 보살 두 명이 된다. 현재 브라질 고이아스주에 있는데 좌표는 (-14.341, -47.780)와 (-14.230, -47.840)에 있다.

한편, 곤여만국전도에서는 巴鳥的이라 기록하고 있는데 巴의 뜻은 '꼬리', 鳥의 뜻은 '새', 的은 '뾰족한 봉우리'이므로 지도 저자는 꼬리사이산으로 지형을 해석한 것으로 보인다.

4. 사위국(舍衛國)

© Google Map(Earth)

사위국에서 舍는 '집', 衛는 '당나귀'이므로, 이으면 집 당나귀다. 현재 좌표는 브라질 파라주(-7.794, -47.782)에 있다.

사위성에서 가필라국까지 407km인데 코살라국의 비두다바왕이 먼 거리 전쟁을 결심했으나 3번이나 석가모니의 만류로 그만둔 사실이 있다.

5. 기수급고독원(祇樹給孤獨園)

기타태자란 이름은 인명이 아니
라 기타숲(기수)을 소유한 태자
란 뜻이다. 기타태자와 급고독
장자(수달타)가 공동으로 기타
숲을 석가모니에게 기증하여 기
수급고독원이 되었다.

기타숲에서 祇는 '땅귀신', 陀는
'무너지다'이므로, 이으면 땅귀

© Google Map(Earth)

신의 문이 되는데, 곧 신이 오가는 스타게이트를 말한다. 석가모니가 도
리천에 갈 때 이 별문을 이용하여 올랐다가 내려올 때는 상카샤 별문을
이용하여 하강하였다. 또 수보리의 제자 손오공이 천상을 분탕질 칠 때
이 별문을 이용했을 것이다. 현재 브라질 토칸칭스(-7.483, -47.701)에 있
는데 스타게이트 포인트는 땅귀신 머리 위 북동쪽 태백이다.

6. 거라제야산(佉羅帝耶山)

석가모니가 설법하셨다는 곳으
로 유명하다. 거라제야산에서
佉은 '떠나다', 羅은 '벌이다',
帝는 '크다', 耶는 '아버지'이므
로 합하면 (입이 세 개라) 떠벌리
는 큰아버지 모양의 산이 된
다. 좌표는 브라질 토칸징스주
(-10.510, -46.572)에 있다.

© Google Map(Earth)

7. 구리성(拘利城)

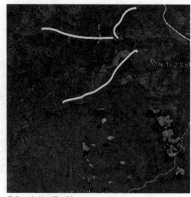
© Google Map(Earth)

구리성은 석가모니의 외가이며 야소다라 부인의 친정이다. 가필라국과 구리성의 동편에 '로히니'라는 강이 있었는데 오늘날 프레스코강이다.

구리성이 강 상류에 있으므로 구리성 주민이 프레스코강을 막아 가필라국의 아랫마을 사람들의 관개용수가 부족하여, 전쟁 위기까지 갔던 적이 있다. 결국에는 출가 전의 석가모니의 중재로 해결되었다.

구리성에서 拘는 '두 팔을 벌려 껴안다', 利는 '이롭다'이므로, 합하면 두 팔을 벌려 껴안은 이리가 된다. 별칭 天臂城이라고도 하는데 구리성의 팔을 아버지의 팔로 해석하여 지은 지명이다. 현재 브라질 파라주 (-7.772, -51.201)에 있다.

8. 부다가야

© Google Map(Earth)

부다가야는 불타가야(佛陀伽耶)라고도 한다. 불타에서 佛은 '부처', 陀은 '산등성이'이므로, 합하면 (고행하는) 부처산이다. 현재 브라질 피아우이주 Buriti dos Montes(-5.000, -41.190)에 있다. 현지 지명도 부리티산으로 아직 흔적이 남아있다.

9. 피라닐사(彼羅疿斯)

피라닐사는 별칭 베나레스(Bena-res), 또는 바나라스(Banaras)라고도 한다. 과거에는 빛의 도시라는 뜻의 카시(Kashī) 왕국의 수도였다. 현재 Rio Graju와 Mearim River 사이에 있는데 주위에는 현지명으로 Barra do Corda도 있다.

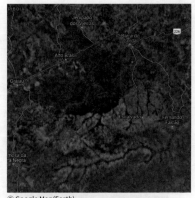

© Google Map(Earth)

피라닐사에서 彼는 '아니다', 羅는 '벌이다', 疿는 '아프다', 斯는 '쪼개다'이므로, 합하면 큰 벌의 앞쪽 땅이 된다. 현재 브라질의 마라냥주(-6.212, -45.391)에 있다.

10. 녹야원(사르나트)

녹야원은 바라나시 즉 큰 벌의 뒤쪽 땅에 녹각 모양으로 있는 곳이다. 현재 브라질 마라냥주 (-6.628, -45.439)에 있다.

석가모니 성도 후 바라나시 녹야원에서 처음으로 설법하여 교진여 등 오비구를 제도하였다. 부다가야로부터 503km 거리에 있다.

© Google Map(Earth)

11. 상카샤

© Google Map(Earth)

상카샤는 우리말로 씽씽 날아서 간다는 뜻인데 겁비타국(劫比他國)이라고도 한다. 겁비타에서 劫은 '섬돌', 比는 '오늬', 他는 '남'이므로, 합하면 섬마을 오누이를 닮은 나무가 된다. 현재 브라질 마라냥주(-6.981, -44.741)에 있다.

이 지상화는 나무 모양 안에 오누이의 모습이 겹쳐 있다. 또 아소카왕의 코끼리 도시란 별칭을 얻은 것은 코끼리 코를 닮은 지상화 때문이다.

석가모니가 기원정사에서 우리 은하의 제33천에 있는 도리천으로 올라갔다가 내려올 때는 두 세계의 공전 차를 고려하여 이곳의 스타게이트를 이용하여 하강하였다. 기원정사와 겁비타국의 거리를 측정하면 329km이다.

12. 수미산(須彌山)

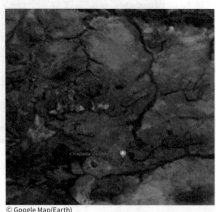

© Google Map(Earth)

수미산에서 須는 '기다리다', 彌는 '갓난아이'이므로 이으면 (머리가) 기다란 갓난아이 모양의 산이다. 현재 브라질 마라냥주(-7.060, -47.149)에 있다. 이곳은 기원정사, 상카샤와 더불어 주요 볼텍스 지역이다. 이

볼텍스 연결선 위에 우리 은하 제33천의 도리천으로 가는 스타게이트가 있는 것인데 이미 석가모니의 행적으로 공표된 것이다. 그 외 과학적인 분석은 과학자들의 몫일 것이다.

제33천은 우리 은하 핵을 두고 돌고 있는 별무리 제33열을 말하는데 여기에 태양계와 도리천이 속해있다. 환인은 인드라로도 불리며 범천(梵天)과 함께 불법의 수호신이며 수미산 정상에 거주하면서 도리천(忉利天)을 주재한다.

13. 마가다국(馬加大突)

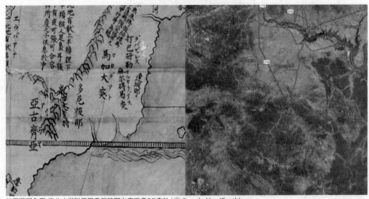

坤輿萬國全圖,東北大学附属図書館狩野文庫画像DB출처 / ⓒ Google Map(Earth)

마가다국은 별칭 마갈타(摩揭陁)라고도 한다. 곤여만국전도에는 현재 브라질 지역에 마가대돌(馬加大突)로 기록되어 있다. 馬加大突에서 馬는 '아지랑이', 加는 '미치다', 大는 '크다', 突는 '대머리'이므로, 이면 아지미(고모)의 큰 대머리이다. 좌표는 브라질 바이아주(-9.300, -39.103)에 있다.

마가다 지역의 왕조에는 빔비사라왕과 아자타샤트루왕의 하라얀타 왕조, 난다왕조, 찬드라굽타왕, 아쇼카왕의 마우리아왕조, 쿠샨왕조, 굽타왕조(320년~540년)가 있었다.

마가다국의 빔비사라왕은 아름다운 왕사성을 수도로 건설하였다. 이 수도 배후지의 철 생산으로 인하여 마가다국은 빔비사라왕대에 번영의 극치를 누렸으며, 현재도 브라질은 세계 최대의 철 생산 국가로 우뚝 서 있다. 마가다국을 중심으로 발생한 종교가 자이나교와 불교인데 자이나교는 도교와 같은 것이다.

14. 위파나(違坡那)

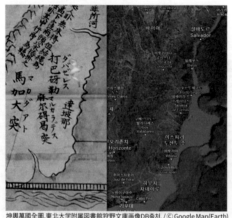

坤輿萬國全圖,東北大学附属図書館狩野文庫画像DB출처, / ⓒ Google Map(Earth)

위파나는 곤여만국전도 상 불교 대국 마가다국의 우측에 있다.

위파사나(Vipassanā, 觀) 는 불교뿐만이 아니라 고대 인도인이 흔히 행하던 수행법으로, 이를 빨리어로 해석하면 위는 꿰뚫다, 파사나는 본다는 뜻이므로 觀의 개념과 같다.

한편 違坡那를 한자 각각으로 해석하면, 違는 '멀어지다', 坡는 '언덕', 那은 '어찌(성)'이므로 연결하면 멀어지는 언덕성이다. 해설하면, 우리의 인체는 표피 밖으로 7개의 기층을 가지는데 우리가 직관이나 명상, 정견, 수련 등을 하게 되면 몸의 외부에 있는 7개의 기층이 서로 멀어지고 벌어지게 된다.

평상시 제7 기층 기준으로 3미터 내외로 형성되어 있는데, 보통 10분간 직관했을 때 100미터 내외로 멀어지기도 하고, 최상의 수련자는 수 km 멀어질 수도 있다. 그래서 옛날 선인이 수km 밖에 있는 방문자를 알고 그를 맞이할 준비를 하였다는 기록이 있는 것이다.

이러한 수련법으로 수행하는 사람들이 많은 곳을 위파나 지명으로 삼았는데 곤여만국전도 상의 위파나는 오늘날 브라질 Vitoria(-20.151, -40.415)에 있다.

15. 아라카주

법구경에는 석가모니 생존 시 존재한 사람으로 바히야 다루찌리야라는 해상무역상의 이야기가 나온다. 그는 생애 말기에 배가 난파되었으나, Supparaka(아라카숲) 해안에서 혼자 살아남았다. 생계를 위해 거짓

© Google Map(Earth)

아라한 행세를 하던 중 전생 친구 범천의 충고로 자신의 상태를 자각하게 되었다. 깨달음을 갈구하던 그는 석가모니가 기수급고독원에 있다는 것을 알고, 범천의 도움으로 하룻밤에 120요자나(약 1,200km)를 주파한다.

결국, 그는 석가모니를 만나 4가지 감각(시각, 청각, 경험각, 인지각)을 있는 그대로 관조하고, 마음을 몸의 기층에서 벗어나지 않게 하라는 취지의 법문을 듣고 아라한과를 얻었다.

실제로도 아라카주의 좌표는 (-10.980, -37.084)인데 기수급고독원까지 거리는 1,225km가 된다. 아라카주는 아라카파의 불리족이 살던 곳으로 석가모니 사리를 8분할한 주역국이기도 하다.

16. 영취산(靈鷲山)

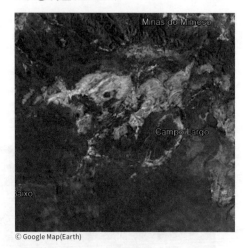

© Google Map(Earth)

왕사성 동쪽에는 영취산이 있다. 현 인도의 영취산은 수많은 대중이 모이기에는 매우 협소한데 반해 브라질의 영취산은 설법하기에 충분히 넓은 곳이다.

불경전에 영취산(기사산굴)과 가필라국의 거리가 2,000여 리라고 기록된바, 저자의 방식으로 거리를 재면 1,057km(2,249리)가 나오므로 불경전 기록에 합당하다. 현재 브라질 바이아주(-10.360, -41.480)에 독수리 모양의 지상화가 보인다.

17. 갠지즈강

坤輿萬國全圖,東北大学附属図書館狩野文庫画像DB출처

현 인도의 갠지즈강은 연중 수량이 풍부하여 퇴적된 충적토는 수백 미터 두께에 이르는데, 불경전에 그토록 많이 언급된 10^{52}의 항하사 모래알은 볼 수가 없다.

한편 브라질의 상프란시스코강 유역은 열대 기후 지대에 속하고, 유량은 계절에 따라 4~5배까지 차이가 난다. 건기에는 비가 거의 내리지 않아 이 강으로 유입되는 지류도 말라 버린다. 대부분 비는 11월~4월의 우기에 내리는데 불승의 안거라면 이 우기 때 하는 것이 당연하다. 그래서 불경전 기록에 따른 조건을 충족한 갠지즈강은 상프란시스코강일 수밖에 없다.

고래로부터 전해진 갠지즈강의 원래 이름은 '강가에 늘 만남이 있는 강'이다. 그중 '강가에'를 따서 강가강(Ganges)이라 불렀고 늘을 따서 항하(恒河)라고 불렀다. 또 혁나비소하(革那非所河)라고 불렀는데 革은 '늙다', 那은 '많다', 非는 '나무라다', 所는 '있다'이므로, 꿰면 늘 만남이 있는 강이다.

곤여만국전도 상 브라질 동북부에 표기되어 있는 革那非所河가 바로 갠지즈강임이 명백하다.

나는 갠지즈강을 찾은 기쁨에 오래도록 노래하였다.

나의 아름다운 강가강이여
꿈같은 바람이 버들잎을 건드리니
옆에 있는 누군가의 머리카락에서
대지의 향이 나는구나
나는 누구의 비롯이며
나는 누구의 결말이던가
영혼의 스크린은 아득해지고
나는 또 다른 인생을 시작하였다

18. 배냇엘라, 배실라, 배살라

남미 대륙은 전체적으로 임신부 모양이어서 그와 관련되어 명명된 지명이 특히 많다. 우루과이는 곤여만국전도 상의 吳路漢河를 나라 이름으로 삼은 것인데 이때의 吳路는 출산 시 나오는 惡露와 같을 것이다. 바로 북측의 카리비안해(Caribbean Sea)는 임산부의 복대를 뜻하는 우리말 가리베(caribe)에서 유래하였다. 남미 대륙을 임신부로 상상하면, 배 속에는 아기가 있을 텐데 지역에 따라 엘라, 일라, 알라로 다르게 불렀다.

남미 대륙의 오리노코강 이북에서는 아기를 엘라로 하여 배냇엘라로 불렀다. 이는 배냇저고리에서의 배냇의 용법과 같으며 여기서 나라 이름 베네수엘라가 나왔다. 또 오리노코강(오난하) 강변에 살고 있던 고귀한 족속을 오랑캐(오난가이)라고 하고, 그들의 아이를 캐아라고 불렀는데 여기서 나라 이름 가야가 나왔다.

오리노코강과 아마존강 사이에서는 아기를 일라로 하여 배실라(Brasil-la, Basilla)라고 하였다. Orontius Finaeus의 1566년 작, 세계지도에 나오는 Brasilla는 r을 묵음 처리하면 배실라가 된다. 여기서 나라 이름, 신라와 브라질이 탄생한 것이다.

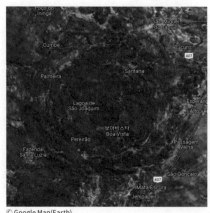
© Google Map(Earth)

아마존강 이남은 아기를 알라로 하여 뱃알라로 불렀다. 즉 배살라(Basalla), 바이샬리(Vaishali), 베살리(Vesali), 비사리(毗舍離), 리차(離車), 곤여만국전도 상 백서아(伯西兒)는 모두 동일한 지명이다. 불경전의 배살라의 위치를 알기 위해 동의어 비사리(毗舍離)와 리차(離車)를 이용해 추리해 보았다.

비사리에서 毗는 '떨어지다', 舍은 '바치다', 離는 '버리다'이므로, 합하면 떨바치(떠바리, 또아리) 벌판을 말한다. 또 리차족(離車族, 릿차비족)의 리차에서 離는 '교룡', 車는 '수레바퀴'이므로 이으면 교룡알 모양의 수레바퀴를 말한다. 이 조건의 지상화 모양을 유추해보면 배살라는 브라질 피아우이주(-5.615, -41.394)에 있다.

배살라는 석가모니와 인연이 깊은 곳이며 석가모니 생존 당시 그곳에는 7,707개 놀이터와 그 수만큼의 연못이 있었다고 기록되어 있다. 이곳의 지상화상 지름이 19.7km이므로, 연못이 놀이터에 포함되었다고 가정하면, 한 개의 놀이터는 한 변이 200m인 정방형의 면적을 가짐을 알 수 있다. 당시에 창녀 암바팔리는 그녀의 미모로 배살라에서 유명하였고, 그녀를 보러오는 남자들로 인해 배살라는 부유하게 되었다. 그녀는 망고나무 숲을 소유하고 있었는데 이를 석가모니에게 기증한 후 암마수원정사로 불렸다.

19. 니련선하(尼連禪河)

마갈타국(摩竭陀國) 가야성(伽耶城)의 동쪽에서 북으로 흐르는 강이 니련선하인데 尼는 '말리다', 連은 '잇닿다', 禪은 '좌선', 河는 '강'이므로 합하면 강물이 말라 땅이 잇닿으면 좌선하는 강이란 뜻이다. 별칭으로 니련좌하 또는 네란자라라고도 하는데 오늘날 말라버린 강이다.

20. 구시국(拘尸國)

© Google Map(Earth)

말라족이 세운 나라인데 구시나가라(拘尸那揭羅)라고도 한다.

구시국에서 拘는 '두 팔을 벌려 껴안다', 尸는 '주검'이므로 합하면 두 팔 벌려 껴안은 시체 모양의 땅이다. 현재 브라질 세아라주 Tamboril(-4.940, -40.297)에 있다.

80세의 석가모니는 상한 버섯 죽을 먹고, 식중독에 걸려 구시국에서 입적하였다. 사실 석가모니의 공력으로 본다면, 겨우 상한 버섯 죽을 먹고 입적하였다는 것은 믿을 수가 없는 일이다. 이 의문을 풀기 위해서는 석가모니와 손오공의 대결에 주목하여야 한다.

흔히 부처님 손바닥 안이라고 하면서, 석가모니와 손오공은 엄청난 도력의 격차가 있다고 생각할 것이나, 사실은 석가모니가 천상의 질서를 위해 손오공을 반드시 잡아야 했기에 진기가 손상될 정도로 사력을 다해 힘겨운 승리를 한 것이다. 이 전투로 인하여 상한 버섯 죽 하나 스스로 해독하지 못할 지경이 되어버렸으니, 석가모니의 사망에는 손오공을 제자로 두어 술법을 전수한 10대 제자 수보리의 책임이 크다 할 것이다.

21. 화전(和田)

우전국(于闐國)의 수도, 화전의 북쪽에는 곤륜에서 대서양으로 흐르는 Cano Manamo강이 있는데 백옥강과 흑옥강으로 갈라져서 나중에 다시 합친다. 우전국은 불교가 일찍 들어왔는데, 그 북쪽 해안에는 유명한 불교국가 삼불제국(후에 미얀마)이 있다.

화전에서 和는 '수레에 매다는 방울', 田는 '큰북'이므로, 이으면 소수레에 걸려있는 방울과 큰북이 되는데, 현재 베네수엘라 모나가스 (8.945, -62.484)에 있다. 그런데 지상화에는 큰북은 그림 중앙에 보이나 방울은 잘 보이지 않는다.

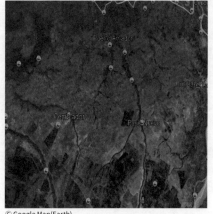

© Google Map(Earth)

22. 오악사카

현재 멕시코의 오악사카는 바로 불교의 성지 오대산이다. 오악사카의 5개 봉우리의 면면을 살펴보면 그 중 야틴산은 북대로서 미륵암이 있는 곳이며 야틴 미륵이 상주하는 곳이다.

젬포알테페틀산은 중대로서 사자암과 적멸보궁(석가

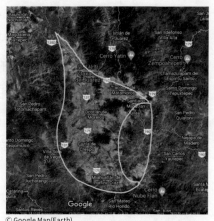

© Google Map(Earth)

모니의 진신사리를 모신 곳)이 있다. 여기에서 젬포알은 보궁을 뜻하고 테페틀은 사자를 뜻한다. 이 산 인근에 큰 소라 모양의 대라정(위 그림)이 있는데, 여기에 문수보살이 상주한다.

사카메카테산은 동대로서 관음암이 있는 곳이며 관음보살, 즉 관자재 (觀自在) 보살이 상주하는 곳이다. 사카메카테는 사란 곳에 있을 수도, 메란 곳에 있을 수도 있는 자재로운 터란 뜻이다. 누베플랜산은 남대로서 지장보살이 상주하는 곳이다. 누베는 숨기기, 플랜은 대산을 의미하므로 지장암에 합당한 산이다.

유쿠야쿠아산은 서대로서 수정암이 있는 곳이며, 대세지보살이 상주하는 곳이다. 유구(유리구슬), 야구(야광구슬)는 모두 수정을 뜻한다.

23. 마하가섭(摩訶迦葉)

마하가섭은 마한 제31대 왕 가섭라(迦葉羅) 마한과 동일 인물로 추정한다. 가섭라 마한은 12세인 기원전 469년 즉위하고 54세인 기원전 427년에 가리 마한에게 양위한다.

석가모니는 기원전 463년에 탄생하여 기원전 434년에 출가한다. 출가 후 6년째에 깨달음을 얻고 7년째(36세)인 기원전 427년에 54세의 가섭라 마한을 만나 스승과 제자 사이가 된다.

탱화에서는 검은 머리 석가모니 옆에, 마하가섭을 백발노인으로 그려놓으면서, 마하가섭이 5살 연하라고 하는 기록은 잘못되었으며, 마하가섭이 석가모니보다 나이가 18살 많다고 보는 것이 합당하다. 따라서 불멸 시 98세로 1차 결집을 주도한 것으로 본다.

24. 가섭불(迦葉佛)

가섭불은 기원전 1027년(제22대 아화지 마한 5년) 남미 인도의 바라나시에서 탄생하였다. 또, 현 베네수엘라의 Rio Carrao의 상류 사리사리나마 고원 숲(4.590, -64.206) 또는 니구률타나무에서 정각하였다. 이곳은 나중에 주나라 초기 도읍지 호경이 된다.

삼국유사에는 신라 월성 남쪽 황룡사에 가섭불이 수도한 연좌석이 있다고 기록되어 있는데, 그렇다면 가섭불은 훗날 신라가 되는 지역에서 수련한 것이며, 그가 정각한 사리사리나마 고원과는 257km 거리에 있다. 또 석가모니도 바라나시에서 설법했다고 하므로, 모든 기록을 종합해 볼 때 신라 영역과 인도는 같거나 지근거리에 있었음이 분명하다. 현재의 신라 월성과 인도는 서로를 품을 수 없으므로, 함께 품을 수 있는 곳을 찾아야 하는데 그곳은 남미 대륙밖에 없다.

25. 서역(西域)과 인도(印度)

대당서역기 등 수많은 기록에서 인도지방을 서역이라 불렀다. 西는 '깃들이다'란 뜻이므로 西域은 서쪽 지역이 아니라 인류가 처음 깃든 둥지, 즉 아마존강 이남의 남미를 말한다. 또 인도는 서역보다는 더 포괄적인 개념인데 印度에서 印은 '도장', 度는 '건너다'이므로, 이으면 도장이 지나간 곳이다. 이때 도장이란 지위리 환인이 거발환 환웅에게 전수한 검, 방울, 거울을 뜻하는 천부삼인(天符三印)을 말한다.

이 천부삼인이 북미 오대호도 거쳤기에 오대호를 The Sea of China and the Indies라고 불렀던 것이다.

고대 왕조의 지명

A. 배달국의 지명

1. 신시(神市)

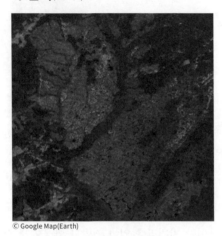

© Google Map(Earth)

신시(神市)에서 神은 '영험이 있다', 市는 '매매'란 뜻인바, 영험을 영감으로 대치하여 꿰면, 영감 매매란 지명이 된다. 좌표는 브라질 로라이마(1.678, -60.901)에 있는데 지상화 좌상부에 매대에 놓인 영감의 머리가 보인다. 즉, 신시란 신의 도시가

아니며, 神檀과 같은 뜻이다.

2. 청구(清丘)

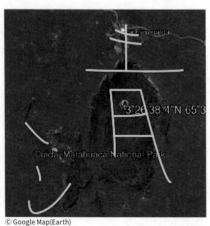

© Google Map(Earth)

배달국 제14대 자오지(치우) 천황은 신시(神市)에서 청구로 천도하였다. 清의 자전에는 땅 이름이란 뜻이 없으나 땅 이름이 분명한 것은 氵은 물이 아니라 땅의 형상을 본뜬 것이기 때문이다. 아마도 땅 이름이 있었다고 해도

자전의 오류라고 판단하여 후대에 삭제했을 것이다. 좌표는 현재 베네수엘라 아마소나스(3.444, -65.624)에 있다.

회양과 청구가 지근거리라고 하는 사람도 있는데 무려 444km 거리에 있다.

3. 탁록(涿鹿)

기원전 2698년 공손헌원이 유웅국의 왕이 되자 배달국과 대결하게 된다. 그즈음 배달국 치우천황은 기원전 2697년 공상에서 염제신농국을 멸하고 그곳에 단웅국을 세웠다.

그 후, 탁록에서 치우천황과 공손헌원의 대전쟁이 벌어

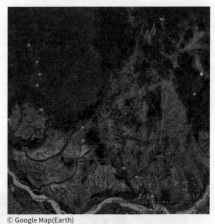
© Google Map(Earth)

졌는데 공손헌원이 마침내 패하자 배달국의 신하가 되어 충성을 맹세했으며, 제요도당이 도발하기까지 평화로운 시기가 계속된다.

탁록에서 涿은 '두드리다', 鹿은 '사슴'이므로, 이으면 두드러기가 있는 사슴이 된다. 좌표는 베네수엘라 볼리바르(7.089, -65.848)에 있는데 눈 주위에 두드러기가 심한 사슴이 보인다. 북미에 있는 탁록은 한자는 같지만, 그 뜻이 쪼다 사슴으로 이 지명과 구분해야 한다.

B. 단군조선의 지명

단군조선은 홍익인간의 이념을 간직하고, 명도전이란 화폐를 발행하는 등 경제적으로 부유했으며, 강력한 군사 조직을 운영하여, 흑수백산의 넓은 영토를 경영한 위대한 나라이다.

삼국유사의 서효사(誓效詞)에서 단군조선의 삼한관경을 기술하면서 저울판은 백아강이요, 저울대는 소밀랑이요, 저울추는 안덕향이라고 하였다. 즉 진한의 수도는 소밀랑이요 마한의 수도는 백아강이요 번한의 수도는 안덕향이라고 말하면서, 진한의 수도가 바뀌면 마한 번한의 수도도 바뀜을 말하고 있는 것이다. 또 수도가 바뀌면 그곳의 기존 토착 세력은 쇠퇴하거나 독자노선을 걷게 된다.

1. 왕험성(王險城)

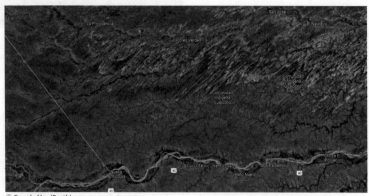

© Google Map(Earth)

단군조선 1기 진한수도는 후손들이 반드시 그 위치를 알아야 하므로 4개의 이름과 4가지의 단서를 남겼다.

1) 王險城에서 王은 '으뜸', 險은 '하마터면'이므로 합하면 으뜸 하마 모양의 땅이어야 한다.

2) 蘇密浪에서 蘇는 '베다', 密은 '삼가다', 浪은 '파도'이므로 베삼이 물
결을 타고 있는 모양이어야 한다.

3) 弓忽山에서 弓은 '활의 모양', 忽은 '어두운 모양'이므로 이으면 희미
하지만, 활의 모양을 가진 산이어야 한다.

4) 今彌達에서 今은 '곧', 彌은 '활을 부리다', 達은 '드러나다'이므로 이
으면 직궁 모양의 들이어야 한다.

이 조건을 모두 만족하는 곳은 현재 베네수엘라 아프레주(6.559,
-68.292)에 있다.

2. 백아강(白牙岡)

웅백다 마한이 백아강을 수도로 하
여 마한을 건국하였다. 白은 '희다',
牙는 '어금니', 岡은 '언덕'이므로, 이
으면 흰어금니 언덕이다. 현재 니카
라과(14.657, -83.573)에 있다.

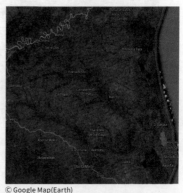

© Google Map(Earth)

3. 안덕향(安德鄕)

© Google Map(Earth)

安은 '안으로', 德은 '고맙게 생각하다', 鄕은 '치우치다'이므로 이으면 큰 곰치가 된다. 현재 베네수엘라 구아리코주(8.379, -66.407)에 있으며 이 지역은 직구다국과 곤륜산 일부를 포함하는 곳이다.

또 이곳이 바로 단군조선 1기를 지켰던 강력한 무력의 본산지, 안덕향 이다. 안덕향의 동쪽에는 곤륜, 화전을 바탕으로 절정기 개인 무술들 이 오래전부터 태동하고 있었던 것이다.

4. 녹산(鹿山)

© Google Map(Earth)

단군조선 2기를 시작하는 제22대 색불루 단군은 녹산으로 천도했다. 녹산은 별칭 백악산 아사달, 상춘 으로도 부르며 장춘과는 다른 곳이 다. 현재 벨리즈 카요 유카탄반도 (16.979, -88.931)에 있다. 지상화에 는 작은 뿔 세 개를 가진 어린 새끼 사슴이 보인다.

5. 영고탑(寧古塔)

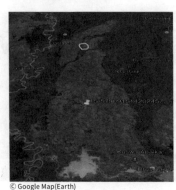
© Google Map(Earth)

남미의 흑룡강이 네그루강이라면 중미의 흑룡강은 타툰타호, 틸발라 칸호, 식사호, 카라타스카호 등에서 나온 강을 말한다. 영고탑은 흑룡 강의 서북에 있다. 제22대 색불루 천황 재위 6년에 녹산에서 495km 거리의 영고탑으로 천도하려는 움직임이 있었으나 불발되었다.

寧은 '차라리', 古은 '선조'이므로 이으면 찰알(알밤)을 물고 있는 선조를 기리는 탑이 된다. 영고탑은 현재 온두라스(15.573, -84.535)에 있다.

6. 장당경(藏唐京)

藏의 뜻은 '감추다', 唐의 뜻은 '새삼'이므로, 이으면 감긴 새삼 덩굴 모양의 수도를 말한다. 이곳은 현재 니카라구아의 북아틀란티코 자치구(14.008, -83.627)에 있고 백아강 남쪽에 있으며 단군조선 3기 대부여의 수도이다. 또 색

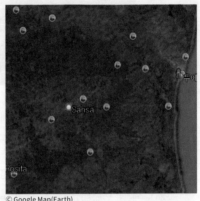

© Google Map(Earth)

불루 단군의 증조부 고등의 묘가 있는 곳이다.

7. 단군조선의 수도 변천

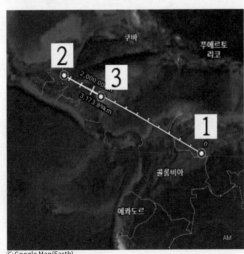

© Google Map(Earth)

8. 두지주(亞只州)

© Google Map(Earth)

두지주에서 亞는 '술그릇', 只은 '하나'이므로 술그릇 하나가 된다. 현재 멕시코 캄페체(17.879, -90.105)에 있다. 두지주에는 예족이 살았는데 그들의 땅이라고 하여 예가땅(Yegatang)으로 불렸다. 이 땅이 곤여만 국전도에는 우극당(宇革堂)으로 변천되고, 이것이 유카탄(Yucatán)으로 최종적으로 변천하였다.

유카탄에는 祭天二處(Chichen Itza)가 있는데 고대 마야 문명, 톨텍 문명의 유적인 피라미드가 즐비하게 있어 제사센터라고 할 만하다. 이곳에는 칸쿤이란 왕궁이 있는데 제천의식이 행해질 때 천자가 머무는 곳이다.

또 이 지역을 소머리로 보았을 때 눈 부위에는 메리다가 있는데 이곳을 소시모리라고 말했으며 일본 조상신들의 고향이다.

또 이 지역의 동부 해안가에는 협야국(킨타나오로)이 있고 제후가 있는 곳을 Chetumal이라고 하였다. 이곳에 수백 척의 강력한 전선을 가진 단군조선 최고의 수군 기지가 있었으며, 이 수군으로 단군조선이 멕시코만-카리브해 전체를 장악하였으며, 내습 반란과 삼도 반란을 진압하였지만 일본 건국을 막지는 못하였다.

C. 수명국(燧明國)의 지명

1. 상구(商丘)

삼황 중 하나인 수인씨가 세운
수명국의 도읍지이다. 또한, 상나
라의 초기 도읍지이기도 하다.
商은 '헤아리다', 丘는 '언덕'이
므로 이으면 헤알의 언덕이다.
헤알은 바로 횃불을 뜻하는데
현재 베네수엘라 아마소나스
주(5.700, -66.331)에 있다.

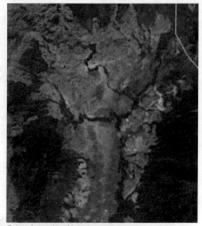

© Google Map(Earth)

D. 진제국(震帝國)의 지명

1. 회양(淮陽)

태호 복희씨는 배달국 제5대
태우의천황의 12번째 아들이
다. 그는 진제국을 세웠고 그
수도는 회양이다. 회양을 알려
면 반드시 회수를 찾아야 한
다. 회수는 Uraricoera River
상류에 있는데 회양은 그 북
쪽에 있다. 현재 브라질 로라
이마주(3.329, -61.600)에 있다.

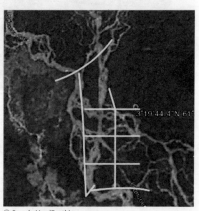

© Google Map(Earth)

E. 염제신농국(炎帝神農國) 단웅국(檀熊國)의 지명

염제 신농씨(강석년)는 배달국 제8대 안부련천황의 아들이다. 그는 기산을 도읍지로 하여 염제신농국을 세웠는데 제8대 제유유망까지 522년을 유지하였다. 후에 도읍지를 회양으로 옮겼는데 기산과 회양은 235km 거리에 있다.

배달국 제14대 치우천황이 기원전 2697년에 제유유망이 왕으로 있는 공상의 염제신농국을 평정하고 나서, 새로이 단웅국을 세우고 그 아들 괴를 왕으로 삼았다.

1. 기산(岐山)

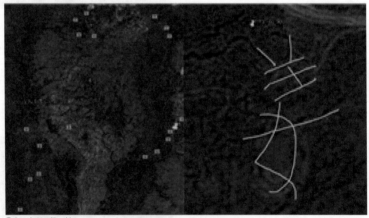

© Google Map(Earth)

岐는 '자라나는 모양'이므로, 기산은 꽃이 자라나는 모양을 가진 땅이다. 또 기산은 후에 주나라 문왕과 무왕의 주 활동 무대이기도 하였다. 주나라 도읍지 호경과 기산은 500km 거리에 있기에 먼 거리에 나라를 세운 것이다. 또 기산은 도교의 발흥지인 제운산의 맞은편에 있는 산이기도 하다. 현재 기산은 브라질 로라이마주(1.259, -61.043)에 있다.

기산(岐山)에는 강수(姜水)가 흐르는데 염제 신농씨는 강수를 따라 성을 강씨로 하였다. 강수(姜水)는 Anaua River의 지류로서 현재는 말라버리고 흔적만 남아 있는데 현재 브라질 로라이마주(1.130, -60.900)에 흔적이 있다.

2. 공상(空桑)

염제신농국의 마지막 수도이며 단웅국(檀熊國)의 첫 수도이다. 훗날 단군왕검이 단웅국의 섭정왕으로 있었는데, 그가 순방하고 있던 시기에 유웅국의 제요도당이 공상을 침입하여 단웅국이 멸망하였다. 단군왕검은 세력을 모아 왕험성에서

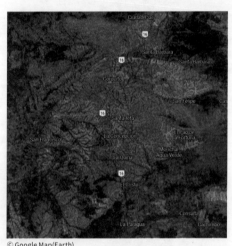

© Google Map(Earth)

단군조선을 건국하고 10년 만에 제요도당을 토벌하여 제후국으로 만들었다.

왕험성과 당시 유웅국의 수도 도당까지는 255km 거리에 있었다. 한편 공상에서 空은 '구멍', 桑은 '뽕잎을 따다'이므로, 꿰면 구멍 난 뽕잎이 된다. 현재 베네수엘라 볼리바르주(7.080, -63.464)에 있다.

F. 유웅국(有熊國)의 지명

왕은 공손헌원, 소호금천, 전욱고양, 제곡고신, 제요도당, 제순유우
가 이었으며 왕 이름은 소전이다.

1. 헌구(軒丘)

© Google Map(Earth)

공손헌원의 조상이 귀양 간 곳
인데 이곳에 공손헌원이 도읍
하여 유웅국을 세운다. 軒은
'크게 저민 고기', 丘는 '산이므
로, 이으면 크게 저민 고기 모
양의 산이다. 현재 브라질 로라
이마주(-0.030, -60.780)에 있다.

2. 궁상(窮桑)

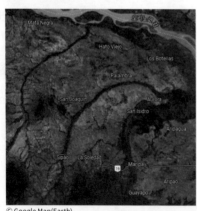
© Google Map(Earth)

소호금천씨는 강수(江水)에서
살다가 왕이 되었는데 궁상(窮
桑), 청양(靑陽), 곡부(曲阜)로 천
도하였다.
窮은 '좁다', 桑은 '뽕잎을 따다'
이므로 이으면 좁은 뽕잎이 된
다. 현재 베네수엘라 볼리바르
주(7.640, -65.407)에 있다.

3. 강수(江水)

江이란 한자의 모델은 소호금천씨가 살았던 오리노코강에 있다. 현재 베네수엘라(7.871, -65.340)에 있다.

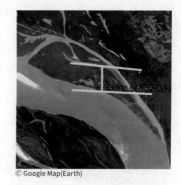
© Google Map(Earth)

4. 청양(靑陽)

靑은 '푸르다', 陽은 '태양'이므로, 이으면 푸른빛의 태양이다. 현재 베네수엘라 아마소나스주(3.950, -66.720)에 있다.

© Google Map(Earth)

5. 곡부(曲阜)

곡부에서 曲은 '그릇되게 하다', 阜는 '자라다'이므로 이으면 그릇 속의 자라가 된다. 현재 베네수엘라 아마소나스주(4.508, -65.501)에 있다.

© Google Map(Earth)

6. 안양(安陽)

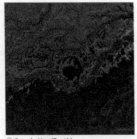

© Google Map(Earth)

기원전 2400년경 전욱고양씨, 제곡고신씨가 안양을 수도로 삼고 왕 노릇 하였다. 安은 '안으로', 陽은 '태양'이므로, 안에 있는 태양이 있는 곳이다. 현재 콜롬비아 비차다 주(4.510, -65.500)에 있다.

7. 도당(陶唐)

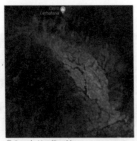

© Google Map(Earth)

제요도당(帝堯陶唐)이 유웅국의 왕이 되자 도당을 수도로 삼았다. 후에 공상의 단웅국을 멸하였는데 도당과 공상은 거리가 290km이다. 陶는 '파다', 唐은 '새삼'이므로 이으면 파에 붙어있는 새삼 모양의 땅이다. 현재 베네수엘라 볼리바르(6.588, -66.210)

에 있다.

8. 삼위산(三危山)

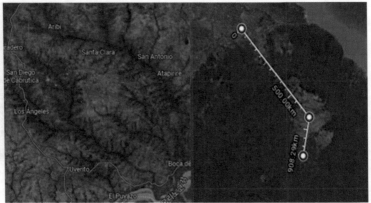

© Google Map(Earth)

삼위산은 유웅국의 서쪽 경계선이다.

환국 말기에 거발환 환웅은 구다천의 중심에서 남쪽 232km 거리의 신시에, 반고가한(盤固可汗)은 서북쪽 697km 거리의 삼위산으로 옮겨 나라를 세웠다. 三은 '셋', 危는 '발돋움하다'이므로 이으면 세 발가락으로 발돋움하는 산이 된다. 삼위산은 山 자를 만드는 모태가 된 산이며 현재 베네수엘라 안소아테기주(8.343, -64.568)에 있다.

G. 하(夏)나라의 지명

기원전 2224년에 우(禹)가 단군조선에 반역하여 하나라를 세우고 수도는 역대로 회계산, 임분, 짐심, 상구, 윤읍, 노구 등지로 옮겼다.

1. 회계산(會稽山)

오리노코강이 범람하자 단군조선 부루 태자의 치수 지도를 받은 우가, 단군조선과 부루 태자를 배신하고 기원전 2224년에 하나라를 세웠다.

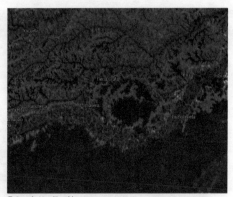
© Google Map(Earth)

우는 전욱고양씨의 손자이며 하나라의 도읍지는 회계산이고 별칭 도산(塗山)이라고도 불린다. 회계산에서 會는 '맞다', 稽는 '조아리다'이므로, 합하면 맞조아리는 모양의 산인데 현재 콜롬비아 비차다주(4.780, -69.330)에 있다. 어떤 동물과 뱀이 여의주 앞에 맞조아리는 모습이다.

비차다주는 비가 너무 많이 와서 강물이 차오르는 모습에서 나온 말이고, 진흙산이란 뜻의 도산과도 서로 통한다.

2. 임분(臨汾)

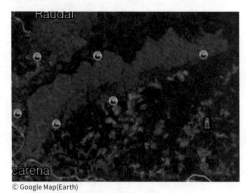

© Google Map(Earth)

臨은 '병거(兵車)', 汾은 '구르는 모양'이므로, 이으면 전쟁 시 병거가 구르는 모양이다. 현재 콜롬비아 메타주(2.368, -73.801)에 있다.

3. 짐심(斟鄩)

© Google Map(Earth)

斟은 '술을 푸다', 鄩은 '고을'이므로 이으면 술포대 마을이다. 현재 콜롬비아 아우라카주(6.460, -71.860)에 있다. 중앙에 긴 술포대가 보인다.

4. 윤읍(綸邑)

© Google Map(Earth)

綸은 '두건(頭巾)의 이름', 邑은 '닭다'이므로, 해설하면 두건을 빨래하는 모습이다. 현재 콜롬비아 메타주(3.446, -72.893)에 있다.

5. 노구(老丘)

老는 '늙은이', 丘는 '비다' 이므로, 이으면 '늙은이 비다'이며, 해설하면 늙어서 이가 빠졌다가 된다. 현재 콜롬비아 카케타주(0.647, -72.821)에 있으며 아미산과 마주하고 있다. 개방과 같다는 말이 있으나 전혀 다른 곳이다.

© Google Map(Earth)

H. 상(商)나라의 지명

기원전 1600년경 상나라 탕왕이 회계산을 수도로 하여 상나라를 세웠다. 중기에 수도를 박, 은허, 조가로 천도했다. 마지막 왕은 제신이며 주왕이라 한다.

1. 박(亳)

© Google Map(Earth)

상나라의 시조는 설이고 박(亳)에 도읍했는데, 亳은 땅 모양을 본뜬 한자이다. 현재 베네수엘라 아마소나스주(4.836, -66.090)에 있다. 상나라 13대째 왕인 탕이 하왕 걸을 무너뜨렸다.

2. 은(殷)

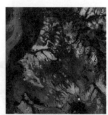
© Google Map(Earth)

상나라 말기 수도인 은(殷)의 뜻은 '해당하다'이므로 해당화 모양을 가진 도읍지이다. 현재 베네수엘라 볼리바르주(6.671, -66.921)에 있다.

3. 조가(朝歌)

© Google Map(Earth)

상나라의 마지막 왕은 제신이고 마지막 수도는 조가이다. 朝는 '배알하다', 歌는 '노래하다'이므로 이으면 배알하는 자와 노래하는 자이다. 현재 베네수엘라 볼리바르주(5.871, -66.400)에 있다. 우측에 임금을 배알하는 신하와 좌측에 노래하고 춤추는 소녀 모습이 보인다.

I. 주(周)나라의 지명

기원전 1046년에 백이와 숙제의 만류에도 불구하고, 주나라 무왕이 상나라 紂王을 무너뜨리고 탄생한 왕조가 주나라이며 수도는 호경이다. 이때 상나라 주왕의 숙부인 기자는 풀어주었다고 한다.

기원전 770년, 洛邑으로 수도를 천도한 때를 기점으로 서주와 동주로 나뉘며 이때부터 춘추시대가 시작되어 기원전 403년, 제후국 晉나라를 韓魏趙 가문이 분할하였으나 주나라 왕실이 통제하지 못한 사건이 일어난 때까지를 춘추시대라고 한다. 또 기원전 403년부터 제후국 秦나라가 주나라를 멸망(기원전 256년)시키고 기원전 221년 秦나라가 중국을 통일한 때까지를 전국시대라 한다.

춘추시대가 시작될 즈음 주나라의 평왕은 천도하여 동주를 다스리고 경쟁자 휴왕은 남아 서주를 다스린다. 그러나 현재의 역사가들이 설정한 방위상 동주, 서주로 말하고 있으나, 저자가 주장하는바, 남미에 설정된 평왕의 주나라는 남쪽에 있으므로, 평왕의 남주, 휴왕의 북주로 부르는 것이 합당하다고 생각한다.

1. 호경(鎬京)

주나라의 초기 도읍지이다. 鎬는 '쟁개비'를 뜻하므로 호경은 장개비 모양의 도읍지이다. 현재 베네수엘라 볼리바르주 (4.570, -64.212)에 있다. 무쇠 냄비 모양의 직사각형 땅이 그곳이다.

© Google Map(Earth)

2. 부도(副都)

© Google Map(Earth)

기원전 771년에 주나라는 견융의 침범을 받아 멸망하였고, 잔존한 평왕 세력이 수도 호경을 버리고 부도로 463km의 장거리 천도를 하면서 동주 시대가 시작된다.

부도에서 副는 '머리꾸미개'를 뜻하므로, 머리꾸미개를 닮은 땅을 찾으면 된다. 현재 브라질 아마소나스주(0.539, -63.231)에 있다.

3. 낙읍(洛邑)

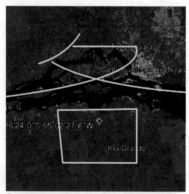

© Google Map(Earth)

낙읍은 낙수의 남쪽 마을을 말한다.

洛水의 洛은 물의 형상을 본뜬 상형한자이므로 물의 모양이 夂자 모양이어야 한다.

낙읍은 주나라 평왕에 의해 부도에서 다시 낙읍으로 231km 거리 천도를 하였고 마지막 난왕까지 도읍한 곳이다. 낙수와 함께 낙읍은 현재 브라질 아마소나스주 (-0.440, -65.041)에 있다.

낙수는 주나라 시조 주문왕과 태호 복희씨에게는 매우 의미 있는 강이다. 낙수에서 나온 거북이 등에 그려져 있는 그림이 낙서였는데 이를

기초로 주문왕이 후천 팔괘를 만들었다. 또 태호 복희씨의 딸, 밀이 하

백에게 보쌈당하고 나서 밀이 도망쳐

나오다가 낙수에 빠져 죽었는데, 이에

화가 난 태호 복희씨가 하백을 목 졸라

죽였고, 밀은 낙수의 신이 되었다는 이

야기가 전해온다.

© Google Map(Earth)

J. 진(秦)나라의 지명

1. 함양(咸陽)

함양에서 咸은 '물다', 陽은

'남성'이므로, 이으면 물려버

린 남성 성기인데 상상치고

는 좀 처참한 형국의 지상

화이다. 현재 베네수엘라 아

© Google Map(Earth)

마소나스 네블리나산(0.879,

-66.001)에 있다.

주나라의 제후국, 秦나라의 수도로서 기원전 256년 秦왕은 당시 명맥

뿐이었던 주나라의 숨통을 끊어 전국시대를 거의 마감한다.

함양과 낙읍의 거리는 180km로서 제후국 중 秦나라가 주나라에 가장

근접하였다. 주나라 황실을 접수한 秦나라는 이후 주나라를 대신하여

통일 작업에 들어간다. 세계사 왜곡 세력이 조선의 역사 왜곡을 작정하

였다면, 조선과 연결 고리가 있는 함양서고는 불태웠거나 이동을 시켰

을 것이다.

K. 마우리아 제국의 지명

© Google Map(Earth)

마우리아 제국은 기원전 322년부터 기원전 184년까지 존재했는데, 마가다 지역의 패권자 제3대 아소카왕(阿育王) (재위 기원전 273년~기원전 232년)은 아마존 강을 넘어 중원에까지 들어오게 되므로, 필연적으로 중원의 진나라와 국경을 마주하여 경쟁하였다.

석가여래행적송에는 아소카왕이 84,000개의 불탑과 석주를 조성했다는 기록이 있는데 그 불탑지들은 마우리아 왕조의 영토를 표시한다. 그런데 이 불탑지가 흑수백산과 중원의 영역인 팽성, 부풍, 촉군, 정안(定安), 금강산(金剛山) 등에도 세워진 것이다. 그러나 아소카왕 사후, 진제국에 의하여 마우리아 왕조의 아마존 이북 지역의 땅은 모두 잃게 된다.

1. 부풍(扶風)

© Google Map(Earth)

부풍에서 扶는 '기어가다', 風는 '모습'이므로, 이으면 기어가는 모습이 된다. 현재 브라질 아마소나스(0.4298, -65.631)에 있다. 함양의 동남쪽에 있다.

2. 팽성(彭城)

유방과 항우가 대결하여 항
우가 완승한 전쟁이 팽성대
전(彭城大戰)이다. 팽성은
한나라의 영토로 볼 수 있
으나, 아소카왕의 당시는 마
가다국의 영역으로 불탑이
조성되었다.

彭은 '방패(防牌)', 城은 '무
덤'이므로 이으면 방패 무덤

© Google Map(Earth)

이다. 서쪽에 말 무덤의 개봉이 있고 남쪽에 부도가 있다. 현재 브라질
아마소나스(0.809, -63.232)에 있다.

3. 촉군(蜀郡)

蜀는 '나비의 애벌레', 郡은 '무리'이므로 이으
면 나비 애벌레 무리이다. 현재 브라질 아마소
나스(0.032, -63.583)에 있다.

© Google Map(Earth)

4. 정안(定安)

원감 국사는 고려 고종 때 정안에서 태어났다
하므로, 정안은 흑수백산의 영역이자 후에 고
려의 영역이 된다. 그러나 아소카 왕대에는 마
우리아 제국의 영역으로 불탑이 조성되었다.

定은 '익은 고기', 安은 '안으로'이므로 이으면

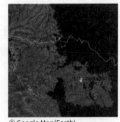

© Google Map(Earth)

익은 고기를 입 안으로 넣는 모양의 땅이다. 현재 수리남(1.910, -56.091)에 있다.

5. 금강산(金剛山)

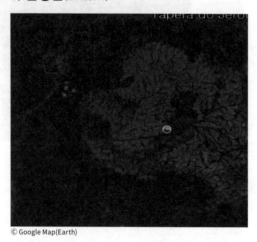
© Google Map(Earth)

금강산은 신라 초기의 영토로 볼 수 있으나, 아소카왕 당시에는 마우리아 제국의 영역이었다. 金은 '입 다물다', 剛은 '양(陽)'이므로, 이으면 입 다물게 하는 남성 성기가 된다. 현재 브라질 파라주(0.605, -55.747)에 있다. 금강산이 여러 곳일 수도 있으나 원조 격 금강산은 이곳일 것이다.

L. 해자판 일본의 건국

삼한의 별칭이 일본이라는 것은, 제2기 단군조선이 시작된 제22대 색불루 단군 때부터인데, 이는 삼한의 왕족성이 고씨이자 해씨이자 일씨였기 때문이다.

단군조선의 장군 반여언존(후일 신무천황)도 일씨인 바, 일씨의 본향이란 뜻으로 일본을 국명으로 정하였다. 일본이 해 뜨는 곳의 나라란 사료상의 해설은 그 진정한 의미를 감추기 위한 것이며, 만일 사실대로 일씨본임을 공표했다면 참칭했다는 것을 인정한 것이 된다. 이제 그들의 건국을 향한 1,513년간의 시나리오를 추적해 본다.

1. 조선인 추장 소시모리(會尸茂梨)와 그 후손의 전략

기원전 2173년에 두지주(豆只州)의 예읍(현재 유카탄반도 욱스말)에서 소시모리 추장이 단군조선에 반역하니 제3대 가륵 단군은 여수기 군장에게 명하여 그를 참하였다. 그 후 소시모리의 후손은 반역자 가계란 굴레 속에서 긴 세월을 살아왔다.

단군조선 제2왕조의 시작은 기원전 1285년 제22대 색불루 단군부터인데 그의 성이 일씨(日氏)였으므로 이때부터 단군조선은 일본이라고 불렸다. 소시모리 가계도 일씨였으므로 그의 후손들의 복권도 점차 제기되기 시작한다.

소시모리의 후손 이자나기의 슬하에는 아마테라스(천조대신)가 있었고 그녀의 아들은 천인수이존이며, 또 그의 아들은 천진언언화경경저존(니니기미코토)이고, 또 그 아들에는 화란강명, 언화화출견존이 있었다. 그런데 언화화출견존이 해상으로 진출하려다가 형 화란강명의 심한 견제로 위기에 빠져, 다파나국(현 나사우섬의 동부 제도)의 용궁에 체류하게 되는데 여기서 용궁은 동굴 입구는 바닷속에 있으나 들어가면 해발 이상인 멕시코만 제도의 지형을 말한다. 언화화출견존은 다파라국의 풍옥희 공주와 결혼 동맹을 맺고, 아들 언파불합(彦波弗蛤)을 낳게 되지만, 불화가 생겨 동맹이 깨어진다.

그 후, 언파불합이 어머니 풍옥희를 찾는 과정에서 이모인 옥의희 공주와 결혼함으로써 다파라국과의 동맹이 회복된다. 언파불합은 옥의희와의 사이에 4명의 아들을 두었는데, 출세를 위해 다파라국 왕족의 지위를 최대한 이용하기로 결심한다.

기원전 723년, 다파라국 내습(熊襲)의 반란은 언파불합 세력과 교감이 된 반란이었으므로, 언파불합 세력이 단숨에 다파라국의 반란을 진압하게 된다. 이에 따라 단군조선 정권은 언파불합을 협야국(킨타나오로, 긴땅나라)의 제후로 임명하고, 킨타나오로 해군기지 내 전함 500척을 관할하게 함으로써 소시모리 가계를 1,450년 만에 복권시킨다.

2. 단군조선의 협야후 배반명과 그 형제들의 전략

언파불합의 아들은 언오뢰명(彦五瀬命), 배반명(裵槃命 또는 稻飯命), 삼모입야명(三毛入野命), 반여언존(磐余彦尊, 신무천황) 네 명이다.

첫째, 언오뢰명(彦五瀬命)에서 彦은 '선비', 五는 '다섯', 瀬는 '여울', '급류'이므로 선비 5명이 다닐 수 있는, 폭이 5~6미터 되는 급류가 있는 곳에서 관계해서 낳은 아들이다. 또 중남미 신화의 비라고차(Viracocha)는 낙차가 심한 바닷가의 벼랑고차(곶)를 뜻하므로 언오뢰명과 통한다. 그는 신화에서 창조의 신, 폭풍과 태양의 신, 바다의 거품, 과학과 마술에 능통하고 무서운 병기를 다루는 자로 불렸다.

둘째, 협야후 배반명인데, 아버지 언파불합의 협야후 지위를 이어받았는데 별칭으로 도반명(일본서기 기록상)으로도 부른다. 裵槃命에서

裹는 '치렁치렁하다', 縈은 '얽히다'를 뜻하고, 稻飯命에서 稻는 '벼', 飯은 '기르다'를 뜻하므로, 치렁치렁 얽혀있는 볏길에서 관계를 하여 낳은 아들이다. 한편 중남미 신화의 케찰코아틀에서 깨찰곳은 어깨너비의 좁은 장소, 아틀은 제후이므로, 케찰코아틀은 협야후 배반명과 동일한 자이다.

셋째, 삼모입야명(三毛入野命)에서 三은 '석', 毛는 '짐승', 入은 '들이다', 野는 '들'이므로 세 마리의 짐승이 들어올 수 있는 들을 말한다.

넷째, 반여언존(磐余彦尊)은 '너럭바위가 남긴 사람'이란 뜻이다. 한편 테스카틸포카(Tezcatilpoca)는 테스크와 아틸과 포카로 나눌 수 있는데, 테스크는 반석, 아틸은 제후, 포카는 폭폭 연기가 난다는 뜻이므로, 이으면 연기가 나는 반석에서 관계하여 낳은 제후이다. 따라서 반여언존은 테스카틸포카와 동일 인물이다. 이들 협야국 4형제는 오래전부터 독립국가 건국의 원대한 목표를 가지고 있었다. 기원전 667년 三島(쿠바섬, 히스파니올라섬, 자메이카섬)에 반란이 일어나자 궁홀 마한이 협야후 배반명에게 반란을 진압하라는 명을 내린다. 그는 킨따나오로 해군 기지 내 전함 500척을 이끌고 출정하여 그해 12월에 삼도(三島)의 난을 진압한다.

그러나 삼도 반란은 전함 500척을 빼내기 위한 기획된 반란이었으므로 친조선 수뇌부를 제거하고 전함 500척을 자신들의 건국 세력에 합류시킨다.

3. 단군조선의 장군, 신무천황의 해자판 일본 건국

신무천황이 형 언오뢰명, 협야후 배반명, 삼모입야명을 제거했다고 기록되어 있으나, 실제는 단군조선의 척살령을 피하고자 이들이 기원전 663년 다파라국에 망명한 것으로 추정된다.

왜냐하면, 중남미 신화에는 비라코차와 케찰코아틀은 더 강한 신인 테스카틸포카라는 신에게 쫓겨 동쪽 바다로 사라졌다고 하며, 먼 훗날 다시 돌아올 것을 약속했다고 하므로, 이들이 죽지 않은 것으로 보이기 때문이다.

신무천황은 전함 500척과 다파라국의 지원을 받아, 7년간 단군조선 및 삼도내 소국들과 전쟁을 하다가, 마침내 기원전 660년 삼도를 완전히 장악하여 일본을 건국하고, 스스로 천황(天皇)이라 참칭한다. 새 국가를 원했던 소시모리의 반역이 1,513년 만에 성공한 것이다.

스사노오의 해씨판 일본과 신무천황의 해자판 일본은 약 300년 정도의 차이가 나지만 둘 다 일씨본, 즉 일본국임에는 틀림없다.

4. 쿠바섬

© Google Map(Earth)

신무천황의 해자판 일본은 쿠바에서 건국되었다. 쿠바, 고파는 곱 즉 일본의 중심이란 뜻이다.

"비록 목면속처럼 좁은 나라지만 잠자리가 서로 꼬리를 물고 있는 것 같으니 이 얼마나 아름다운 나라를 얻게 되었는가" 신무천황이 일본을 세우고 이같이 찬양하였다.

제 3 편

단군조선 멸망부터 고려의 멸망까지

(기원전 232년 ~ 1392년)

"단군조선이란 거대 제국의 멸망은 수많은 독립적인 제후국들의 난립으로 이어졌고 삼한일통을 통하여 단군조선으로 회귀하려는 움직임을 낳았다. 결국, 통일신라, 고려라는 세계적인 대제국으로 귀결되었다. 고려는 주변국들의 궤멸적인 도전을 받았으나 슬기롭게 극복해 나갔다. 그러나 한순간 내부자에 의해 멸망하고 말았다. 아쉬운 것은 통일신라와 달리, 조선은 고려의 영토를 모두 흡수하지 못했다는 사실이었다."

가. 환국인 등이 세운 나라의 지명

단군조선이 기원전 232년에 멸망하고 나서 78개국의 제후국(마한연맹 54개국, 진한연맹 12개국, 변진연맹 12국)은 연맹이란 이름으로 존재하였다. 마한연맹 54개국은 고구려, 백제로, 진한연맹은 신라로, 변진연맹은 가야로 재편되었다. 신라가 국가 목표로 삼은 삼한일통은 78개국을 하나의 나라로 재편하는 것이었고 부가적으로 중원의 중국 영토까지 흡수하게 되었다.

A. 신라의 지명

신라는 중원으로부터 피난 온 흉노족 6부족에서 출발하여 마한연맹으로부터 진한연맹의 땅을 할애받아 영토가 급속히 커졌다. 신라 6부, 수도 금성, 월성, 칠처가람, 주요 도시 순서로 기술하였다.

1. 알천(閼川)의 양산촌(楊山村)

알평 무리들이 금강산 표암봉(金剛山 瓢巖峯)에서 내려와 112km에 있는 버드나무 잎 모양의 양산촌에 도착했다. 이들을 신라 6부 중 하나인 급량부(及梁部)의 이씨라고 한다.

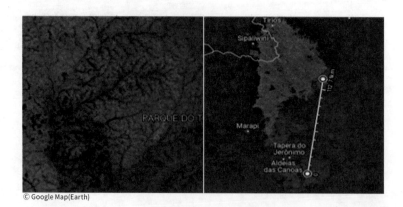

© Google Map(Earth)

1-1. 금강산의 표악봉(金剛山 瓢巖峯)

좌하에 금강철권이 보이는데 이것
이 있는 산이 금강산이다. 또 금
강철권을 표주박 모양의 표악봉이
둘러싸고 있는 모습이 보인다. 현
재 브라질 파라(0.677, -55.601)에
있다.

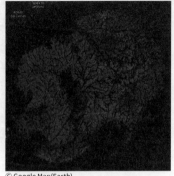

© Google Map(Earth)

2. 돌산(突山)의 고허촌(高墟村)

신라 6부 중 하나인 사량부(沙梁部)
에서 사(沙)는 '베짱이'이므로, 베짱
이산을 중심으로 하는 행정 조직이
라는 것이다. 베를 짜는 데는 장이
므로 형산이라고 불렀고 갑자산(甲
子山)이므로 돌산이라고도 불렀다.
또 소벌공에서 蘇는 '베다', 伐은 '치
다'이므로, 베를 치는 것은 역시 베
짱이다.

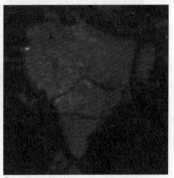

© Google Map(Earth)

고허촌에서 高는 '뽐내다', 墟는 '언덕'이므로, 해설하면 뽐내는 언덕, 즉
직조하는 언덕이므로 베짱이산과 통한다.

박혁거세는 소벌공에 의해 고허촌에서 길러지며 기원전 57년 건국 시
에는 고허촌이 수도였다가 기원전 37년에 금산에 금성이 세워지면서
도읍지가 된다. 모든 정보를 종합할 때 베짱이산은 현재 브라질 파라
주(0.219, -55.760)에 있다.

3. 취산(觜山)의 진지촌(珍支村)

© Google Map(Earth)

觜는 '큰 거북'이란 뜻이므로 큰 거
북 모양의 산이다. 현재 브라질 파
라주(-1.150, -55.581)에 있다.

4. 무산(茂山)의 대수촌(大樹村)

© Google Map(Earth)

브라질 파라(-1.610, -56.397)에 있다.
큰 나무(大樹) 모양인데 그곳 땅에
는 이상한 글씨들이 새겨져 있다.

5. 금산(金山)의 가리촌(加利村)

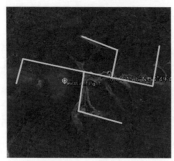
© Google Map(Earth)

가리촌 사람들이 신라 6부 중 하
나인 漢歧部를 운영하였으며, 성은
裵氏이다. 한지부에서 漢은 '사나
이', 歧는 '날아가는 모양'이므로, 이
으면 남자가 날아가는 모양을 뜻한
다. 金은 '누른빛', 山은 '사찰'을 뜻
하므로, 이면 누른빛의 사찰이다.

현재 브라질 파라주(0.071, -54.830)에 두 조건을 만족하는 지형이 있다.

땅의 형상이 날아가는 모양이고 卍을 나타내므로 사찰이라고 할 수도 있다. 이곳 금산에 값비싼 주석을 재료로 성을 쌓은 것이 금성인데 박혁거세가 이곳을 수도로 삼아 신라를 다스렸다.

현재 전 세계 주석 매장량(490만 톤) 중 15%가 브라질에 있고, 금성 서쪽에 세계적인 Pitinga 주석 광산이 있는 것을 볼 때, 주석으로 만든 금성 축조도 가능했을 것이다.

그러나 이 금성은 장인국과 아마존 강이 가까이 있어 적의 침략에 매우 취약했다. 신라 초기 아마존강 이남에 있던 남미 왜국이 자주 침략해왔고, 박혁거세가 장인국의 거인에 의해 암살당하는 등 수도의 방어 기능이 떨어져, 그만큼 수도 이전의

© Google Map(Earth)

요구가 거세었다. 수도 금성의 방어 기지로는 명활산이 160km 거리에 있다.

6. 명활산(明活山)의 고야촌(高耶村)

명(明)은 '밝', 활(活)은 '생활'이므로, 이으면 밖에서 생활하다, 즉 노숙을 하다는 뜻이다. 현재 브라질 파라주(-1.361, -54.942)에 있다. 노숙자가 엎드려있고 위에는 천막 같은 것이 보인다.

© Google Map(Earth)

7. 신라 6부를 연결한 모습

© Google Map(Earth)

8. 월성(月城)

© Google Map(Earth)

월성은 원래 호공의 땅이었는데 석탈해가 속임수로 탈취한 것으로 유명한 곳이다. 101년 제5대 파사이사금 때 금성에서 월성으로 천도하였는데 1,161km 거리의 장거리 천도였다. 이후에 오랜 기간 신라 궁궐이 있었던 도성인데 반달처럼 생겼다 하여 반월성이라고도 한다. 현재 베네수엘라 볼리바스(5.826, -63.606)에 있다.

9. 낭산(狼山)

신라는 낭산을 신성시하였는데 베네
수엘라 Seccion Capital Roscio(7.616,
-62.002) 지역에 코가 길쭉한 이리 모
양의 산이 있는데 이곳이 바로 신라의
낭산이다.

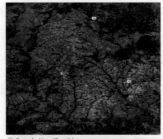

© Google Map(Earth)

10. 용궁(龍宮)

용궁은 월성의 동쪽, 분황사의 남쪽,
황룡사의 북쪽이란 조건을 만족해야
하는데 이곳은 베네수엘라의 Seccion
Capital Gran Sabana(5.559, -61.115)
에 있다.

이곳은 용이 여의주를 물고 있는 형

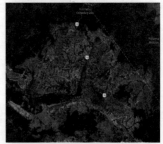

© Google Map(Earth)

상을 나타내는 곳인데 그림의 우하측
여의주가 바로 궁이자 용궁이라고 할 수 있다.

11. 분황사(芬皇寺)

분황에서 芬은 '툭 튀어 오르다', 皇은
'황부루(누런 바탕에 흰빛이 섞인 말)'란 뜻
이므로, 이으면 황부루가 툭 튀어 오
르는 모양의 땅을 말한다. 분황사의
위치는 베네수엘라 San Isidro(6.250,
-61.900)에 있다.

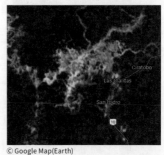

© Google Map(Earth)

분황사는 용궁의 북쪽에 있으며 구류손불 때 절터이다. 이 절은 634년 선덕여왕 3년에 창건되었으며, 775년 경덕왕 14년에 구리 30만6700근을 들여 약사여래 입상을 조성한 바 있다. 또 솔거(率居)가 그린 분황사의 관음보살상 벽화는 신화(神畵)로 불릴 정도로 유명하였다.

12. 신유림(神遊林)의 천왕사(天王寺)

© Google Map(Earth)

신유림(神遊林)은 사천왕 신들이 유람했다는 숲이다. 狼山의 남쪽, 즉 현재 Seccion Capital Roscio(7.171, -62.153)좌표의 지상화 좌하에, 신이 다소곳이 서 있는 신유림이 있다.

13. 서청전(婿請田)의 담엄사(曇嚴寺)

© Google Map(Earth)

서청전에서 婿는 '사위', 請은 '바라다', 田은 '밭'이므로, 이것은 사위성(Sravasti)을 바라보는 곳이라는 뜻이다.

담엄사에서 曇은 '흐리다', 嚴은 '아버지'의 뜻으로 합하면 홀아버지이고 현재 브라질의 Parque do Tumucumaque 지역에 홀아버지의 형상이 있으며, 그 특징인 남성 성기 위치는 (1.557, -56.041)에 있다. 삼국사기에 나오는 담암사(曇巖寺)는 이 쌍스러운 뜻을 흐리고자 한자를 바꾼 것이다.

담엄사와 사위성은 대략 1,050km 떨어져 있는데 바라보는 정도로는 거리가 지나친 것이 사실이나, 아마존강 이북의 신라의 영토로는 사위성에 가까이 갈 수 없다는 것이 현실이었던 셈이다.

14. 영묘사(靈廟寺)

영묘사지는 구나함모니불 때 절터이
다. 신증동국여지승람에는 632년 선
덕여왕 1년에 영묘사를 건립했다고
기록되어 있다.

영묘사는 선덕여왕을 사모했던 '지귀'
의 전설이 깃들어 있는 곳이다. 역졸

© Google Map(Earth)

이었던 지귀가 선덕여왕이 행차한다는 소식을 접하고 선덕여왕을 기다
리다 잠이 들어 만나지 못해 울화가 치밀어 화귀가 되어 영묘사에 뛰어
들어 사찰이 불탔다는 전설이 그것이다.

靈은 '도깨비', 廟는 '사당'이니 도깨비 모양의 땅에 세워진 사당 절이다.
현재 베네수엘라 아마소나스 Sipapo(5.601, -66.390)에 있다.

15. 황룡사(皇龍寺, 黃龍寺)

진흥왕은 553년에 착공하여 569년
에 황룡사를 창건하게 되었다.

황룡사는 용궁(5.559, -61.115)의 남쪽
에 있으며 비사부불 시절의 중요 절
터이다. 황룡사의 黃은 '노래지다', 龍
은 '도룡뇽이나 개구리'이므로, 합하
면 노래하는 개구리라고 할 수 있다.

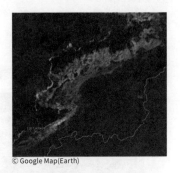

© Google Map(Earth)

한편 Cantarrana라는 베네수엘라의 한 지역명은 '노래하다'라는 뜻의
cantar와 개구리라는 뜻의 rana로 구성되어 있다.

황룡과 칸타라나는 동일 지역을 뜻하므로 황룡사 터를 칸타라나로 비
정할 수 있으므로 그 위치는 베네수엘라 볼리바르 Cantarrana(4.434,

-61.723)에 있다.

현 브라질에 있었던 마가다국의 아소카왕이 삼존불상을 만들려다 실패한 철 57,000근과 금 30,000푼의 재료가 오랜 기간 그 주인을 찾다가 마침내 진흥왕 때 신라에 전달되어 신라의 선진기술로 장육존상(丈六尊像)과 두 협시보살상을 만들어 574년 황룡사에 모셨다. 또 645년 황룡사 9층 목탑을 완공하였다.

신라인들은 전불 가섭불(迦葉佛)의 연좌석(宴坐石)이 있는 황룡사를 가섭불 이전 시대부터 있었던 절터로 보았다. 기록에 월성의 동쪽에 황룡사를 지었다고 하고, 월성의 남쪽에 가섭불 연좌석이 있다고 하고, 황룡사에 가섭불 연좌석이 있다고 하므로, 정확히 월성의 동남쪽에 황룡사가 위치하는 것이 맞다.

또 황룡이 나타났으므로 황룡사라고 이름 지었으니, 원래 사찰명은 皇龍寺가 아니라 黃龍寺이었을 것이며 皇龍이나 黃龍이나 鷄龍이나 비슷한 모습의 거인들이며, 노래까지 하였으니 두려운 존재는 아니었을 것으로 추측된다.

16. 삼천기(三川岐)의 영흥사(永興寺)

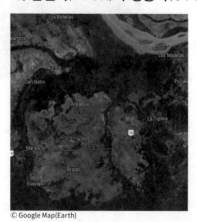
© Google Map(Earth)

영흥사는 삼천기라는 지역에 있다고 기록되어 있다.

삼천기에서 기시하여 오리노코 강으로 흐른 흔적이 있는 작은 강 3개가 있어야 하는데, 이 조건을 만족하는 삼천기 지역은 베네수엘라 볼리바르주(7.437, -65.084)에 있다.

삼천기의 영흥사는 시기불 때의 절터에 세워진, 흥륜사 다음가는 고찰이며, 최초의 비구니 사찰로 유명하다.

17. 천경림(天鏡林)의 흥륜사(興輪寺)

법흥왕이 비바시불 때 중요 절터였던 천경림에 석가모니불식 절을 짓고자 할 때 귀족들의 반발이 극심했지만, 이차돈의 순교 사건으로 신라 최초의 국찰 흥륜사를 창건하게 되었으며, 법흥왕과 진흥왕 두 왕이 모두 늘그막에 흥륜사로 출가한 바 있다.

© Google Map(Earth)

천경림(天鏡林)이란 天字(그림의 중앙)가 적힌 거울이 있는 숲을 말한다. 또 흥륜사에서 興은 '다스리다', 輪은 '바퀴'란 뜻으로, 합하면 다섯 바퀴살 모양의 땅에 지은 절이다.

이 조건을 만족하는 숲은 현재 가이아나의 쿠유니 마자루니(6.290, -61.001)에 있다. 흥륜사는 1238년 몽고 침입으로 전소되었다 한다.

18. 회암사(檜巖寺)

천보산(天寶山) 회암사는 전불시절의 대가람(大伽藍) 터이다.

檜는 '전나무잎', 巖은 '바위'란 뜻이므로 전나무잎 모양의 바위로 되어 있는 절을 말한다. 현재 베네수엘라 El Callao(7.149, -61.712)에 있다.

© Google Map(Earth)

19. 사로국(斯盧國)

© Google Map(Earth)

진한 12국에 속한 사로국이며 마한 54연맹의 사로국과는 다르다.

斯는 '쪼개다', 盧는 '머리뼈'이므로 이으면 (투구를 썼으나) 쪼개진 두개골이 된다. 현재 베네수엘라(5.560, -65.210)에 있다.

20. 갈화성(竭火城)

© Google Map(Earth)

竭는 '전부', 火는 '불사르다'이므로 이으면 '전부 불사르다'이다. 현재 콜롬비아 아라우카(6.606, -70.144)에 있다.

212년 포상팔국 중 골포국, 칠포국, 고사포국이 인근에

있던 신라의 갈화성(竭火城)을 침공하였으나, 신라가 이겼다는 기록이 있다.

21. 토함산(吐含山)

© Google Map(Earth)

토함산에서 吐는 '게운 음식', 含은 '무궁주(無窮珠)'이므로 이으면 시체의 입에서 나온 게운 음식과 입속의 무궁주 2알을 말한다. 이 조건을 만족하는 곳은 현재 베네수엘라 볼리바르(3.720, -62.917)에 있는데

이 토함산 역내에 석굴사와 불국사가 있을 것이다.

현재 경주의 석굴암은 1912년부터 1915년까지 해체된 원형을 가져와 조립한 것이므로 원래 위치는 모호한 것이다.

22. 절영도(絶影島)

김춘추(603년~661년)가 647년 진덕 여왕 재위기 절영도에서 열병식을 거행한 후 남미 왜국에 건너가 화친 조약을 맺고 돌아왔는데, 이때 그 가 절영도에 쌓은 대왜국 전초진지 가 바로 태종대(太宗臺)이다. 이어서

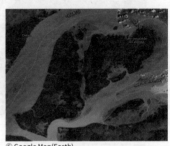

© Google Map(Earth)

648년에는 나당 동맹을 맺고 신라의 배후를 안정시킨다.

절영도는 신라 왕실의 목장으로도 유명하였는데, 710년 성덕왕이 김유 신의 손자 允中에게 절영도산 말을 하사한 기록이 있다.

절영도에서 絶은 '으뜸', 影은 '그림자'이므로, 꿰면 으뜸 신하의 그림자 를 말하는데 현재 브라질(0.468, -50.343)에 있다. 섬의 좌측에 옷을 늘 어뜨린 으뜸 신하가 있고, 우측에 그 그림자가 있다.

23. 신라의 울릉도(鬱陵島)

신라를 남미로 비정하는 이상, 울 릉도는 당연히 영역이 바뀌게 된다. 한편 현 울릉도를 포함하여 일본열 도 전체가 고려의 땅이라는 데는 이 견이 없다.

© Google Map(Earth)

鬱은 '답답하다', 陵은 '오르다'이므 로, 이으면 답답하게 올라가는 나무늘보를 말한다. 현재 브라질 Ilha

Rata(-3.854, -32.426)에 있다.

24. 우산도(于山島)

© Google Map(Earth)

于는 '가지다', 山은 '산'이므로 이으면 짐
승의 가죽(갖)을 벗겨놓은 모양의 산을
말한다. 현재 브라질 Ilha Rata(-3.812,
-32.387)에 있다.

25. 낙동강(洛東江)

© Google Map(Earth)

낙동강은 낙수의 동쪽에 있으므로 불
린 이름이다. 즉, 마나우스에서부터 산
타렝까지의 아마존강을 말한다. 물빛이
흑색가 아니라 황색이었으므로 황산강
이라고 하였다.

26. 마량온하(馬良溫河)

坤輿萬國全圖,theKanoCollection출처

낙동강에 이어지는 강, 즉 산타렝에서
동해(대서양)까지의 아마존강 하류가 마
량온하인데 곤여만국전도에 기록되어
있다.
마량온하는 마량온 땅을 흐른다고 해
서 이름 지어졌는데, 마량온에서 馬는
'말', 良은 '곧다', 溫은 '샘'이므로, 꿰면 말곧샘인데, 바로 오늘날 마라조
섬이다.

B. 통일신라의 지명

통일신라의 9주는 옛 신라·가야(加耶) 영역에 3개(상주, 양주, 강주), 옛 고구려 영역에 3개(한주, 명주, 삭주), 옛 백제 영역에 3개(웅주, 전주, 무주)의 지역으로 구성되었다.

나당 전쟁은 당제국이 궤멸적인 타격을 입은 당멸망전이며, 통일신라로 가는 길목인데 그 격전지로는 호로하 전투와 칠중성 전투가 있다.

1. 호로하(瓠瀘河)

瓠는 '표주박', 瀘는 '강(江) 이름'이므로 표주박처럼 생긴 강 유역을 찾으면 된다. 현재 콜롬비아 메타(3.555, -72.828)에 있다.

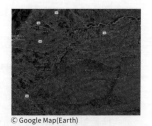

© Google Map(Earth)

2. 칠중성(七重城)

七은 '일곱', 重은 '만생종(晩生種)'이므로 이으면 일곱 개의 만생종 콩줄기가 되는데 현재 베네수엘라 타치라(8.040, -71.981)에 있다.

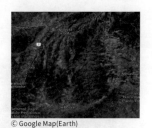

© Google Map(Earth)

3. 포석정(鮑石亭)

포석정은 포석사(鮑石祀)라고도 하는 제사 시설이며, 놀이시설이 아니다. 술잔을 수로에 띄우고, 제문을 읽고, 음주하는 것은 제례 의식의 일종이다.

© Google Map(Earth)

포석의 鮑는 '전복(全鰒)'을 말하는데 현재 베네수엘라 볼리바르 Pedro Cova(6.479, -62.800)에 전복 모양의 땅이 있다.

4. 양주(楊州)

양주는 회암사, 귀한아, 의창을 포함하는 영역이다. 현재 한반도의 통일신라 9주의 경계는 지형지물과 관계없이 길쭉하게 나누어져 있는데, 주 경계가 매우 부자연스럽다.

5. 수리남(네덜란드령 기아나)

수리남은 장인국, 즉 귀안아(Guyana, Guiana) 중 중간 부분의 영역인데, 북으로부터 영국령, 네덜란드령, 프랑스령 순이다. 영국령은 가이아나로 독립했고, 네덜란드령은 수리남으로 1975년 독립했으나, 프랑스령은 아직 독립하지 못했다.

나라 이름 수리남은 Surinen이란 원주민 부족 또는 Suriname강에서 나왔으며 주산지(酒産地)의 뜻이다.

6. 우풍현(虞風縣)

© Google Map(Earth)

우풍현에서 虞는 '아리다', 風은 '바람'이므로, 꿰면 '바람으로 살갗이 아리다'로 해석할 수 있다. 또 수리남의 수도 파라마리보를 '파람', '아리다', '바닷가의 보'로 나눌 수 있으므로, 우풍현과 파라마리보는 동일 지역으로 보는 것이 타당하다.

통사적으로 우풍현이 거친 국가를 열거하면 장인국, 신라, 통일신라(양주의 동안군), 고려, 멕시카 제국, 스페인 부왕령, 영국, 아메리카합중국, 수리남 순이다.

7. 의창군(義昌郡)

의창은 통일신라의 9주 중 양주에 속하였다. 프랑스령 기아나(귀안아) 바로 남쪽에 있다.

© Google Map(Earth)

의창에서 義의 뜻은 '오른', '오난', '오랑캐'를 뜻하고 昌은 '昌 모양의 지형을 가진 곳'이란 뜻이다. 昌 자전에 땅 이름이란 뜻이 없으나, 과거에는 땅 이름 훈이 있었을 것이다. 의창은 오랑캐 영역이면서, 昌이란 모양의 땅이란 뜻인데, 현재 브라질 아마파주(3.654, -51.343)에 있다.

8. 청해진(淸海鎭)

淸은 '뒷간', 海는 '호수'이므로, 이으면 '뒷간처럼 생긴 호수 모양을 가진 땅'이다. 적어도 청해진이 완도라는 섬은 아닌 것이다. 좌표는 콜롬비아 볼리바르주(10.712, -75.252)에 있는데 혹자는 뒷간의 발판 모양이라 하고 혹자는 하회탈 모양이라고 한다.

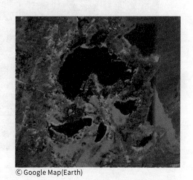
© Google Map(Earth)

불멸의 지명을 만든 선조들은 먼 훗날에 그 지명의 의미를 해석할 수 있는 사람을 염두에 두었을까 생각해 본다.

9. 문무대왕암과 감은사지(感恩寺址)

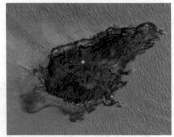

© Google Map(Earth)

백제, 고구려를 멸망시키고 당나라를 제압하여 통일신라를 완성한 대왕은 문무대왕이다.

문무대왕릉이 있는 섬은 프랑스령 기아나 Malingre Island(4.960, -52.252)에 있는데, 그의 무덤은 섬 북측에 있는 바위로 만들어진 관에 있을 것이다. 또, 죽은 문무대왕이 해룡이 되어 드나들던 감은사는 프랑스령 기아나 카옌(4.941, -52.286)에 있다.

감은사와 그 문무대왕암의 직선거리는 4.27km인데 이를 연결하는 지하 터널이 있는지, 감은사의 연못과 바다가 연결된 통로가 있는지 확인해 봐야 할 것이다.

© Google Map(Earth)

C. 남미 왜국의 지명

삼국지 위지 왜인전에는 대마국(對馬國), 이도국(伊都國), 불미국(不彌國), 야마대국(邪馬臺國), 왜노국(倭奴國) 등 30여 국의 왜국이 기록되어 있으며, 일본과는 전혀 다른 나라이다.

일본과 왜국을 동일시하여 기록한 사료들로 인해 역사는 뒤죽박죽이 되는데, 1145년 김부식이 집필한 삼국사기의 내용 중 "670년 왜국(倭國)이 이름을 고쳐 일본(日本)이라 하였다."란 기록이 문제시되었다. 나는 남미 왜국과 멕시코만-카리브해의 해자판 일본, 유럽의 해씨판 일본이 통합됨으로써 생기는 오류일 것으로 생각한다. 조선왕조실록에도 일본 관백과 왜황을 구분하여 기술된 바 있다.

고구려가 멸망한 후 2년이 지난 670년은 신라의 영역이 멕시코만-카리브해까지 확장되었고, 나당 전쟁의 개시년이므로 신라에는 배후에 있는 해자판 일본이 중요한 나라가 되었다. 반면에, 오랜 기간 신라를 괴롭혔던 남미 왜국은 신라와 화친 조약을 체결했고, 오랜 내전으로 인해 피폐해져 신라에 군사적 영향을 미치지 못하였으므로 남미 왜국에 대한 존재는 사라지고 일본에 관한 기술로 통합되어 버린 것이다.

그렇다면 이제 남미 왜국의 영역을 추적해봐야 한다.

왜를 人과 委로 파자하면 '등이 굽은 사람'이 되는데, 왜국 땅의 모양을 말하는 것이다. 倭, 㼒과 같은 좋지 않은 의미의 한자를 나라 이름으로 쓰는 경우는 반드시 땅의 모양을 나타내주는 한자라는 이유밖에는 없

© Google Map(Earth)

다. 이는 졸본부여가 죽은 나무 뿌리의 땅 모양을 가졌기 때문인 것과 같다. 마라조섬에서 리우데자네이로까지의 해안지역을 등 굽은 사람 모양으로 보아, 이 지역 전체가 남미 왜국의 원래 영역인 것이다. 마가다의 인도 통일 왕조 시기에는 왜국의 남단은 그로 인해 잠식되었다.

1. 구야한국(狗邪韓國)

© Google Map(Earth)

구야에서 狗는 '개', 邪는 '땅 이름'이므로 개 모양의 땅을 말한다. 대방에서 구야한국까지 거리가 7,000리인데, 석탈해에 의해 동장인국(현재 기아나 3국)이 정복되고 나서 구야한국도 신라 땅이 된 것으로 보인다.

2. 대마국(對馬國)

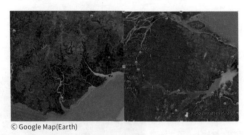
© Google Map(Earth)

왜국의 주요 근거지는 또 다른 대마도인데 현재명으로 마라조섬(말좆섬), 곤여만국지도 상의 마량온이다. 삼국지 위지에는 대마국이 사방 4백여 리 정도라는 기록이 있다.

마라조섬(말좆섬)의 길이가 189km로 4백여 리에 합당한 수치다. 해자판 일본의 대마도인 바하마 섬과는 다른 곳이다. 현재 브라질 파라주 마라조섬(-1.225, -49.063)에 말 한 마리가 보인다.

구야한국에서 대마국까지 1천 리이며, 대마국에서 남으로 1천 리 가면 일대국(一大國)이 있고, 일대국으로부터 방향 없이 1천 리 거리에 말로국(末盧國)이 있다.

3. 구주(九州)

대마국의 九州는 九 자 모양을 한 지역을 뜻하는데, 브라질 파라주 Antônio Lemos(-1.36, -50.61)에 있다. 그림 중앙에 九字 모양이 있다.

신라는 九州의 반정(磐井)에게 보급품과 인력을 제공하여 대마국에 반란할

© Google Map(Earth)

것을 종용하였으며 이에 반정은 대마국의 海路를 차단하고, 삼국과의 연락선을 구주로 유치하였다. 결국, 528년 구주와 대마국 조정 사이에 최대 규모의 내전이 벌어졌고, 종국에 대마국 조정이 승리했지만 이로 인해 대마국의 국력이 소진되어 대가야와 백제의 멸망을 가만히 지켜볼 수밖에 없었다.

4. 명석포(明石浦)

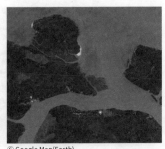

신라 제14대 유례이사금 때 명석포를 통하여 대마국을 침략한 기록이 있다.

明은 '신령(神靈)', 石은 '돌비석(-碑石)'이므로 이으면 '신령스런 도깨비상의 돌비석이 있는 해안'이다.

© Google Map(Earth)

5. 이도국(伊都國)

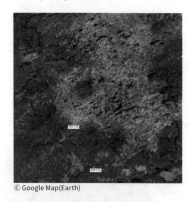
© Google Map(Earth)

말로국에서 동남쪽으로 육상으로 5백 리를 가면 이도국이 있는데 왕(王)이 다스렸다.

伊는 '또', 都는 '아름답다'이므로, 이으면 '또알, 또아리'이다. 현재 브라질 마라냥(-2.930, -43.879)에 있다.

6. 노국(奴國)

© Google Map(Earth)

노국은 이도국에서 1백 리 거리에 있는데 57년에 후한에 조공한 기록이 있다.

奴는 '부리다'이므로, 노국은 '부리국'을 뜻한다. 현재 브라질 마라냥 Paulino Neves(-2.663, -42.641)에 있다. 그림 아래에 새 부리가 보인다.

7. 불미국(不彌國)

© Google Map(Earth)

불미국은 마한 54개국에 포함된 국가인데 마한이 멸망하자 왜국에 포함되었다. 노국에서 동쪽으로 1백 리에 불미국이 있다.

不은 '크다', 彌는 '갓난아이'이므로 (요에 싸인) 큰 갓난아이가 된다. 현재 브라질 마라낭(-2.862, -42.321)에 있다.

8. 야마대국(邪馬壹國)

© Google Map(Earth)

야마대국은 여왕국이라고도 대화국(大和國)이라고도 한다.

순조실록에는 왜황이 있다는 대화국의 기사가 있다.

불미국에서 남으로 투마국(投馬國)이 있고 그 이남으로 여왕(女王)이 도읍한 야마대국(대방군에서 5640km)이 있고 그 이남으로 23개국이 더 있다고 한다.

邪馬壹國에서 邪은 '기울다', 馬은 '산가지', 壹는 '받침대'이므로, 이으면 기울어진 산가지 받침대이다. 현재 기울어진 산가지가 보이는 지상화가 브라질 리우-그란데두노르테(-5.393, -35.423)에 있다.

이 나라의 왜왕 비미호(卑彌呼)는 삼국시대 2세기 후반부터 3세기 전반 신라와 교류했었고, 삼국지 위지 왜인전(倭人傳)에 정식 왜왕으로 인정을 받은 왕으로 기록되어 있는데, 섭정을 한 신공왕후와 동일인물로 생각해서는 안 된다.

사료상 이 나라에는 비미호 여왕, 왜 5왕, 그리고 다리사비고 왜왕이 있었는데 이들 중에는 천황이라고 주장하는 자들은 없다. 또 이 나라는 한국, 중국 사료에는 언급되고 있으나 일본서기에서는 한 건도 언급되고 있지 않은데 이것이 남미 왜국과 일본은 전혀 다른 나라라는 증거가 된다.

야마대국의 왜왕이 임진란에 동참하여 보급기지 역할을 했을 가능성이 있는데 그 230km 아래에 페르남부쿠가 있기 때문이다.

9. 페르남부쿠(Pernambuco)

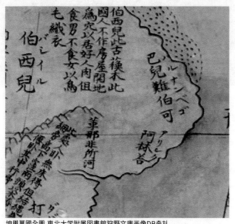

坤輿萬國全圖,東北大学附属図書館狩野文庫画像DB출처

곤여만국전도에는 현재 브라질 페르남부쿠가 파아난백가(巴兒難伯可)란 지명으로 기록되어 있다.

巴兒難伯可에서 巴는 '꼬리', 兒는 '아이', 難은 '난리', 伯은 '일백', 可는 '군주'이므로, 이으면 '고려란(별칭 임진란)을 일으킨 군주 100명이 회합한 장소로 해석된다. 즉 왜왕의 대화국 중앙에서 230킬로 남쪽에 있는 페르남부쿠는 임진란의 진정한 보급기지라고 볼 수 있다.

D. 고구려의 지명

1. 임유관(臨渝關)

臨은 '다스리다', 渝은 '넘치다', 關은 '가두다'이므로, 이으면 '다섯 마리의 넙치를 가둔 곳'이다. 현재 콜롬비아 똘리마주(4.789, -75.331)에 있다. 고구려와 수나라의 경계선에 있었다.

© Google Map(Earth)

2. 무려라(武厲邏)

武는 '무인', 厲는 '갈다', 邏는 '끼다'이므로, 이으면 '무인의 갈기'가 된다. 현재 콜롬비아 후알라(3.389, -74.800)에 무인의 모습이 있다.

고구려는 수나라 때 무려라를 설치하였으나 수 양제의 고구려 원정으로 영토를 상실하였다.

© Google Map(Earth)

3. 개모성(蓋牟城)

蓋는 '하늘', 牟는 '투구'이므로 이으면 '큰 투구'이다. 현재 콜롬비아 안티오키아(7.900, -76.511)에 있다.

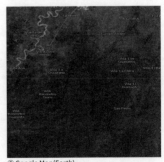
© Google Map(Earth)

4. 환도성(丸都城)

© Google Map(Earth)

丸은 '화살통', 都는 '모이다'이므로, 이으면 '화살통 모양의 산'이다. 현재 코스타리카 구아나카스테(10.650, -85.360)에 있다. 고구려국 내부의 성이다.

5. 대방(帶方)

© Google Map(Earth)

帶은 '뱀', 方은 '괴물'이므로, 이으면 '뱀 괴물'이다. 두 개의 혀를 가진 뱀 괴물 모양은 현재 베네수엘라 슬리아주(10.530 -72.640)에 있다. 말갈의 북측에 있으며 고려조 시인 이규보는 대방을 남원이라고 불렀다.

6. 말갈(靺鞨)

靺은 '버선', 鞨은 '가죽신'이므로 이으면 버선과 가죽신이다. 현재 콜롬비아 Abrego(7.960, -73.140)에 가죽신이 있고, 인근에 버선이 있다. 곤여만국전도에는 말갈을 소말누다로 적어놓았다.

小勿耨茶에서 小는 '작다', 勿은 '말다', 耨는 '괭이', 茶는 '소녀'라는 뜻이므로, 합하면 작은 말괭소녀이다. 이 지역 사람들을 말갈족이라고 부른다.

고대 한국인들은 현 베네수엘라 마라카이보는 말꽐냥이 소녀의 음부로 본 것이다. 따라서 마라카이보 호수 남쪽에 낙랑이 있었다는 것이고 그 서쪽에 고구려가 있었던 것이다.

© Google Map(Earth)

7. 낙랑(樂浪)

樂은 '노래', 浪은 '마구'이므로, 이으면 노래마구(노래미)이다. 현재 콜롬비아 Chitaga(7.150, -72.581)에 있다.

곤여만국전도에서는 말꽐량이 소녀를 뜻하는 말갈(소물수다) 아래에 있었다.

© Google Map(Earth)

8. 부여(扶餘)

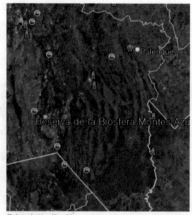

© Google Map(Earth)

졸본 부여는 卒은 '죽다', 本은 '뿌리', 扶는 '곁(겉)', 餘는 '남다'이므로, 이으면 죽은 뿌리, 겉나무이므로 고목을 뜻한다. 현재 멕시코 치아파스(16.883, -91.724)에 있다.

그림 우하에 밑둥치 부분이 비어있는 죽은 나무 형상으로 본 것이다. 또 과테말라는 우리말 '겉에 말라'와 같으므로 졸본 부여와 동일 지역이다. 이 과테말라 지역을 북부여라고 하고, 콜롬비아 서부, 에콰도르, 페루 지역이 남부여이자 백제 지역이고, 콜롬비아 동부, 베네수엘라 지역이 동부여라고 할 수 있다.

9. 고구려(高句麗) 지명의 뜻

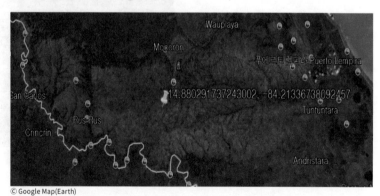

© Google Map(Earth)

高는 '윗', 句는 '마디', 麗는 '매다'이므로 윗마디 매듭의 지형을 말한다.

현재 온두라스 Puerto Lempira(14.858, -84.293)에 있으며 졸본 부여에서 이곳으로 이동하여 고구려가 태동한 것인데 마치 넥타이 매듭 모양의 지형을 가지고 있다.

마한의 수도 백아강의 바로 북쪽에 있다.

10. 대방, 말갈, 낙랑의 연결

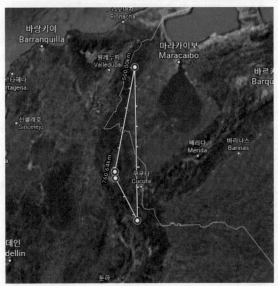

© Google Map(Earth)

E. 백제의 지명

백제 시조 온조왕은 기원전 18년에 백제를 건국하였다. 百濟에서 百의 뜻은 '온갖', 濟는 '나루'이므로, 온갖 나라, 즉 萬國을 뜻한다.

온조왕은 백제의 꿈을 이루기 위해 9년에 목지국을 비롯한 마한 연맹을 멸망시켰으나, 그것이 부메랑이 되어 마한인들에 의해 장악된 신라에 의해 백제는 660년에 멸망한다.

백제 부흥의 기회도 있었으나 부여풍이 일본 수군을 긴 운하 길을 따라 전개시켜 백강구에서 차례차례 공격당하여 궤멸된 것이다. 만일 일본 수군을 상륙시켜 당나라 수도 장안을 공략했다면 더 나은 결과를 얻었을 것이라는 것이 나의 판단이다. 돌이켜보면 제2차 포에니 전쟁 시 한니발이 본토 방어를 위해 승리 직전에 귀환했듯이, 당군 본진도 장안 방어를 위해 철수했을 것이기 때문이다.

백제의 수도는 위례성(慰禮城), 한산(漢山), 북한성(北漢城), 웅진성, 사비성 순서로 옮겨졌다.

1. 위례성(慰禮城)

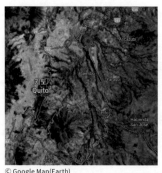
© Google Map(Earth)

온조 백제의 첫 수도, 하북 위례성은 기록상 북쪽으로는 한강(막달레나강)이 있고, 동쪽으로는 높은 산들(금마산)이 둘러 있으며, 또 남쪽은 기름진 못(Quilotoa 호수)을 바라보고 있고 서쪽은 큰 바다가 막고 있다고 한다.

위례성에서 慰는 '위로하다', 禮는 '절하다'이므로, 꿰면 (귀신을) 위로하는 제사(절)를 말한다. 즉, 죽음을 위로

하는 의식이 위례이다. 곤여만국전도 상 현재의 에콰도르 수도 키토는 祈多로 적혀있고, 그 뜻이 제사가 많다는 뜻이므로 위례성을 키토로 비정할 수 있다. 그렇다면 그 비정의 신뢰성을 판단하기 위해 키토의 지형이 위례성의 지형 기록과 일치하는지 비교해 보아야 한다.

첫째, 남북으로 가르는 강은 Rio Machangara인데 하북의 키토에서 북쪽의 말갈 침입으로부터 보호받을 수 있도록 하남의 키토로 옮긴 것으로 볼 수 있다.

둘째, 동쪽 산 금마산(金馬山)에서 金은 '폐', 馬는 '아지랑이'이므로, 이으면 폐의 아지, 즉 기관지를 뜻한다. 이 모양은 현재 에콰도르 키토의 동쪽(-0.113, -78.371)에 있는 레벤타도르산에 있는데 금마산으로 비정할 수 있다.

© Google Map(Earth)

셋째, 하북 위례성의 북쪽으로는 한강이 있는데 현재 키토의 북쪽에 흐르는 막달레나강으로 비정할 수 있다.

넷째, 남쪽은 기름진 못인 Quilotoa 호수를 바라보고 있고, 서쪽은 큰 바다인 태평양이 막고 있다. 현 역사계가 지목하고 있는 서해는 결코 큰 바다가 되지 못한다. 따라서 키토와 위례성의 동일성은 충분히 근거가 있다고 할 수 있다.

온조왕 14년에 한산 남쪽으로 도읍을 옮겼고, 근초고왕(近肖古王) 26년에 도읍을 한산으로 옮겼는데, 하북 위례성, 하남 위례성, 한산 남쪽, 한산성을 묶어 한산 도읍 시대라고 하는데 그 위치가 지근거리로 모여있기 때문이다.

2. 웅진성(熊津城)

475년 문주왕(文周王) 원년에 도읍을 웅진성으로 옮겼고, 이때부터 538년까지 백제의 수도였다. 현재 Estuario Virrilla강의 말라버린 상류 지역인 페루 Olmos(-5.835, -79.794)에 있는 것으로 보인다.

백제 멸망 당시 피비린내 나는 현장이 (피가) 비릴라강의 이름에 남아 있는 것이다.

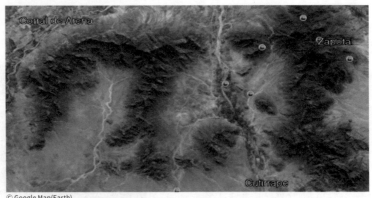

© Google Map(Earth)

3. 사비성(泗沘城)

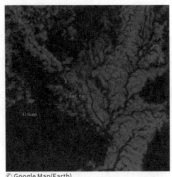

© Google Map(Earth)

538년 성왕(聖王) 16년 도읍을 사비(일명 소부리라 함)로 천도하고 국호를 남부여라 하였다. 이때부터 백제 멸망 시까지 수도로 기능하였다.

泗는 '콧물', 沘는 '물의 이름'이므로 (코밑의) 콧물이 흐르는 모양의 성이다. 현재 콜롬비아 카케타(1.349, -74.271)에 코 모양이 보인다.

사비성을 둘러싸고 흐르는 강이 Rio Yari이다.

4. 미추홀(彌鄒忽)

미추홀의 역사를 보면, 마한 때는 우체모탁국(마한 연맹국 참조), 고구려에서는 매소홀, 신라에는 소성현으로 불렸고, 고려에서는 인주로, 곤여만국전도에서는 타륵나로 기록되어 있다. 다시 말하면, 미추홀은 비류백제의 본거지였고, 현재 폐루의 탈라라에서 치클라요까지의 지역이다.

© Google Map(Earth)

彌鄒忽에서 彌는 '물이 꽉 찬 모양'을 뜻하고 鄒은 '마을'을 뜻하고 忽은 '성'이므로 물로 꽉 찬 마을의 성으로 풀이할 수 있다. 또 買김忽에서 買는 '불러오다', 김는 '부르다', 忽는 '어지럽다'이므로 합하면 마제신의 혼을 불러내어 마제신에게 제사 지내는 성이다. 또 곤여만국전도 상 타륵나로 기록되어 있는데 打는 '말하다, 치다'는 뜻이요, 勒은 '굴레'란 뜻이고, 那는 '성'이므로, 이으면 말굴레성, 또는 치굴레성(치클라요)이 된다. 말굴레의 형태는 仁을 닮아있으므로 인주와 통한다.

이처럼 인주 및 별칭들의 공통적인 부분은 인주의 仁과 소성현의 邵과 매소홀의 김인데 이는 ㄷ 자형의 지형 속에 칼을 물고 있거나 입구에 칼이 있다는 표현들이다.

현재의 페루 탈라라에서 치클라요까지의 지형이 ㄷ 자형의 지역이고, 파이타가 바로 칼의 지형이다. 또 탈라라에서 치클라요 구간에는 일련의 초혼 제사에 관한 지명들이 있다. 즉 Sullana는 '술 안에', Piura는 '(향을) 피우라', Catacaos는 '(혼이) 갔다가 와서', La Union은 '제사장과 마제신이 합체', Sechura는 '(몸을) 섞으라'란 뜻으로 해설되니 의미 있는 우리말 지명임이 분명하다.

5. 임존성(任存城)

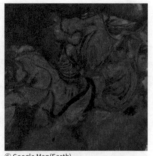

© Google Map(Earth)

任은 '보따리', 存은 '보살피다'이므로, 이으면 붓다와 보살이 된다. 현재 페루 Puinahua(-5.270, -74.431)에 있는데 서편에 붓다, 동편에 보살 할머니 얼굴이 있다.

흑치상지 장군은 임존성에서 백제 부흥 운동을 시작했으나 종국에는 당나라 장수로 전향하여 임존성을 무너뜨렸다.

6. 고사부리성(古沙夫里城)

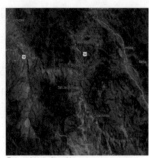

© Google Map(Earth)

고사부리성에서 古는 '오래되다', 沙는 '봉황', 夫는 '다스리다', 里는 '마을'이므로, 이으면 오래된 봉황이 다스리는 마을 성이다. 좌표는 페루 San Jeronimo District(-5.962, -78.002)에 있다.

7. 주유성(周留城)

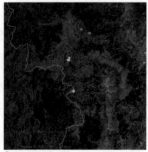

© Google Map(Earth)

周는 '베풀어 주다', 留는 '기다리다'이므로, 이으면 베풀어 주는 기달산이다. 기달산은 부처의 금강산을 말한다. 현재 卍의 모양을 가진 땅으로, 페루 Granada District(-6.083, -77.541)에 있다. 백제 부흥 전쟁 중에는 주유성이 왕성이었다.

8. 고마미지현(古馬彌知縣)

古는 '오래되다', 馬는 '아지랑이', 彌는 '지
내다', 知는 '짝'이므로, 이으면 올아지와
지짝이다. 현재 브라질 아마조네스(-7.480,
-72.560)에 있는데 남자 밑에 뚱뚱한 여자
모습이 보인다.

© Google Map(Earth)

이곳은 충신 홍수가 귀양을 간 곳인데, 백
제의 가장 끝에 있는 지방으로 사비성과 998km 떨어져 있다.

9. 관미성(關彌城)

關은 '關門', 彌는 '갓난아이'이므로 관문으
로서 갓난아기 모양의 땅을 뜻한다. 따라
서 관미성은 과야킬 인근의 푸나섬을 말
하는 것이다.

© Google Map(Earth)

10. 백강구(白江口)

수나라는 요수인 Atrato River와 백강인
Rio Napipi가 콜롬비아 초코(6.665, -76.940)
에서 만나도록 운하 공사를 하였다. 즉, 래
주 수군의 작전 지역을 태평양으로 확장하
여 고구려의 요서 지방과 평양의 배후를 침
공할 군사적 목적의 공사였다.

© Google Map(Earth)

그러나 이 운하 공사는 당나라 때에 가서야 그 결실을 맺게 된다. 660
년에 당나라 수군 제독 소정방은 래주(萊州)에서 출발하여 요수-백강의 천 리 물길을 따라 태평양으로 전선을 이동하였다. 백강에서의 백제의 공격이 간간히 있었으나 극복하였다. 현재 백강구는 콜롬비아 초코 (6.614, -77.388)에 있다.

당 수군의 백강구 도착 시간이 선두와 말미에 큰 차이가 있어, 덕적도에서 집결할 필요가 있었다. 그래서 당진에서 출발한 김법민의 신라 수군이 덕적도에서 당 수군과 합류하게 된다. 이어서 총공격에 나선 나당 연합군은 태평양 해안으로부터 침략할 것에 대비하지 못한 수도 사비성을 함락시킴으로써, 결국 백제는 660년 멸망한다.

663년 백제 부흥군이 동원한 일본 수군 역시 이 운하를 따라 전개하였으나 나당 연합 육군에 의해 협공을 받았고, 백강구에 이르러 기다리고 있던 나당 연합 수군이 일본 수군의 선두부터 차례차례 격파한 것으로 보인다. 만일 일본 수군이 백강구에 가기 전에 당나라 장안을 공격하여 당 수군의 귀환을 유도했다면, 전쟁의 결과는 달라졌을지도 모른다.

11. 백제의 당진(唐津)

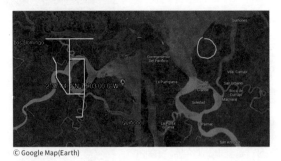

© Google Map(Earth)

丙 모양의 면수(沔水), 면천(沔川)이 있는 곳이 당진이다. 현재 콜롬비아 나리노 (2.629, -78.050)에 있는데 이곳에서 덕적도까지는 40.5km이다.

원래 백제의 영토였으나 백제 말기 신라의 영토가 되었다. 백제 침공 시 당진의 신라 수군이 백강 하구에서 415.6km를 달려온 소정방과 덕적도에서 합류하였다.

12. 덕적도(德積島)

덕적도에서 德은 '크다', 積은 '자취'이
므로 이으면 큰 자치 모양의 섬이 된
다. 현재 콜롬비아 Gorgona섬(2.970,
-78.180)에 자치(물고기) 모양의 섬이 있
다. 나당 연합 당시에 덕적도는 신라의
땅이었다.

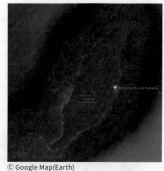

© Google Map(Earth)

13. 당진-덕적도-백강구 연결

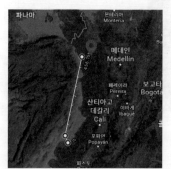

© Google Map(Earth)

14. 백제의 지명 연결

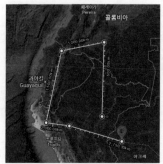

© Google Map(Earth)

F. 마한 54개국의 지명

마한 중 지형을 설명한 국가, 특히 연맹 경계선에 있는 것을 위주로
연구하였다.

1. 목지국(目支國)

© Google Map(Earth)

목지국의 目은 '눈', 支는 '가
르다'이므로, 이으면 눈깔국
이 된다. 그 수도인 눈깔(반
야봉)이 있는 곳은 현재 콜
롬비아 Aracataca(10.898,
-73.653)에 있다.

발레두파는 '벌려 두 팔'의
뜻이고, 황령은 좌측에 정
령은 우측에 있어 각각 장
군이 방위를 담당하였다. 코밑에는 콧물이 흐른다고 상상하였는데, 마
침 늪지대가 있어 패현이라 명명하였는데 현재 Cienaga가 이곳이며,
한나라 유방이 태어난 곳이기도 하다. '코밑에서 더 아래쪽에는 (콧)바
람을 꿰다'라고 상상하였는바, 바랑키야로 명명되었다.

번한의 애왕 기준이 위만에 의해 쫓겨난 후 기씨가 10대에 걸쳐 마한
54국 연맹체의 왕이 되었다. 효왕 대에 이르러 수도를 목지국 반야봉으
로 옮겼으며 학왕 때인 8년에 백제에 의해 멸망하였다.

9년에는 마한의 최후의 보루인 원산과 금현도 함락되지만 54개국 모두
멸망한 것은 아니고 이때부터 연맹국들은 각자도생한다.

2. 금현(錦峴)과 복암성(覆巖城)

9년에 백제에 의해 함락된 마한의 금현에서 일부 세력이 탈출하여, 복암성에서 마한 부흥운동을 하다가 신라 탈해이사금 때인 61년에 맹소(孟召)와 김알지가 복암성(覆巖城)을 바치고 항복하였다.

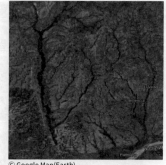
© Google Map(Earth)

복암성에서 覆은 '되풀이하다', 巖은 '바위'이므로, 꿰면 토하는 바위성인데 현재 베네수엘라 구아리코(8.481, -65.919)에 있다.

시간이 흘러 투항한 김알지의 후손이 신라의 왕권을 장악하게 되는데, 이는 마한 세력이 신라를 정복한 것이나 다름없다.

3. 원산(圓山)

원산에서 圓은 '매끄럽다', 山은 '어찌'와 통하므로, 합하면 미꾸라지가 되는데 이 성은 환국 시기에는 양운국에 속했는데 멸망 당시에는 마한의 내비리국(內卑離國)의 주성으로 미꾸라지 모양의 땅을 가지고 있었는데, 현재 콜롬비아 비차다주(5.096, -68.491)에 있다.

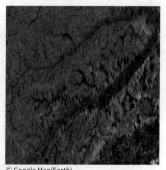
© Google Map(Earth)

내비리국 영왕이 원산에서 구지봉으로 탈출하여 그곳에서 이비가지를 낳고 이비가지가 두 아들을 낳음으로써 가야의 시조가 된다.

영왕은 가필라국 유민 출신으로 석씨로 추정된다.

4. 기리영(崎離營)

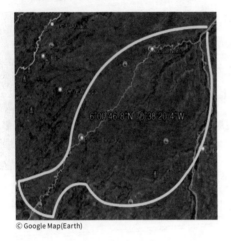

© Google Map(Earth)

246년 마한이 대방군의 기리영을 공격했는데 이에 대방군, 낙랑군이 연합해 마한을 멸망시켰다는 기록이 있다. 이때의 마한은 기리영으로부터 195km 거리에 있는 구 마한 연맹국인 원산 또는 내비리국으로 추정되는데 당시에 독자생존한 것으로 보인다.

崎는 '비스듬한 모양', 離는 '가르다', 營은 '오락가락하다'이므로, 이으면 비스듬한 모양의 가오리가 된다. 마한과 관련이 깊으므로 마한 영역에서 기술하였다. 현재 콜롬비아 카사나레(6.013, -70.639)에 있다.

5. 우체모탁국(牛體牟涿國)

© Google Map(Earth)

牛體는 '소 몸', 牟는 '투구', 涿은 '쪼다'의 뜻이므로 합하면 소 얼굴에 투구를 쪼이는 모양의 나라, 즉 현재 페루의 피우라 지역(-5.091, -80.701)의 소머리 모양의 땅으로 추측한다.

이곳이 후에 미추홀, 매소홀, 소성현, 인주로 불렸다.

6. 소위건국(素謂乾國)

소위건국에서 素은 '말의 콧마루', 謂는 '함께', 乾은 '말린 음식'이므로, 이으면 말의 콧마루와 함께 말린 음식이 있는 모양, 즉 훈련시키기 위해 말의 콧잔등에 음식물을 매달아 둔 모양의 나라이다. 현재 브라질 파라(-7.248, -57.580)에 있다. 북쪽에는 도교 문파가 있는 점창산이 있다.

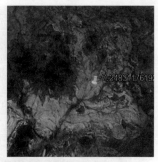
© Google Map(Earth)

7. 신분활국(臣濆活國)

신분활국에서 臣은 '포로', 濆은 '솟다', 活은 '물 콸콸 흐르다'이므로, 참수당한 포로에게서 피가 솟고 콸콸 흐르는 모양의 나라이다.
현재 브라질 마토그로소(-14.440, -58.692)에 있다. 천룡방이 있는 천룡산의 북측에 있다.

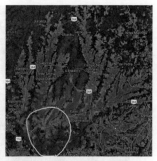
© Google Map(Earth)

8. 신소도국(臣蘇塗國)

臣은 '포로(捕虜)', 蘇는 '베다', 塗는 '칠하다'이므로, 포로를 참수해서 피칠을 하는 모양이다. 현재 브라질 마토그로소(-13.626, -55.333)에 있다.

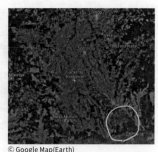
© Google Map(Earth)

9. 신흔국(臣釁國)

© Google Map(Earth)

臣은 '포로', 釁은 '그릇에 희생의 피를 발라 제사 지내다'이므로, 이으면 포로를 참수하고 그릇에 피를 발라 제사 지내는 모양의 땅이다. 현재 브라질 혼도니아(-13.220, -61.414)에 있다. 큰 그릇 위에 참수된 포로의 머리가 있다.

10. 아림국(兒林國)

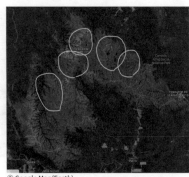
© Google Map(Earth)

아림국에서 兒는 '아이', 林은 '많은 모양'이므로, 이으면 아이들이 많이 있는 모양의 나라이다. 현재 브라질 Tenharim Marmelos(-8.423, -61.685)에 있다. 지명 Tenharim에 아림국의 흔적이 남아 있다.

11. 일리국(一離國)

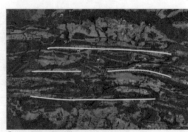
© Google Map(Earth)

일리국에서 一는 '또 하나의', 離는 '괘(卦)의 이름'이므로, 이으면 또 하나의 리괘 모양의 나라가 된다. 현재 브라질 마토그로소(-16.210, -57.541)에 있다.

태극기의 좌하에 있는 것이 離卦이다.

12. 임소반국(臨素半國)

臨은 '비추다', 素은 '나물', 半은 '반쪽을
내다'이므로 배추 나물 반쪽이 된다. 현재
베네수엘라 아마소나스(4.360, -65.671)에
있다. 곡부의 남쪽에 있다.

© Google Map(Earth)

13. 지반국(支半國)

支는 '가르다', 半는 '똑같이 둘로 나누다'
이므로 이으면 갈라서 똑같이 둘로 나눈
모습의 나라이다. 현재 브라질 코룸바—마
투그로수두슬(-18.396, -56.069)에 있다.

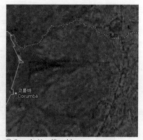

© Google Map(Earth)

14. 지침국(支侵國)

支는 '가르다', 侵은 '버리다'이므로, 가르
고 버린 부분을 말한다. 해설하면 지반
국에서 중간에 색깔이 다른 부분을 버린
부분으로 보고 서남쪽에 버린 부분이 보
이는데, 이곳을 차지한 국가가 지침국이
다. 현재 브라질 마투그로수두슬(-19.927,
-57.625)에 있다.

© Google Map(Earth)

15. 치리국국(致利鞠國)

© Google Map(Earth)

致는 '곱다', 利는 '날래다', 鞠는 '어리다'이므로, 이으면 곱 날개를 가진 얼굴이다. 해설하면 두 날개를 가진 얼굴인데, 현재 콜롬비아 구아비에르(1.323, -72.874)에 있다. 사비성은 정서 방향 154km 거리에 있다.

16. 마한 연맹 10개국의 연결

© Google Map(Earth)

17. 마한 54 연맹국 중 로국(盧國)의 지명

마한 연맹국 중 로국들이 있는데 이들은 모두 우두산 동쪽 갈대밭에 있는 나라들이다. 이들 중 몇 개의 로국의 위치를 비정해 본다.

17-1. 구로국(狗盧國)

狗는 '범 새끼' 盧國은 '갈대국'이므로 이으면 범 새끼 모양의 갈대국이다. 현재 베네수엘라 바리나스(7.668, -71.357)에 있다.

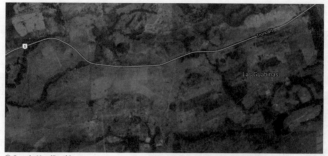
© Google Map(Earth)

17-2. 사로국(駟盧國)

駟는 駟馬(한 채의 수레를 끄는 네 필의 말)이므로 네 필의 말 모습의 갈
대국이다. 현재 베네수엘라 바리나스(7.890 -71.100)에 있다.

© Google Map(Earth)

17-3. 첩로국(捷盧國)

捷은 '날쌔게 잡다'이므로 (호랑이
가 말을) 날쌔게 잡는 모양의 갈대
국이다. 현재 베네수엘라 바리나스
(8.670, -70.291)에 있다.

© Google Map(Earth)

17-4. 자리모로국(咨離牟盧國)

© Google Map(Earth)

咨은 '탄식하다', 離은 '이무기', 牟는 '눈동자'이므로, 이으면 (승천을 못 해) 탄식하는 이무기의 눈동자가 된다. 현재 베네수엘라 포르투게사(8.930, -69.910)에 있다.

17-5. 마한 로국의 연결

© Google Map(Earth)

G. 가야국의 진실과 지명

1. 지명의 유래

오난하는 오늘날 오리노코강이다.

오난하의 강가에 있는 사람들이라고 해서 오랑캐라고 하였다. 또 옛날부터 한민족은 남미 대륙을 임신부 모양으로 인식하고 있는바, 오랑캐의 아이가 있는 곳이라 하여 나라 이름을 캐아, 카야, 가야라고 하였고, 배냇알라가 있는 곳이라 하여 나라 이름을 베네수엘라라고 불렀다.

2. 가야 왕족의 성씨

가필라국 석씨 유민과 마한 연맹, 구야국, 가야국 성씨의 연관성을 살펴보는 것이 중요하다.

불교도 중 석가족들은 교세의 보호를 받았겠지만, 석가모니 생존 시일어났던 가필라국 멸망에서 살아남은 석가들은 확실치는 않지만, 석가란 성을 감출 중대한 이유가 있었던 것 같다.

釋는 '씻다'란 뜻이므로 '씻다'를 '번뇌가 그치고 멸하고 벗겨져서 보배(해인) 또 보배가 들어오게 한다.'로 해석하고 뇌질이비내진이진를 성으로 사용하였으며 일부는 간편하게 뇌질로, 일부는 이비로, 일부는 내진으로, 일부는 이진을 성으로 사용하였다.

동진의 스님 석도안(314년~385년)이 스님의 성을 석씨로 하자고 주장하여 스님들은 대개 석씨를 사용하게 되었는데, 그렇다면 스님이 아닌 석가족은 석씨를 사용하기 점점 어려워진 것이다.

어떤 스님 중에는 속가성이 석씨이면서 스님의 석씨 성을 사용하는 분도 있었을 것이다. 내가 이런 심정이 가는 스님이 바로 해인사를 창건한 석순응과 석이정이다. 그 의심의 시말을 살펴보자.

1) 신라 시대 원광법사는 삼국유사에 석원광으로 기록되어 있는데 속
성은 박씨 혹은 설씨라고 하기도 하고 아버지가 이화랑이라고 적혀있
기도 하다. 이렇게 속가성이 오락가락하는 것은 원광법사의 속가성
을 감추려는 의도가 있는 것이다.

2) 802년 신라 애장왕 3년에 부처님의 가호로 공주의 난치병이 낫게
되자, 해동 화엄종 의상대사(625년~702년)의 법통 계승자인 석순응
과 석이정으로 하여금 해인사 창건이라는 큰 불사를 맡긴다. 이에 최
치원이 이들의 전기를 지었으나 이들의 속가성은 기록에 없다.

3) 승려의 성은 석씨라고 되어 있으나 모두 사용한 것은 아니다. 최치
원의 저서 중 언급된 승려를 보면 진감국사(최씨), 지증대사(김씨), 무
염국사(김씨), 법장화상(강씨), 부석존자(김씨)가 등장하나 모두 석씨
성을 쓰지 않았다. 최치원의 저서 중 스님의 성을 사용한 것은 유일
하게 석순응, 석이정뿐이다.

결론적으로 석이정, 석순응은 속가성이 석씨라고 추정할 수 있는 것이
다. 그렇다면 그들은 대가야 왕족 월광대사의 후손이므로 대가야 왕
족의 성씨가 석씨라는 말이며, 같은 핏줄인 금관가야 왕족도 석씨라는
말이 되는 것이다.

3. 가야국의 지명

3-1. 구야국
백제의 침공으로 9년에 마한 연맹의 원산이 함락되자 영왕이 가야 지역

으로 도망가 구야국을 세웠고, 아들 이비가지는 10년에 바르키시메토(정견) 토착인들의 실세인 정견모주와 결혼하여 그들의 비호를 받는다.

정견은 불교적인 언어로, 正은 '바르게', 見은 '있으며'라는 뜻으로, 현재 베네수엘라의 바르키시메토를 이른다.

그들의 장남 이진아시(뇌질주일)는 대가야를, 차남 김수로(뇌질청예)는 금관가야를 세운다. 금관가야 왕족이 신라에 투항한 후, 진골로서 신라의 왕권을 장악하면서, 마한 김알지계의 1차 신라 정복에 이어, 마한 금관가야계의 2차 신라 정복이 완성된다.

© Google Map(Earth)

결국, 백제 온조왕은 은혜를 베푼 마한 목지국 왕을 죽이고, 마한인이 결집한 신라는 백제 성왕을 죽이고, 백제 의자왕은 신라 김춘추 딸을 죽이고, 신라 김춘추는 의자왕의 백제를 완전히 멸망시키는 서사가 완성된다.

3-1-1. 구지봉(龜旨峰)

구지봉은 '龜'라는 지형을 가진 봉우리'란 뜻이다. 즉, 龜는 지형을 그려 놓은 지도 같은 한자이다. 현재 거북이 머리 부분은 베네수엘라 La Concepción(9.550, -70.257)에 있다.

© Google Map(Earth)

3-2. 금가서라

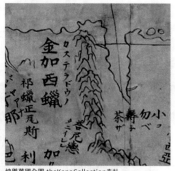

坤輿萬國全圖,theKanoCollection출처

곤여만국전도 상의 금가서라는 쇠가시라, 쇠뿔이란 뜻이며, 우두산이 있는 곳이다. 가시라는 변천하여 가이라로 변하고 이어 가라로 변한다. 따라서 가시라 가섭원 가라는 모두 쇠뿔을 뜻하는 말이다. 금가서라는 금와왕이 이동한 동부여이자 가섭원이 있는 곳이다. 따라서 이곳에는 반드시 우두산이 있어야 하는 것이다.

금와왕의 가섭원, 즉 동부여는 현 콜롬비아 지역의 쿠쿠타를 중심으로 한 소머리 모양의 산맥 부분에 존재하였다.

3-3. 탁순국(卓淳國)

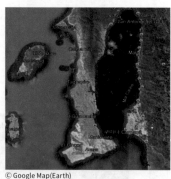

© Google Map(Earth)

卓은 '마침', 淳은 '뿌리다'이므로 이으면 마친 뿌리, 즉 죽은 뿌리이다. 현재 베네수엘라 수크레 Manicuare(10.589, -64.200)에 있다. 그림의 아래에 잉어처럼 생긴 이산(鯉山)이 있다.

탁순국은 대가야 연맹의 일원인데 신라와 대가야가 혼인 동맹을 맺은 데 불만을 가져, 신라에서 보낸 시종들을 탁순국왕이 추방하였다. 이에 신라는 대가야 연맹 전체를 몰락시켰고, 탁순국왕은 남미 왜국에 망명하게 된다. 그러나 남미 왜국은 삼한일통 전쟁 이전에 신라에 의해 거의 궤멸된 것으로 보이며, 후에 백제 부흥을 위해 군사력을 지원한 곳은 멕시코만—카리브해 해자판 일본으로 보인다.

왜냐하면, 남미 왜국이 건재했다면 지리적으로 훨씬 가까운 신라의 월성을 공략하여 백제의 부흥을 지원했을 것이기 때문이다.

대략적으로 670년 이전에는 남미 왜국과 해자판 일본이 혼잡하게 얽혀 있는데, 왜왕은 남미 왜국으로 보고, 천황 기록은 일본으로 보면 될 것이다. 일본은 해씨판 일본(스페인)과 해자판 일본(지팡구)으로 나누어진다.

3-4. 탁기탄(啄己呑)

啄은 '부리', 己는 '다스리다', 呑은 '삼키다'이므로, 이으면 불이 다슬기를 삼키는 모양의 땅이 된다. 현재 베네수엘라 아푸레(6.796, -69.333)에 있다.

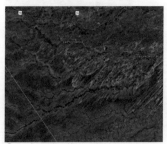

© Google Map(Earth)

3-5. 임나국(任那國)

任은 '보따리', 那는 '어찌'이므로 보따리 모양의 성 국가이다. 금관가야와 의미가 같으며 현재 베네수엘라 라라(10.609, -69.850)에 있다. 일본서기에는 임나 10국의 북쪽이 바다로 막혀있다고 기록되어 있는

© Google Map(Earth)

데 과연 임나의 북쪽은 카리브해로 막혀있음이 분명하다. 일본이 현재 주장하는 한반도 임나 일본부의 북쪽에 바다 같은 것은 없다.

3-6. 고령(高靈)

© Google Map(Earth)

高는 '크다', 靈은 '도깨비'이므로 이으면 큰 도깨비가 된다. 현재 베네수엘라 바리나스(7.770, -71.160)에 있다.

3-7. 대가야(大加耶)

© Google Map(Earth)

대가야는 별칭 반파국이다. 伴은 '짝', 跛는 '절름발이'이므로, 이으면 짝발 절름발이이다. 현재 베네수엘라 바리나스(7.7816, -71.216)에 있다.

3-8. 고녕가야(古寧加耶)

© Google Map(Earth)

古는 '선조', 寧은 '편안(便安)히 하다.'이므로, '선조가 편안히 지내다.'이다. 현재 베네수엘라 아푸레(7.181, -71.899)에 있다.

3-9. 비화가야(非火伽耶)

비화가야는 5대 가야에 속하지는 않는다. 위치를 보면 중원의 턱밑에서 어떻게 살아남았는지 모른다. 555년 비화가야는 신라에 의해 멸망한다.

菲는 '나무라다', 火는 '불사르다'이 므로 이으면 나무를 불사르는 모양이 된다. 좌표는 콜롬비아 비차다 (4.579, -68.030)에 있다.

© Google Map(Earth)

비화가야는 멸망 후에 비사벌(比斯伐)로 이름이 바뀌는데 比는 '오늬', 斯는 '가르다'이므로 이으면 오늬가 갈라진 모습을 말한다. 이는 비화와 해설만 다를 뿐, 같은 그림이다.

3-10. 벽진가야(碧珍伽倻)

벽진가야를 별칭 성산가야(星山伽耶)라고 부른 이유는 밤에 노천 에메랄드로 인해 녹색별이 반짝이는 산으로 보였기 때문이다.

© Google Map(Earth)

한밤중에 은하수를 봄과 동시에 주위에는 반짝이는 에메랄드가 노래 하고 있다면 가슴이 벅차오르는 아름다움을 느끼지 않았을까.
이제 내가 벽진가야를 찾았으니 기뻐서 노래하지 않을 수 없었다.

내 눈을 닦으리까
내 몸을 닦으리까
몸 둘 바 몰라 하는 차에 나는 하늘과 땅을 보고 또 본다.
하늘엔 청색별이 땅에는 녹색별이 쉼 없이 반짝인다.
내 마음의 솥덩이에서 전율이 뿜어난다.
삼천세계에 이처럼 아름다운 곳이 또 있을까

벽진가야에서 碧은 '푸른빛', 珍은 '보배'이므로, 벽진은 녹색 보석, 즉 에메랄드를 뜻한다. 현재 콜롬비아(6.712, -72.002)에 있다.

안데스산맥의 줄기인 콜롬비아 보야카주에서 에메랄드의 전 세계 생산량의 약 80%를 차지하고 있는데, 벽진가야는 그 인근의 아우라카에 있다. 훗날 남미 아메리카합중국의 옥나옴주가 된다.

3-11. 아라가야(阿那伽倻)

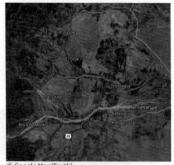
© Google Map(Earth)

아라가야는 안라국이라고도 한다. 아라가야에서 阿는 '물가', 那는 '어찌'이므로, 이으면 물가에 있는 어찌(쥐돔)이다. 현재 콜롬비아 아라우카(6.239, -71.901)에 있다.

209년 포상팔국이 아라가야를 공격하여 포상팔국 전쟁이 시작하였으며, 249년 종결되었다.

3-12. 가야의 지명 연결

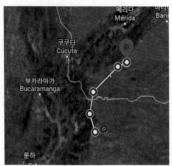
© Google Map(Earth)

H. 포상팔국의 지명

포상팔국(浦上八國)은 금관가야(임나), 아라가야, 신라와는 적국이었
고 남미 왜국과는 서로 협력하였다.

1. 고사포국(古史浦國)

古는 '옛날', 史는 '문인(文人)', 浦는 '바
닷가'이므로, 이으면 옛날 문인의 모양
을 한 해안국이 된다. 현재 마라카이보
호변(9.066, -71.621)에 있다.

문인의 머리에는 상투를 틀고 있고, 이
마는 공자처럼 툭 나와 있다.

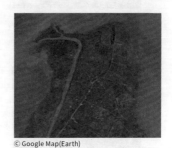

© Google Map(Earth)

2. 칠포국(漆浦國)

漆은 '까맣다'라는 뜻이므로, 까만 바
다를 가진 해안국이 될 것이다. 현재
콜롬비아(12.240, -71.822)에 있다.

© Google Map(Earth)

3. 고자국(古自國)

古는 '선조', 自는 '코'이므로 이으면 선
조의 코가 된다. 현재 베네수엘라 슬리
아(9.352, -71.752)에 있다.

© Google Map(Earth)

4. 골포국(骨浦國)

© Google Map(Earth)

骨은 '뼈', 浦는 '바닷가'이므로, 골수 모양의 해안 국가이다. 현재 베네수엘라 슬리아 (11.489, -72.032)에 있다.

5. 보라국(保羅國)

© Google Map(Earth)

保는 '포대기', 羅는 '두르다'이므로, 아기를 포대기로 두른 모양의 나라이다. 현재 베네수엘라 슬리아(10.197, -72.187)에 있다.
포대기 아래에는 아기 엉덩이를 받치는 엄마의 손이 보인다.

6. 사물국(史勿國)

© Google Map(Earth)

史는 '문인(文人)', 勿은 '털다'이므로 이으면 '문인의 털'이 된다. 현재 베네수엘라 슬리아 (9.445, -71.889)에 있다.
문인 모습의 우하에 털 모양이 선명히 보인다.

7. 포상팔국의 지명 연결

© Google Map(Earth)

I. 동고려(東高麗)의 지명

고려 시대 당시에 세계는 고려와 일본으로 양분되었으며, 이 판도는 남미 동북부에서 일어난 몽골의 막부 정권이 1231년 고려를 침략하기까지 계속되었다.

먼저 몽골에 의해 북미 서부의 김나라(별칭 금나라)가 멸망하였으며 고려의 중남미의 땅을 잃게 되었으나, 북미 중동부에 고려의 핵심정부가 유지되고 있었고, 현 아시아 대륙은 서고려 평양(현 적봉)을 중심으로 서고려 정부가 유지되고 있었다.

1392년 이성계가 동고려를 멸망시키고, 천자국의 명분이 약해진 조선이 건국되자, 동고려 이외의 고려 제국의 힘 역시 약해지기 시작한다.

14세기 말에는 북미 서부와 중미에는 명국이 건국된바, 응당 북미의 핵심 고려 정권을 인수한 조선이 천자국이어야 하나, 역성혁명으로 명분이 약하여 명국이 천자국을 주장하고 나선 것이다.

원 말기 명국에 패배한 원국 막부는 북미 서북부로 밀려나 북원 정부를 운영하게 된다. 그즈음 중미와 남미 북부에는 멕시카 제국(아즈텍 제국)이 세워졌으며, 옛 백제 땅에는 대환천수국이 건국되었다.

그러나 해씨판 일본(스페인)의 침략으로 두 국가는 멸망하여 페루 부왕령과 누에바그라나다 부왕령(신고려 부왕령)이 설립되었다.

1821년 누에바그라나다 부왕령으로부터 멕시카국이 독립하였지만, 오리노코강 이남의 영토를 1848년 남미 아메리카합중국에 빼앗겼는데 끝내 수복하지 못한 결과, 이곳이 조선 침략의 본거지가 되어버렸다.

1. 도서관 돈황(燉煌)의 막고굴

© Google Map(Earth)

1900년 여름, 중국 서북쪽의 작은 도시 돈황에서 1,000년 가까이 닫혀 있던 작은 석굴 하나가 발견됨으로써 역사 조작이 본격적으로 시작되었다. 종횡 3m 정도의 석굴 안에는 6만 건에 달하는 문헌이 빼곡히 들어차 있었다고 하며, 고려 시대 수많은 서책이 발견되었다고 알려져 있으나, 실제로는 고려의 주요 지역에서 발견된 서적을 옮겨놓은 것에 불과하다.

막고굴에는 6만 건의 문헌 중 4만 건 이상이 영국, 프랑스, 러시아, 일본 등으로 유출되었다고 하는데 달리 말하면, 4만 건 이상의 실제 출처가 감추어진 문헌들이 돈황 출처로 포장되어 각국에 옮겨진 것에 불과한 것이다.

신라의 문헌은 남미 월성 서고에, 인도의 문헌은 남미 나란타(Nālandā) 대학의 서고에, 진나라의 문헌은 남미 함양서고 등지에 있었을 것이나 출처를 돈황 한 곳으로 조작하여 역사 왜곡을 획책한 것이다.

돈황에서 燉은 '이글이글하다', 煌은 '불빛'이므로 이글거리는 불빛이란 뜻이다. 이는 함양의 지상화를 다르게 표현한 것이므로 남미의 함양이야말로 돈황이며 이곳은 고려의 영역인 것이다.

나란타(那爛陀) 대학에서 那는 '많다', 爛은 '많은 모양', 陀는 '무너지다'이므로 많고 많은 문, 수없이 널린 문파를 가진 대학을 뜻한다. 이 대학은 남미 인도 비하르주에 427년 창립된 고대 대승원이자 대학으로, 1088년 창립된 이탈리아의 볼로냐 대학보다 훨씬 앞서는 세계 최초의 대학이다. 이곳의 문헌들이 돈황 출처로 조작된 것이다.

2. 동고려의 남경(南京)

남경은 목멱 인근에 설치된바, 木覓은 마뫼로서 남산과 같은 말이다. 남경은 현재 세인트루이스로서 고려의 북경에 대하여 남쪽에 있다는 말이다. 그러나 동고려의 북경은 찾지 못하였다.

고려 태조(재위 918년~943년)는 북미의 평양(平壤)에 서경을 설치하여 개경과 함께 양경을 두었다. 그리고 고려 성종은 987년 경주(慶州)를 동경으로 승격시키면서 처음으로 3경이 마련되었다. 1104년 남경 설치 이후에는 서경·개경·남경을 3경으로 명하였고, 조선 건국 후 이 남경이 수도가 되었다.

J. 서고려(西高麗)의 지명

1. 서고려의 평양(平壤)

고려 동아행성의 서고려는 현재 적봉의 수도를 중심으로 20세기 초까지 정권을 유지하고 있었으나, 그들의 역사 기록은 사라져 버렸다.

우리가 알고 있는 현재의 고려사는 동고려사와 서고려사를 섞어 버무려

© Google Map(Earth)

놓은 것이다. 그래서 고려사에 날짜 미상이 많은 것도 두 개의 역사를 섞는 데 오류를 줄이기 위한 것이다. 그런데 역사적으로 평양이란 도시는 꽤 많은데, 그 공통점을 보면 짚 삼태기 또는 버들키의 모습이다. 이를 근거로 현 적봉시 위에 삼태기 모양의 땅이 있으므로 서고려의 수도 평양일 가능성이 큰 것이다.

2. 서고려의 청룡사(靑龍寺)

© Google Map(Earth)

고려 시대부터 현 북경 인근에 청룡사가 있었고 동아행성의 통치 지역이었다. 좌표는 방산구 (39.571, 115.705)에 있다.

K. 한나라의 지명

한나라(기원전 202년~기원후 220년)는 전한(기원전 202년~8년)과 후한(25년 ~220년)으로 나뉜다. 중간에 왕망의 신나라가 있었다. 한나라의 영토 는 세 개의 관문을 가지고 있었는데 요동에서 중원으로 들어오는 관 문인 산해관, 삼국지로 유명해진 호로관, 그리고 함곡관이 그것이다.

1. 낙양(洛陽)

© Google Map(Earth)

낙읍은 강남에 낙양은 강북에 있음을 감안하여 추적하였다. 현재 콜롬비아 아라우카(6.170, -71.900)에 있다.

2. 농산(隴山)

隴은 '산 이름'이므로 隴 자의 모
습을 한 산을 찾아야 했다. 현재
콜롬비아 비차다(3.130, -70.321)에
있다.

© Google Map(Earth)

3. 촉산(蜀山)

蜀은 '제기'란 뜻이므로 촉산은 제
기 모양의 산이어야 한다. 현재 콜
롬비아 과이니아주(2.480, -69.700)
에 있다.

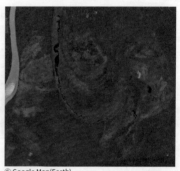
© Google Map(Earth)

4. 관중(關中)

關은 '빗장', 中은 '뚫다'이므로, 이
으면 빗장이 부러진 모양으로 볼
수 있다. 현재 베네수엘라 아마소
나스주(2.391, -66.651)에 있다.
관중의 서쪽으로는 농산과 촉산
(蜀山)이 있고 동쪽에는 효산과 함
곡관이 있다.

© Google Map(Earth)

5. 효산(殽山)

© Google Map(Earth)

殽山에서 殽는 '뼈 붙은 살'이므로, 이으면 뼈 붙은 살 모양의 산이다. 현재 베네수엘라 아마소나스(2.530, -65.380)에 있다.

6. 함곡관(函谷關)

© Google Map(Earth)

중원과 관중을 가르는 관문이기에 천하의 운명을 결정하는 전투가 많이 일어났다. 천하제일험관(天下第一險關)으로 불렸으며, 중원으로 진출하기 위한 교두보 역할을 했다. 춘추전국시대의 진나라 수도였던 함양을 방어하는 최후의 보루이자 생명줄이었다.

함곡관에서 函은 '지니다', 谷은 '골짜기', 關은 '관문'이므로 이으면 지네 골짜기 관문이다. 현재 베네수엘라 아마소나스(1.499, -65.811)에 있다.

7. 호로항구(葫蘆項口)

© Google Map(Earth)

호로항구에서 葫는 '마늘', 蘆는 '조롱박', 項은 '목', 口는 '입구'이므로, 이으면 마늘이 달린 조롱박의 목 입구이다. 현재 브라질 아마소나스(-6.030, -64.260)에 있다.

8. 산해관(山海關)

산해관에서 山은 '절', 海은 '큰 못' 이므로, 이으면 절하는 모습을 한 큰 못의 관문이 된다. 좌표는 아마 소나스(-7.186, -62.841)에 있다.

© Google Map(Earth)

9. 의주(義州)

義는 '맺다'란 뜻이므로, 매듭 모양 이 있는 땅이다. 좌표는 아마소나 스(-6.450, -68. 470)에 있다.

의주와 산해관간의 거리는 1,328 리(624km)라고 기록되어 있고 실제 도 이와 같다. 이곳은 고려, 조선기 의 북미 의주와는 다른 곳이다.

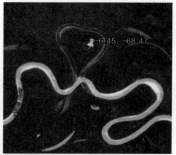

© Google Map(Earth)

10. 호로관(虎牢關)

호로관에서 虎은 '호랑이', 牢는 '우 리'이므로, 이으면 호랑이 우리가 된다. 좌표는 콜롬비아 바우페즈 (1.393, -71.001)에 있다.

좌하의 호랑이 두 마리와 이들을 가두어 둔 우리를 볼 수 있다.

© Google Map(Earth)

11. 한나라 지명 잇기

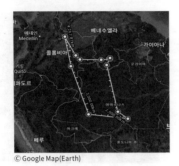
© Google Map(Earth)

낙양-농산-촉산-관중-효산-함곡
관-호로항구-산해관-의주-호로관

L. 위촉오 삼국의 지명

위촉오 삼국시대의 오나라는 위나라와 오리노코강을 사이에 두고
서쪽에 위치해 있었다. 촉은 위나라의 남쪽에 있었다.

1. 오국의 건업(建業)

© Google Map(Earth)

건업은 오나라 수도이다. 建은 '엎지르다', 業은 '이미'이므로 합하면 엎
지리미가 된다. 지리미는 지네와 같은 절지동물을 말한다. 현재 콜롬비
아 카시나레(4.868, -72.871)에 있다. 건업은 남경으로도 불린다.

2. 위국의 개봉(開封)

개봉에서 開는 '말하다', 封은 '무덤'이
므로, 이으면 말 무덤 모양의 땅이다.
현재 아마소나스(0.899, -63.391)에 죽
어서 퍼진 말이 보인다.

© Google Map(Earth)

3. 위국의 진창성(陳倉城)

진창성에서 陳은 '늘어놓다', 倉은 '곳
집'이므로, 이으면 늘어놓은 곳집이 된
다. 현재 브라질 아마소나스(-0.650,
-63.730)에 있다. 진창성은 위나라의 전
진기지로 제갈량의 대군을 막아내었
다. 이곳과 오장원과는 255km 거리에
있었다.

© Google Map(Earth)

4. 촉국의 오장원(五丈原)

오장원에서 五는 '다섯', 丈은 '길이'이
므로, 이으면 다섯 개의 물길을 가진
평원이다. 오늘날 브라질 아마소나스
(-0.346, -66.007)에 있는데, 그림에서
물길 5개를 볼 수 있다.
제갈량의 5차 북벌 시의 전장인데 제
갈량의 죽음으로 촉군이 퇴각하였다

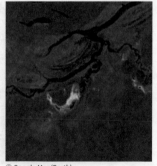

© Google Map(Earth)

는 기록이 있다. 북쪽에는 네그루강이 있고 서쪽에는 Rio Marie가 있고 남쪽으로는 Rio Tea가 있다.

5. 위촉오 삼국의 지명 연결

건업–개봉–진창성–오장원

© Google Map(Earth)

M. 수나라의 지명

隋字를 파자하면, 수(隋)나라는 '좌측에 월지국이 있는, 그 우측의 영역'에 존재했던 나라임을 알 수 있다.

1. 합비(合肥)

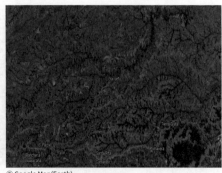
© Google Map(Earth)

合은 '짝', 肥은 '살찌다'이므로, 이으면 작살이다. 작살은 물고기를 찔러 잡는 기구로, 현재 콜롬비아 비차다(4.797, -69.705)에 있다.

수나라 국내에 있는 도시로 별칭 성도라고 한다. 촉한의 수도 역시 성도이다.

2. 래주(萊州)

래주는 수당 시대 수군의 주요 주둔 지이며, 인근에 산동 반도가 있다. 래주에서 萊는 '묵정밭'을 뜻하므로, 잡초가 우거져 묵정밭이 된 모양을 가진 땅이다. 현재 콜롬비아 안티오 키아(8.450, -76.790)에 있다.

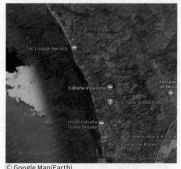

© Google Map(Earth)

N. 북미의 막부

1. 탁록(涿鹿)

탁록에서 鹿의 뜻은 '쪼다', 鹿의 뜻은 '사슴'이므로, 이으면 쪼다 사슴이다. 지상화를 보면 큰 사슴이 보이는데 오른 눈이 반쪽이므로 쪼다 사슴이라고 이름하였다. 좌 표는 현재 유타(38.315, -109.896) 에 있다.

© Google Map(Earth)

반면에 치우와 공손헌원의 탁록대전이 있었던 남미의 涿鹿은 두드리 사슴으로 구별해야 할 것이다.

2. 철륵(鐵勒)

철륵에서 鐵는 '쇠'요, 勒은 '굴레'이므로, 합하면 쇠 굴레이다. 이 쇠뿔 사이 지역이 현재 와이오밍 피크 지역이며, 좌표는 (42.251, -110.952)이다.

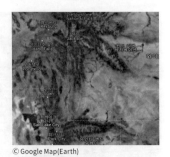
© Google Map(Earth)

철륵은 퇼레스 또는 철령이라고도 부르며, 부족 이름이기도 한데, 설연타 등 15개의 부족으로 구성되었다.

3. 당항(黨項)

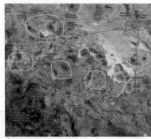
© Google Map(Earth)

탕구트라고도 하는 당항에서 黨은 '무리', 項은 '목'이므로, 합하면 무리의 목이 떨어져 있는 모양의 땅이다.

당항은 6세기경부터 기록되어 있으며 11세기에 당항족이 서하(西夏)를 건국했으나, 13세기에 몽골에게 망한 것으로 기록되어 있다.

실제로 시우다드후아레스 서쪽에 여러 개의 두상 모양의 지형이 있는데 이곳을 당항으로 비정한다. 이는 기록상의 탁록의 남쪽, 계단의 서쪽이란 조건을 만족한다.

4. 토욕혼(吐谷渾)

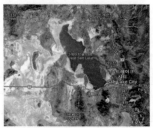
© Google Map(Earth)

토욕혼에서 吐는 '버리다', 谷은 '막히다', 渾은 '뒤섞이다'이므로 합하면 벌막(염막)이 혼재한 곳이란 뜻이다.

벌막은 바다 또는 호숫물을 고아 소금을 만들어 내는 움막을 말한다. 토욕

혼은 북미 그레이트솔트 호수 근처에 있었던 것으로 추정한다.

5. 김국(金國)

김국은 1115년 건국하여 1234년 몽골에 의해 멸망했다.

5-1. 회령(會寧)

회령은 김나라의 초기 수도였으며, 조선 시대에는 조선의 국경 지역에 있다.

회령에서 會는 '상투', 寧은 '어찌'이므로 이으면 상투얹이다. 상투얹이는 상투를 가리기 위해 얹어놓은 천을 말한다. 현재 와이오밍(43.574, -107.120)에 있다.

© Google Map(Earth)

5-2. 융흥사(隆興寺)

융흥사에서 隆은 '높다', 興는 '희생물에 피를 바르다'이므로, 이으면 노비가 희생 제물에 피를 바르는 모양의 산 절이 된다.

절의 이름으로는 좋지 않은 이름이겠지만, 원래 이 산의 이름이 융흥산이므로 어쩔 수 없었다.

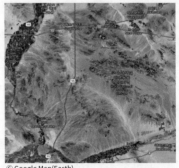
© Google Map(Earth)

왼편에는 노비가 있고 오른편에는 피가 흠뻑 묻어있는 소머리가 보인다. 현재 아리조나 유마카운티(33.09, -113.64)에 있다.

5-3. 김국의 영역

김나라가 정복 전쟁으로 북미 서부의 상당 부분을 차지했음을 알 수 있다.

O. 해씨판(에스판) 일본의 건국과 그 지명

1. 출운국(出雲國)

기원전 2173년 단군조선 제3대 가륵 단군 때, 반역을 꾀하다가 참수당한 소시모리의 후손에는 이자나기란 사람이 있었다. 그의 슬하에는 아마테라스(천조대신), 츠쿠요미, 스사노오 등이 있었다.

스사노오는 단군조선 제28대 해모 단군(기원전 971년~기원전 943년) 때의 사람으로 아직도 그의 가계가 복권 전이므로, 멀리 있는 유럽 땅에 관심을 두게 되고, 그곳에서 출운국(이즈모)을 경영하게 되나, 오래지 않아 근국(根國)으로 다시 돌아온다.

出雲國에서 出은 '나가다', 雲은 '많다'이므로, 나가(큰뱀)가 많은 나라인데, 이곳은 큰 뱀이 많았던 이베리아 반도로 비정된다.

2. 불랑(拂郎)의 해씨판 일본

불랑은 유화부인과 천신 해모수의 아들이다. 그가 고구려를 건국하고 40세에 멀리서 찾아온 아들 유리를 고구려의 태자로 책봉하고 나자, 소서노와 비류를 내친 것에 대한 미안함 때문인지 고구려란 세상에 관심이 없어져 버렸다. 그래서 그는 황룡국의 도움을 받아 황룡을 타고 승천하였다고 기록되어 있다.

황룡국은 고대 국가 狹野國(긴따나오로)을 계승한 것으로 보이며, 기이하게도 땅의 모습이 황룡의 모습과 닮아있다.

불랑의 승천을 도운 황룡은 비행체로 추정될 수도 있는데, 이는 곤여만국전도 상의 불랑기 서편의 기록 때문인데 "불랑이 回回惧(빙글빙글 도는 그릇)를 타고 이베리아반도에 도착했다."라는 것이다.

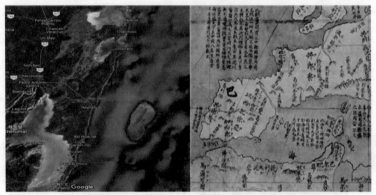

© Google Map(Earth) / 坤輿萬國全圖,東北大学附属図書館狩野文庫画像DB출처

불랑(拂郞)의 拂을 파자하면 '활과 화살 두 개를 동시에 손으로 다룬다.'라는 뜻, 즉 활을 잘 쏘는 남자란 뜻이다.

곤여만국전도 유럽지도에 拂朗機(불랑기), 拂朗察(불랑사), 拂朗고泥亞(불랑고니아)가 적혀있는데, 이 지명들은 불랑이 처음 시작하고(비롯하고), 널리 알려지고, 곤히 잠든 곳임을 말해주는 것이며, 위치로는 각각 포르투갈, 프랑스, 프랑크푸르트를 뜻한다. 특히 불랑고니아와 프랑크푸르트는 불랑의 곤히 잠든 모습과 수의 꺼풀(Kfurt)로 감싸지는 장례를 표현한 것이다.

조선 초기 해씨판 일본은 사절단을 만 리 거리의 조선에 파견하여 대장경을 받기를 수없이 요청하고 또 요청하였다고 실록에 기록되어 있다. 이때 진실로 해씨판 일본이 받기 원하였던 대장경은 불랑의 40세 이전 기록들이 아니었을까 생각한다.

3. 아라곤왕국

실록에는 "1407년 태종 때 일본 多多良德雄의 청에 따라 그 객인에게 대장경 1부를 준다."라는 기록이 있다. 이 다다량덕웅은 곧 다다량대내덕웅인데 대내는 일본 성씨이고 다다량(D'Aragón)은 본관인 스페인의 아라곤왕국을 가리킨다.

이로써 일본인은 이베리아반도의 아라곤왕국이라는 본관을 가졌다는 면에서 일본과 스페인을 동일하게 볼 수 있는 것이다.

4. 라만차(La Mancha)

© Google Map(Earth)

1605년 세르반테스가 소설 돈키호테를 출간하였는데 그 배경이 된 곳이 수도가 있던 라만차이며, 작가는 왕실에 대한 반대 성향을 드러내 주고 있었다.

이 소설은 명분도 없이 임진란을 일으켜 수백만의 희생자를 낸 펠리페 2세(돈펠리페)를 풍자하여 왕의 허물을 질타하는 소설인데, 주인공 돈키호테 데 라만차(Don Quixote de La Mancha)는 다름 아닌 라만차의 돌아버린 귀족이란 뜻이다.

또 돈키호테가 사랑한 둘시네아는 펠리페 2세의 요절한 넷째 부인이자 조카인 오스트리아 안나를 빗댄 것인데, 그 이름의 의미는 십 년이 두 번 지난 여자란 뜻으로 20살에 펠리페 2세와 결혼한 여자라는 것을 암시해 주고 있다.

1580년 펠리페 2세가 독감에 걸리게 되자, 그를 정성껏 간호하던 안나가 독감에 감염되어 죽게 되는 비극적인 사건이 발생한다. 이를 두고 펠리페 2세는 "천 년을 산다 하더라도 결코 그날을 잊지 못하겠다."라며 안나에 대한 진심을 표현하였는데, 소설에서는 돈키호테의 둘시네아에 대한 망상을 힐난하였다.

스페인의 라만차라는 지명은 우리말로 '만자 십자가 지형을 가진 땅'이란 뜻이다. 卍 자는 은하수의 모양을 나타낸 문양인데, 스페인어에서 은하수는 여성형 명사이므로 라만자, 라만차가 된 것이다. 그 중심 좌표은 스페인 소리아(41.767, -2.479)에 있다.

역사 왜곡기를 거쳐 卍자 십자가라는 의미는 잊혀져서, 안타깝게도 지금 스페인에서 이를 아는 사람이 아무도 없게 되었다.

4-1. 카스티야 라만차 지방

라만차의 4개 팔 중 카스티야 지역에 있다고 해서 카스티야 라만차 지방이라고 부른다.

카스티야(Castile)의 이전어는 Castra이며, 이는 cas와 tra로 나뉠 수 있는데, 우리말로 고씨터야란 뜻이다. 여기서 고씨는 고구려의 고주몽의 성씨이다.

카스티야의 바다 건너편에 있는 카사블랑카에서 카사블랑은 고주몽을 의미하는바, 그가 이곳까지도 영향을 미쳤다고 볼 수 있다.

4-2. 무장주(武莊州)

무장주는 일본 관백이 있는 곳, 즉 수도이며 동무(東武)라고도 한다.

무장주에서 武는 '발자국', 莊는 '꾸미다'이므로 발꿈치 모양의 땅이라는 뜻이다. 신발 그림 모양 중 발꿈치에 해당하는 곳이 스페인 알바세

테인데, 이 도시의 좌표는(39.101, -1.964)이며, 스페인 중부에 위치한
카스티야라만차 지방의 도시이다.

알바세테를 알과 바세와 테로 나누
어서 해석하면, 해를 받은 터가 되어
일본의 의미와 통한다. 또 알바세테
는 스페인에서 사무라이 칼, 카타나
등과 같은 칼 제작으로 유명한데 이
것이 오리지날 일본도이다.

© Google Map(Earth)

4-3. 사라고사(Zaragosa)

로마 시대에는 카이사르 황제를 기념하여 Caesaraugusta라고 하였
는데 이것이 사라고사로 바뀌었다. 사라고사 지명 이전에는, 세데타니
로 불렸다.

동북풍을 우리말로 새된바람이라 부르듯이, 세데타니를 해석해보면,
라만차의 중심인 소리아로부터 동북쪽에 있다고 하여 새된터라는 의
미를 가진다. 사라고사의 원주민이 세데타니(Sedetani)족인 것은 이
때문이다.

4-4. 마드리드(Madrid, 馬德里)

마드리드는 라만차의 중심인 소리아로부터 남서쪽에 있다. 남서풍을
남풍인 마파람(맞바람)과 서풍인 갈대(reed) 바람을 조합하여 갈마
바람으로 부르듯이, 소리아를 기준으로 하여 남서쪽에 있다고 하여
mad와 reed를 차용하여 Madrid로 이 지역 이름으로 삼았다. 갈대
와 갈과 reed는 혼용하여 사용된다.

4-5. 바야돌리드

바야돌리드(Valladolid)는 펠리페 2세가 태어난 곳이며, 콜럼버스가
사망한 곳이기도 하다. valla는 둘러싼다는 뜻이므로, 바야돌리드는
돌리드를 둘러싼 곳이다. 이 돌리드는 라만차의 중심 소리아로부터
북서쪽에 있다.

한편 북풍은 된바람, 서풍은 갈대(reed) 바람으로 불리므로 북서풍은
된리드바람이 되는 것과 같이, 소리아로부터 북서쪽에 있다고 하여
된리드, 돌리드로 바뀌게 된 것이다.

5. 마르둑(多勒篤)

창세 전설 에누마 엘리시에서는 마
르둑이 신들을 멸망시키려던 붉은
용 티아마트를 죽였는데, 그 시체
로써 유라시아 대륙을 창조하였다
고 한다. 실제 유라시아 대륙은 용
의 모습을 하고 있는데, 그 머리가
스페인이고 그 날개가 스칸디나비
아 땅이다.

坤輿萬國全圖,theKanoCollection출처

곤여만국전도 상 이베리아반도에 있는 지명 多勒篤에서 多는 많다, 마
란 뜻으로 훈독을 하고, 勒篤은 음독을 하면 마륵독, 즉 마르둑이 된다.
이베리아반도의 중심에 마르둑이 기록되어 있는 것은 지도 제작된
1602년 당시에도 해씨판 일본인이 마르둑 신화를 믿고 있었고, 유럽대
륙을 티아마트의 시체로 인식하였다는 것을 표현한 것이다.

또한, 마르둑 신화가 용을 숭상하는 조선을 정벌하는 모티브가 되었을
수도 있는 것이다. 또 어쩌면 묵시록에 나오는 붉은 용을 조선이 있는

북미 대륙으로 보았을 수도 있는 것이다.

6. 포르투갈

© Google Map(Earth)

레콩키스타는 이베리아반도에 들어온 무슬림으로부터 나라를 되찾는 것인데, 868년 포르투갈의 북쪽에서 시작하여 1249년 최남단인 알가르브에서 이슬람 교도들을 마지막으로 몰아낸 것을 말한다.

포르투갈을 소개할 때 "공부는 코임브라에서, 돈은 리스본에서 벌고, 말년은 포르투에서 즐기자."란 문구가 유명하다. 이 세 개의 도시는 각각 외부 종족이 유입되어 생긴 이름이다.

갈씨본(갈리시아인)-불랑의 해씨본-리씨본 순으로 포르투갈에 유입된 것으로 보인다. 그 이전에는 스사노의 해씨본, 그 이전에는 마르둑의 전설이 있다.

6-1. 코임브라

坤輿萬國全圖,theKanoCollection출처

코임브라(Coimbra)는 곤여만국전도 상 불랑기에 해당하는 도시이다.

고대 로마 시대에는 '아에미니움(Ae-Minium)'이라고 하였으며, 로마 멸망 이후에는 무어인의 본거지가 되었고, 878년 레온 왕국의 알폰소 3세가 탈환한 후 북쪽 갈리시아인들을 이곳에 이주시켰고, 이후 13㎞ 남서쪽에 있는 코님브리가(Conimbriga)의 주교구를 이곳에 옮기면서 코임브라가 됐다.

9세기 말부터 이슬람교도에게 다시 정복되었고, 1064년 카스티야의 페르난도 1세가 이곳을 점령한 뒤 약 1세기 동안 카스티야-레온 왕국 연합과 이슬람 세력 간의 전장이 되었다.

거슬러 올라가면, 기원전 19년 해씨본사람인 불랑(고주몽)이 이곳 불랑기에 도착하였는바, 해씨판 일본의 건국 세력이었다.

불랑기의 중간을 관통하는 강이 바로 몬테구강이며 그 강변에 코임브라(Coimbra)가 있다. 즉 '들어오다'라는 Comein과 불랑이 합쳐져 불랑이 들어온 도시란 뜻이며, 포르투갈이 독립한 1139년부터 리스본으로 수도를 옮긴 1260년까지 포르투갈 왕국의 수도였다.

이제 곤여만국전도 상 포르투갈의 서편에 쓰인 설명문은 다음표와 같이 해석할 수 있다. 나는 回回㥯를 기존 해설과는 달리, 비행접시라고 보았다.

원 문	拂郞機乃回回㥯稡 本名波爾杜曷爾
해 석	불랑이 비롯하였으니(도착하였으니), (그가 타고 온) 빙빙 도는 그릇이 꽃과 같았다. 그 땅의 본래 이름은 포르투갈이다.

6-2. 리스본

李씨본 사람이 이주하여 리스본을 창시했다는 뜻인데 그 본관이 어디인지는 모르겠다.

6-3. 포르투

불랑이 도착하기 전 갈씨본(갈리시아인)이 북쪽 갈리시아 지방에 포르투를 건설하였고, 포르투갈이란 국명도 이를 딴 이름이다. 갈씨의 원래 본관은 잘 알 수 없다.

P. 15~16세기 이전 멕시코만-카리브해의 해자판 일본 막부와 제도

1. 지팡구(Chipangu)

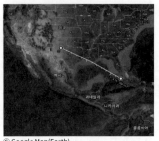

© Google Map(Earth)

일본은 별칭 지팡구로도 불렸다. '지팡구(Chipangu)는 Cathay의 동쪽 1,500mile(2,414km)에 위치한 위대한 섬나라'라는 기록에 따라 선을 그으면 지팡구의 위치는 쿠바섬 일대가 된다.

2. 자메이카(Jameica)

坤輿萬國全圖, 東北大学附属図書館狩野文庫画像DB출처

자메이카의 원래 이름은 아메이카(Hameica)이다. 곤여만국전도 상 牙賣加 섬으로 기록되어 있는데, 牙는 '어금니', 賣는 '넓히다', 加는 '치다'이므로, 합하면 어금넙치, 즉 큰넙치 모양의 섬이 되는데 이른바 자메이카섬이다.

3. 다파나국(多婆那國)

© Google Map(Earth)

다파나국은 별칭 용성국이다.

이 나라의 바다 동굴을 보면, 입구는 해중이나, 들어가면 해발 이상인 지형이 많은데, 이 지형이 용궁으로 불렸고 심청전, 별주부전의 무대가 되었다. 멕시코의 마리에타섬의 히든 비치의 모습이 이와 유사할 것으로 보인다.

이곳에는 사람이지만, 다리가 퇴화한 인어 모양의 사람들이 살았다. 이 족속은 해중 작전에 특출하여 해자판 일본의 건국을 지원하기도 했으며 신라왕 석탈해도 이곳 출신이다.

이 나라의 지상화는 용, 또는 여러 명의 등굽은 할머니 모양, 九의 모습, 삿갓 모양, 옥빛을 띄는 땅으로 보이기 때문에, 각각 龍城國, 多婆那國, 九州, 含達國(含은 '싸다', 達은 '갖추다'로, 삿갓 모양의 나라), 완하국(옥빛열음)이라 불렸다. 자라가 많으므로 내습(熊襲, 자라밭)으로도 인용되며, 현재 나사우 동남쪽의 제도(24.259, -76.547)에 위치한다.

정학유는 부해기를 통하여 흑산도 앞 꽂섬에서 인어를 보았다고 기록하고 있는 것으로 보아, 흑산도로부터 다파나국 등 바하마섬 동부의 제도를 잇는 벨트는 인어의 주 서식지인 것으로 보이며, 1898년 미서전쟁을 기점으로 하여 멸종된 것으로 보인다.

4. 여한도(如漢島)

곤여만국전도 상의 여한도는 푸에르토리코섬인데 지상화를 보면 남성기와 닮았다.

여한도 이하의 제도에 대한 고대 지명은 산해경(山海經)에 나와 있다. 즉 흑치국(黑齒國) 아래에 탕곡(湯谷)이 있고 탕곡 위에 부상이 있

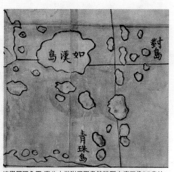

坤輿萬國全圖,東北大学附属図書館狩野文庫画像DB출처

고, 왜국의 동쪽 40여 리(19km)에 나국(裸國)이 있고 나국의 동남쪽에 흑치국이 있다고 기록되어 있다.

여기서 왜국을 히스파티올라섬으로 본다면 El Cabo에서 푸에르토리코섬 Ponce까지 거리가 40여 리이므로, 푸에르토리코섬이 바로 나국이다.

기록에 따라 북남 순으로 배치하면 왜국-나국-흑치국-부상-탕곡의
순서이고, 이를 현지명으로 바꾸면 히스파니올라섬-푸에르토리코섬-
과달루프섬-도미니카연방섬-마르티니크섬의 순서가 된다.

5. 흑치국(黑齒國)

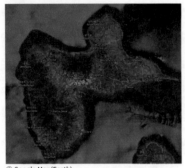
© Google Map(Earth)

흑치국은 현지명으로 과달루프섬
이다.
黑齒國에서 黑은 '양', 齒는 '이빨'
이므로 양이빨 모양의 나라이다.
따라서 흑치국과 양이빨 모양의
과달루프섬은 동일 지명으로 볼
수 있다. 또 백제의 흑치상지를
포함한 흑치 성씨는 과달루프 출신으로 볼 수 있다.

6. 부상(扶桑)섬

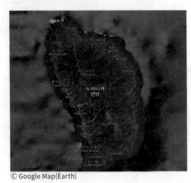
© Google Map(Earth)

부상섬은 현지명으로 도미니카
연방섬이다. 扶桑에서 扶는 '기
어 다닌다', 桑은 '뽕잎'이므로, 합
하면 기어 다니는 뽕잎 모양이므
로, 과달루프와 마르티니크섬의
사이에 기어 다니는 뽕잎 모양의
도미니카 연방섬을 가리킨다.
또한, 이 모양의 지상화를 가지는 히스파니올라섬을 부상국으로 보는
의견도 있다.

7. 탕곡(湯谷)

湯谷에서 湯은 '물이 세차게 흐르다', 谷은 '계곡'이므로, 산해경 저자는 이 섬에서 뭔가 세차게 흐른 위급 사태를 알고 나서, 탕곡으로 지명한 것으로 보인다.

과달루프섬에서 부상섬을 건너뛰면 마르티니크섬이 있는데 이 섬이 탕곡이다.

© Google Map(Earth)

1902년, 이 섬의 몽펠레화산에서 화산쇄설물이 수평 방향으로 고속 분출되어, 약 8km 떨어진 생피에르 주민 28,000명이 단숨에 몰살된 기록이 있는데, 그 이전에도 비슷한 사건이 있었을 개연성이 높다. 즉 탕곡과 마르티니크섬은 같은 상황을 설명하는 것으로 보이므로 동일한 섬이라고 판단한다.

8. 삼불제국(三佛齊國)

당 태종이 고구려에 보낸 첩자가 매번 실패하자, 남해(카리브해) 가운데 있는 삼불제국의 왕에게 뇌물을 주고 고구려의 내정을 염탐해 주기를 청했다는 기록이 있다.

또한, 명 태조 때 삼불제국이 조공국으로 기록되어 있는 것을 보면,

© Google Map(Earth)

이 나라는 카리브해에 있으면서 통일신라, 고려의 영토에는 포함되지 않으면서, 제후국으로서 지위를 누린 것으로 보인다.

삼불제에서 三은 '셋', 佛은 '어그러지다', 齊는 '가지런하다'이므로 이으면 세 개의 엇가지 모양의 땅을 말한다. 그러나 혹자가 三佛을 三神으로 잘못 해석하여, 삼위일체란 뜻의 트리니다드섬으로 명명된 것이다. 좌표는 트리니다드섬(10.478, -61.273)에 있다.

Q. 15~16세기 이전 남미 막부의 지명

1. 고려 제국 남미주행성(南美州行省)

918년 왕건에 의해 전 세계에 대제국 고려가 건국되었으며 남미의 신라 땅을 흡수하고 여기에 고려의 남미주행성이 세워진다. 그러나 1392년 북미의 핵심 고려 정권이 이성계의 반란에 의해 멸망함으로써 고려 정권의 구심점이 약해져 버렸다.

이후 남미의 고려영토는 제후국 멕시카 제국(후고려 제국)을 중심으로 운영된다.

2. 멕시카 제국

© Google Map(Earth)

멕시카 제국은 고려의 건국이념을 이어받은 후고려 제국이며, 생몰은 일단 1428년~1521년으로 간주한다. 남미의 멕시카 제국의 모든 역사는 중미의 아즈텍 제국에 덧입혀졌고 멕시카 제국의 역사 기록들은 모두 사라져 버렸다. 우리가 알고 있는 멕시카 제국의 연대기나 인신공양의 이야기들은 모두 아즈텍 제국에 속한 역사 이야기들이다.

멕시카인의 뿌리는 석가족이며, 석가모니 생전에 가필라국이 코살라국에 의해 멸망할 때 생겨난 수많은 난민이 그들의 뿌리이다. 이들이 마한의 지배층으로 흡수되어 살다가, 백제에 의해 마한이 멸망하게 되면서 세력을 규합하여 가야를 건국한다. 또 김알지계 등 일부는 마한 부흥운동을 하다가 신라에 항복하여 신라 왕족으로 흡수되었고, 금관가야의 항복 후 2차로 신라 왕족에 흡수되어 명실공히 신라의 지배층으로 통일신라 정권에 일조하다가, 신라가 멸망하자 고려 정권의 지배층에도 진출한다. 이들 멕시카인이 동고려가 멸망한 후 1428년에 남미 아마존강 이북에 현 아라우카(7.082, -70.758)를 수도로 하여 멕시카 제국을 건국하게 된다.

석가모니 생전에 가필라국이 멸망할 즈음, 천비성의 콜야(Koliya)족 역시 고향을 떠나 신라 영토에 정착하게 되고 수세기가 지나 멕시카 제국의 주요 건국 세력이 된다. 그러나 1521년 해씨판 일본에 의해 멕시카 제국이 멸망하고 누에바그라나다(신고려) 부왕령이 신설된다.

현재 멕시코시티는 청국이 전쟁으로 빼앗은 땅으로 후에 中京으로 삼았고, 아즈텍 제국의 인신공양설은 청국이 정복하기 전 그 땅의 역사로 보인다.

3. 대환천수(大桓千首, 타완틴수유)

1392년 북미의 천자국 동고려의 멸망 후, 남미의 아마존 이북에서는 멕시카 제국이 건설된 반면, 옛 백제 지역에는 망코 카팍에 의해 쿠스코를 중심으로 대환천수가 세워지며 점차 남북으로 확장되었다.

이 제국은 대환국 천개의 머리산을 뜻하며, 별칭 잉카 제국이라 하는데 구모액국의 쿠스코를 중심으로 수밀이국, 비리국, 우루필나국, 사납아국 등 무려 5개의 환국을 통합하여 대환국 천수의 땅을 이루었다.

천수의 땅은 친차이수유(북쪽의 진짜머리산), 안티수유(동쪽 머리산), 쿠야수유(남쪽의 머리산) 쿤티수유(서쪽 머리산)의 4개로 나뉘어졌다. 황제는 사방에서 유일 고귀한 인간이란 뜻으로 사파인간이라 했으며 수도는 쿠스코이고 공용어는 케추아어이다. 1533년에 해씨판 일본에 의해 멸망하고 1542년 그 지역에 페루(백제) 부왕령이 건설되었다.

R. 아프리카 막부의 지명

아프리카의 대륙 지명의 원형은 '앞으로나란히아시아'였다. 현지에서는 '앞으로'를 따서 아프리카로, 진조선에서는 '나란히'를 선호하여 리미아(利未亞)라고 불렀다. 리미아에서 利는 '날래다', 未는 '아니다'이므로, 합하여 나란히아시아가 된다.

1. 빅토리아호수

坤輿萬國全圖,東北大学附属図書館狩野文庫画像DB출처

1858년 영국의 탐험가, 스피크는 당시 현지인들이 니안자(Nyanza)라고 부르던 호수를 정치적 이유로 빅토리아 여왕의 이름을 따서 '빅토리아 호수'로 불렀다. 그럼에도 오늘날에도 니안자라는 이름이 남아있어서 무척 다행스럽다.

곤여만국전도에는 이 호수를 풍입호로 기록하고 있는데, 風은 '바람', 入은 '들다'이므로, 합하면 바들호, 양자호(楊子湖), 니안자호가 된다.

이는 오직 한국인만이 추정할 수 있는 명명 작업이므로, 이 호수는 한국인 선조가 명명했음을 우리는 반드시 기억해야만 하는 것이다.

2. 킬리만자로산

나는 2007년경 어느 아침, 잠결에 TV 다큐멘터리에서 흘러나오는 내레이션을 들었다. 내용인즉, 킬리만자로산의 높이가 5,895미터란 패널의 소리였는데 그것을 듣고 잠결에서 번쩍 깨어났다.

5,895미터에 165미터의 만년설을 더하면 6,060미터, 즉 이만자가 아닌가. 그때 나는 이 산이 우리말 길 이만자의 화로란 뜻임을 바로 알아차렸고, 킬리만자로의 정상에 165미터의 만년설이 존재했었던 때 이 산을 탐사한, 호연지기가 가득한 선조들의 모습을 그릴 수 있었다.

이들은 이미 존재하는 니안자 호수를 뜬금없이 빅토리아 호수로 바꾼 제국주의적 시각을 가진 서양인들과는 다른 명명 방식을 가졌음이 분명하였다.

산 정상부는 키보(Kibo, 5,895m)를 비롯하여 마웬지(Mawenzi, 5,149m), 쉬라(Shira, 3,962m) 등의 분화구로 구성되어 있는데 선조들은 산 주변 곳곳에 우리말 지명을 남겨놓았다. 키보 분화구의 최고봉을 우후루(Uhuru) 피크라고 부르는데 산 정상에 오른 후 우루루 짐과 웃통을 벗어버린 그들을 상상해 본다.

이 산 전체의 눈 덮인 봉우리를 키푸(Kipoo)라고 부르는데 키푸는 지붕(Gipoong)을 뜻한다. 마랑구 게이트는 1,980m에 위치한 입산 신고소로서, 마랑구는 마을안곳이란 뜻이다. 쉬라 분화구는 대원들이 쉬었던 곳이며, 다보라는 다보라, 싱기다는 섬기다, 도도마는 더 더하지 마라, 부엉이호는 부엉이 닮은 호수, 시냥자는 신양자강 유역이란 뜻이다. 메루산과 백산을 의미하는 킬리만자로산은 둘을 합치면 백두산이며

이 지역에 와차가(Wachagga) 부족이 사는데, '와 차가와'란 우리말인
바, 이렇게 아프리카에 산재해 있는 우리말 지명들은 연구해 볼 충분한
가치가 있다고 생각한다.

3. 탄자니아(Tanzania)

© Google Map(Earth)

탄자니아는 1964년에 탕가니카와 잔지
바르가 통합하여 생긴 나라이며 수도
는 도도마이다.

탕가니카는 우리말 틈간 곳이란 뜻이
며, 이 나라에는 두 개의 큰 열곡이 있
기 때문에 이렇게 명명되었다.

탄자니아의 모로고로는 그림과 같이 몰의 골짜기, 바위 골짜기란 뜻이
다. 이곳에는 잠바라우(Zambarau) 나무가 많은데 그 열매는 크기가 대
추만 하고, 색깔은 라벤다와 같은 보랏빛이고 맛은 머루 맛과 비슷하다.
잠바라우란 나무 그늘에서 쉽게 잠을 잔다는 뜻이기도 하고, 잠바라우
열매에 설탕을 넣어 빚으면 잠바라우 술이 되는데, 그 술로 잠이 든다
는 뜻이기도 하다. 또 이 나라에는 미꾸미(Mikumi) 국립공원이 있는데
Mikumi는 우리말 밑구미, 밑구멍을 말하며 낮은 해발의 장소를 뜻한
다. 실제로 미꾸미는 주위에 비해 해발 150m까지 낮아지는 곳이다.

4. 제력호(齊歷湖)

혼일강리역대국도를 보면 아프리카 대륙의 절반을 차지하는 이름 없는
커다란 호수가 있다.
한편 곤여만국전도에는 크기가 매우 줄어든 채 제력호란 이름으로 기
록되어 있다. 제력호에서 齊의 뜻은 '배꼽'이요, 歷의 뜻은 '지나가다'이

므로, 이으면 아프리카의 배꼽을 지나는 호수이다.

歷의 뜻인 우리말 '늴다'에서 나라가 나왔는데, 제력호를 상하로 지나는 강을 나라하천이라 하였다. 이 하천이 바로 오늘날 나일강(니라하천)이며, 니라공고산은 나일강에 있는 큰곳산이란 뜻이며, 이 산 바로 남쪽의 키부호수는 제력호의 남아있는 일부분이다.

또 키상가니(Kisangani)는 우리말 '큰 산이 가니'로 해석할 수 있고, 인근의 바소코(Basoko)를 배꼽으로 해석하면, 이 지명들을 제력호의 흔적으로 볼 수 있다.

혼일강리역대국도지도, 서울대규장각출처 / 坤輿萬國全圖,東北大学附属図書館狩野文庫画像DB출처 / Google Map(Earth)

5. 루웬조리(Rwenzori)산

우간다에는 드물게 만년설로 뒤덮인 산인 르웬조리산이 있는데, 이 산은 나일강의 수원지로서, 1875년에 영국인 탐험가 스탠리가 발견하였다지만, 473년 전인 1402년에 조선의 지도 혼일강리역대국도지도에는 이미 루웬조리산이 나일강의 수원으로 기록되어 있다.

루엔조리산의 북쪽에는 앨버트호, 남쪽에는 에드워드호, 키부호, 탕가니카호가 있는데 우측의 풍입호를 달로 보고 일련의 호수들은 달무리로 상상할 수 있는데, 이 달무리 호수들에 루웬조리산이 끼어있으므로 '달의 산'으로 불린 것이다.

루웬조리산맥은 아프리카에서 가장 오르기 힘들다는 산인데, 탐사를 위해 '온종일 많이 걸었다.' 했을 것이므로, 온종일을 따서 루웬조리산이라 했고, 많이 걸었다를 따서 마리게리타산(Mount Margherita Peak)이라 하였다.

마리게리타산 인근에는 와타마구타란 지명이 있고, 그 남쪽 지대는 화산재로 붉게 변해 있다. 이는 활화산을 보고 우리말로 엄청나게 마구 탄다고 소리 질렀을 한국인 선조가 생각난다. 이처럼 아프리카를 우리 선조들이 탐험했다는 정황이 수없이 발견되고 있는 것이다.

6. 불라와요(Bulawayo)

짐바브웨의 불라와요는 우리말 '불나와요'의 뜻과 같이 주변에 화산지대가 있었음을 말해주고 있다.

짐바브웨의 수도 하라레 다음가는 제2의 도시이며 서쪽으로 20km 떨어져 15세기경 대짐바브웨왕국의 수도 Khami가 있는데 까맣게 불타버린 땅이란 뜻이다.

7. 마다가스카르섬

坤輿萬國全圖, 東北大学附属図書館狩野文庫画像DB출처

이 섬은 곤여만국전도 상 仙勞冷組島로 기록되어 있는데, 仙은 '날 듯하다', 勞는 '고달프다', 冷은 '쌀쌀하다', 祖는 '처음'이므로, 합하여 (해적이) 날고 설쳐대는 섬이다. 또 마다가스카르섬은 우리말로 풀이하면 맞다가 쓱 갈 섬이다. 그렇다면 마다가스카르섬을 표현한 원형은 '해적이 날고 설쳐 맞다가 쓱 갈 섬'이 되는 것이다.

17세기 말 많은 해적들이 이 섬으로 이동하여 수많은 동인도 회사의 상선과 무굴제국의 보물선을 약탈한 역사가 있다.

그러나 이미 1602년에 제작된 곤여만국전도에 해적이 날고 설치는 섬으로 기록되어 있으므로 이 섬의 해적사는 상당히 빠른 것이다. 이 섬의 북서부에는 마하장가란 항구도시가 있는데 우리말 마중 가라는 뜻이다.

또 아프리카 서부 해안에 仙勞冷組濱이 있으니 해적이 날고 설쳐대는 해변이란 뜻이다.

제4편

근세 조선 시대와 그 막부

(1392년 ~ 1910년)

"1448년 세종실록 120권 1번째 기사에는 '…일본 정사(正使) 문계·정우는 … 태상 황후(太上皇后)께서 지난해에 세상을 떠나셨다는 말은 들었으나, 두 나라 중간에 큰 물결이 만 리나 되어서 그 당시에 서로 위문하지 못하고 그럭저럭 밀어서 지금에 이르렀습니다. …'라는 기록이 있는바, 만 리의 큰 물결을 대서양으로 보면 일본은 바로 스페인이다."

"고려의 위상과 달리, 근세 조선은 천자국이었으나 막강한 군사력을 가진 막부 세력인 명국, 청국, 일본 등 또 다른 자칭 천자국에 의해 둘러싸여 있었다.

그래서 막부 세력보다 군사력이 약한 근세 조선으로서는 낮은 처신을 할 수밖에 없었고 임진란, 병자호란을 겪으면서 그 현상은 더욱 심해졌다. 18세기 남미 대륙에서는 아메리카합중국이란 새로운 막부 세력이 나타났으며, 조선 황실은 이를 우호 세력으로 착각하였다."

"정약전의 표해시말, 정학유의 부해기에 나오는 전라도의 특수한 바다 지형은 오로지 플로리다의 바다 지형으로만 설명될 수 있다."

가. 동아시아의 나라

1. 서고려 동아행성(東亞行省)

고려의 동아행성은 중국 대륙에 있는 고려의 분구이며 서고려라고
도 한다. 동고려의 멸망 후에도 계속 살아남아 정권을 유지하였으
며, 20세기 초 미국의 지원을 받은 장개석의 북벌로 인하여 정권이
와해되었다.

서고려의 역사서가 보관된 곳은 대만국립박물관과 일본의 황실서고
등으로 짐작되지만, 일반인에게는 거의 열리지 않는다.

2. 서고려의 수도자치구(首都自治區)

서고려의 수도자치구는 한반도에 있었는데, 그 역할은 정치가 아니
라 소도로서의 구역이었다. 1565년 11월, 윤원형이 자살하자 그 화
를 면하기 위해, 북미에 있던 친족들은 현 한반도로 피신한 것으로
보이는데, 그 이유는 2002년 파주에서 발견된 임산부 미라는 이때
피난한 윤원형의 친족일 것으로 보이기 때문이다.

한편, 전쟁 발발 시 왕의 원조와 왕세자의 분조, 종묘사직 신주를
모시는 분조가 있을 텐데 각각 천문관을 대동하였다.

1627년, 정묘호란이 발발하자, 원조는 강화도로 피란 가고, 소현세
자는 전주로 가서 분조를 이끌었는바, 한반도로 종묘사직의 신주를
모시고 온 일부 병력이 소고려를 세운 것으로 보이며 1875년 일본
에 의해 멸망할 때까지 유지된다.

그 후 1876년, 소조선이 다시 건국되지만 1895년 다시 일본에 의해
멸망한다. 그 이후에 현 한반도는 세계사 역사 조작을 위하여 일본

과 미국에 의해 철저히 이용된다.

나. 북미 근세 조선의 지명

조선은 북미의 천자국 고려를 반역하여 세워진 나라이다.

반역하였는데도 천자국 지위를 그대로 유지할지에 대해서 주위의 막부 세력과 아직 남아있는 서고려와 잔존한 고려의 제후국으로서는 애매한 상황이 계속되었다. 고려보다는 천자국의 지위가 약해진 조선대에 명국과 일본이 또 다른 천자국을 자칭하고 있었다.

조선은 선조 재위기 정우석 사건을 보더라도 군역의 폐해가 극도로 심했으나 개선되지 않았고, 선조의 정여립 등 동인 학살로 인하여 아래위로 민심이 이반되어, 임진란 시 일본군의 길잡이 역할을 한 백성도 많았다.

조선 후기에는 세금 착취가 더욱 심하여 19세기 서양 세력의 조선 침탈 시기에도 이에 동조하는 백성들도 많았을 것이지만, 그렇다고 조선의 모든 것을 은폐하고 지명을 지우고 진실의 역사를 조작하는 짓은 용납될 수 없는 것이다. 따라서 조선 정부가 내부 총질을 통해 백성들을 해친 이유로 일부 백성이 조선의 해체에 찬성했더라도, 근세 조선에 대한 역사 왜곡에는 단연코 반대하는 사조가 오늘날 점차 고개를 들고 있다.

한편, 일본이라는 막부, 명국이라는 막부, 청국이라는 막부, 아라사라는 막부 세력이 조선을 지킨다는 막부 본래의 사명을 잊고 때로는 천자국을 침탈하는 경우도 많았다.

조선은 스스로를 지키기 위해 행정적 목적 이외에 군사적 목적과

왕도에 대한 호위 기지로서의 목적으로 개성·강화·수원·광주에 4개의 유수부를 설치하였다.

조선 팔도의 순서는 신증동국여지승람을 참고로 하였다.

A. 경기도

1. 광주(廣州)

현재 지명은 캔자스 시티이다.

1577년, 선조는 광주목을 광주부로 승격하였다. 1634년, 인조는 광주 남한산성의 군사 행정은 수어청의 수어사가 전담하고, 일반 행정은 광주 부윤이 책임지는 이원체제로 이루어지게 하였고 1652년 효종은 광주 부윤을 수어부사로 삼아 일원적 체제로 개편시켰고 그 후 이원화, 일원화를 반복하였다.

1-1 삼전도(三田渡)

© Google Map(Earth)

삼전도에서 三은 '세 번', 田은 '밭', 渡는 '나루'이므로, 세 개로 나뉜 밭이 있는 나루이다.

2. 가평(加平)

가평은 현지명으로 시카고(Chicago)이다. 한자 加는 글자 형태상, 가지가 열린 모습을 뜻하여, 茄로 대체할 수 있다고 생각되므로, 加平은 茄平으로 고치기로 한다. 따라서 가평은 가지 모양의 미시간호 아래의 들판을 가리키게 된다. 가평에는 개곡리(開谷里)가 있는데 가지가 열린 모습에서 유래하였다.

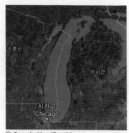
© Google Map(Earth)

1893년, 시카고 만국박람회는 남미의 파라마리보에서 열린 것이며 가평, 즉 현지명 시카고와는 관련이 없다.

3. 화성(華城)

화성에서 華는 '지형이 들쭉날쭉한 모양'이므로 미주리강이 들쭉날쭉 만들어 놓은 땅을 말한다. 좌표는 미주리 컬럼비아(38.918, -92.335)에 있다.

© Google Map(Earth)

4. 수원(水原)

수원의 현지명은 제퍼슨 시티이다. 수원에서 水는 '홍수(洪水)', 原은 '벌판'이므로 홍수가 잦은 벌판이 되므로 수계가 많은 지역이다. 별칭 隋城에서 隋는 '게으르다'란 뜻이므로 게으른 모양의 성이다. 이 지명의 뜻은 수원 인근의 강이 수없이 꼬부라져 흐르

© Google Map(Earth)

는 모습, 즉 직진하지 못하는 모습을 게으르다고 표현한 것이다.

5. 부평(富平)

富는 '한창 왕성하다', 平은 '쉽다'이므로 이으면 '한창 왕성해서 사정하기 쉽다'가 된다.

© Google Map(Earth)

별칭 계양(桂陽)에서 桂는 '월계수', 陽은 '남성'이므로, 합하면 월계수 잎이 처진 남성기가 된다.

별칭 樹州에서 樹는 '나무'이므로, 월계수 나뭇잎이 처진 모양에서 유래한 것으로 보인다. 좌표는 위스콘신 그린베이(44.509, -88.011)에 있다.

6. 여주(驪州)

© Google Map(Earth)

여주에서 驪는 '검은 말'이므로 검은 말 모습의 땅을 말한다. 검은 말머리의 좌표는 미네소타(44.882, -93.067)에 있다.

미네소타강을 두고 아래는 검은 말이, 위는 황마가 보인다. 그래서 별칭 黃驍는 황마와 검은 말이란 뜻이다.

별칭 驪興에서 驪는 '검은 말', 興은 '기뻐하다'이므로, 이으면 검은 말의 기쁨이다. 별칭 黃利에서 黃은 '황마'요, 利는 '통하다'이므로, 황마의 교미를 의미한다. 별칭 永義에서 永은 '오래다', 義는 '맺다'이므로, 말이 오랫동안 교미하는 모습에서 유래하였다.

여흥 민씨의 본관이 바로 여주이므로 민씨네 도시로서 Minneapolis라 하였다.

7. 인천(仁川)

인천에서 仁은 '사랑하다'이므로 섹스하는 모습의 땅이다. 그래서 인천을 밀월기(蜜月期)라고도 불렀는데, 서양인이 받아쓰기를 잘못하여 Milwalkee 대신에 Milwaukee 라고 한 것이다. 영어로는 허니문 피리어드 라고 한다.

© Google Map(Earth)

별칭 慶源에서 慶은 '기뻐하다', 源은 '발원지'이므로, 사정하는 기쁨의 발원지를 말하는 것이다. 그림에서 중간에 뾰족하게 튀어나온 것이 남성기이고, 사정액의 발원지인 고환의 위치에 자리 잡은 것이 경원이라는 말이다.

7-1 제물포(濟物浦)

제물포에서 濟는 '건너다', 物은 '물건'이므로 남성기와 여성기가 왔다 갔다 건너다닌다고 상상한 모습의 포를 말한다. 좌표는 위스콘신 Sheboygan 카운티(43.751,-87.718)에 있다. Sheboygan은 여남 간 섹스란 뜻이므로 제물포의 의미와 같다.

© Google Map(Earth)

8. 양화진(楊花津)

楊은 '버들', 花는 '비녀'이므로, 합하면 버드나무 비녀가 된다. 그림에서 버드나무 비녀 형상이 양화진의 우측 강변에 있으나 경계가 명확하지는 않다. 좌표는 일리

© Google Map(Earth)

노이(38.885, -90.175)에 있다.

9. 개경(開京)

© Google Map(Earth)

개경은 오늘날 휴스턴이다. 휴스턴은 휴의 땅이란 뜻이고, 여기서 휴(侯)는 왕이란 뜻이므로 왕성으로 해석한다. 開城에서 開는 '열리다'이므로 사방팔방으로 열려 있는 십자형의 도시를 말한다.

10. 강화도(江華島)

© Google Map(Earth)

개경(휴스턴) 외곽에서 강화도(갈베스턴섬)까지는 2식, 즉 28km라는 실록의 기록과 일치한다. 또 28km의 지근거리라는 말은 같은 경기도 지역에 있다는 뜻이다.

강화는 강의 꽃, 즉 강의 꼬챙이처럼 생긴 갈베스턴섬이며, 이곳이 개경의 남쪽 끝에 있는 연미(燕尾) 모양의 섬인 것이다. 강화도의 광성보는 펠리칸아일랜드를 말한다.

B. 충청도

1. 공주(公州)

공주는 이괄의 난 때 인조가 피난한 곳이다. 공주에서 公은 '벼슬', 州는 '고을'이므로, 이으면 볏을 쌓아놓은 모습의 고을이다. 현재 좌표는 앨라배마 버밍엄(33.507, -86.813)에 있다.

© Google Map(Earth)

2. 천안(天安)

천안에서 天은 '남편', 安은 '기쁨'이므로, 이으면 남편의 기쁨이다.

1310년 충선왕 때 영주(寧州)로 고쳤다가 1362년 공민왕 때 다시 천안부라 했는데 별호는 임환(任歡)이었다. 임환에서 任은

© Google Map(Earth)

'임신하다', 歡는 '기쁨'이므로, 이으면 임신의 기쁨이다. 좌표는 미국 앨라배마 헌츠빌(34.700, -86.656)이다.

3. 충주(忠州)

노란 장미의 꽃말은 사랑과 충성이다. 그래서 노란 장미의 이미지를 가진 루이빌 땅을 충주라고 하였다. 충주는 별칭으로 藥城이라고 하는데 藥는 '꽃술'을 뜻하는데, 곧 노란 장미의 꽃술을 말한다.

© Google Map(Earth)

리씨 왕족에 대한 충성이라고 하여 루이빌이라고 불렀다. 좌표는 미국

켄터키 루이빌(38.256, -85.762)이다.

4. 대전(大田)

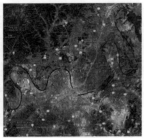
© Google Map(Earth)

대전은 현재 내슈빌(Nashuville)이며, Tennessee주의 주도이며 컨트리 음악의 도시로 알려져 있다. 내슈빌의 지명 유래를 보면, Francis Nash(1742년~1777년)가 제르만 타운 전투에서 사망한 미국 독립전쟁의 영웅으로서 그를 기념하여 1784년에 내슈빌이라 명명되었다고 한다. 그러나 나는 아메리고 베스풋치의 경우와 같은 형식을 취하고 있기에 의문이 들었다.

한편 대전의 별칭 懷德에서 懷는 '가슴', 德은 '나다'이므로 가슴에 뭔가 나있는 땅이다. 그렇다면 대전 땅은 원래 가슴과 같이 생긴 땅에 젖꼭지가 두 개씩 나있어, 났슈땅이라고 했다고 추정할 수 있다. 프랜시스 나슈가 태어나기도 전에 나슈 땅이 이미 있었고 유래 이야기는 끼워 맞춘 것에 불과하다.

5. 조선의 당진(唐津)

© Google Map(Earth)

당진에서 唐은 '갑자기'이므로, 무릎 보호대(갑옷)를 찬 모습을 한 나루터이다. 좌표는 테네시주 랜돌프(35.518, -89.892)에 있다.

Randolph는 갑옷이란 뜻의 rand와 늑대인간이라는 wolf로 구성되어 있는데, 그림에서는 갑옷을 강기슭의 섬들로 상상하였다.

별칭 부지에서 夫는 '사내', 只는 '하나'이므로, 이으면 사내가 찬 하나의
무릎 보호대 모양의 땅이 된다. 신라 시대의 당진과는 다른 곳이다.

6. 보령(保寧)

보령은 현재 지명으로 멤피스이다. 보령
에서 保는 '포대기', 寧은 '차라리'이므로,
이으면 포대기에 싸인 찰알떡이 된다. 또
별칭인 杻城에서 杻은 '수갑(手匣)'이므로
수갑 모양의 땅을 말한다. 또 별칭 新安
에서 新은 '새', 安은 '기쁨'이므로, 이으면
새의 기쁨, 즉 새알 모습의 땅을 말한다.

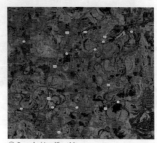

© Google Map(Earth)

따라서 이에 합당한 땅은 멤피스 이하의 땅인데 조선 시대에는 윗마을
을 보령으로 아랫마을을 신안이라 불렀다. 이곳은 모세가 포대기에 싸
여 왕녀에게 전달되었다는 성경 이야기로 인해 멤피스로 명명되었다.

7. 단양(丹陽)

단양은 1862년 개발된 로렌스 시약처
럼 붉은 곳이라 하여 별칭 로렌스버그
라 하였다. 좌표는 테네시 로렌스버그
(35.250, -87.328)에 있다.

붉은 태양을 가장 잘 볼 수 있는 지역이
단양이며, 붉은 태양은 천자를 상징한다.

© Google Map(Earth)

8. 청주(淸州)

청주에서 淸은 '빛이 선명하다'이므로 이으면 (초록) 빛이 선명한 땅이

다. 별칭 全節에서 全은 '온전하다', 節은 '초록(抄錄)하다'이므로, 이으

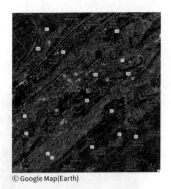
© Google Map(Earth)

면 온전히 초록빛이 있는 땅이다. 별칭 娘臂에서 娘은 '여자', 臂는 '팔'이므로 여자의 팔 모양의 땅이다. 별칭 浪城에서 浪은 '물결이 일다'이므로, 물결이 일고 있는 모습의 땅이다. 별칭 西原에서 西는 '깃들이다'이므로 깃털 모양의 땅이다.

이 조건을 모두 만족하는 좌표는 테네시 녹스빌(36.022, -83.952)에 있는데 녹색 마을이란 뜻에서 유래하였다.

9. 온양(溫陽)

© Google Map(Earth)

온양에서 溫은 '온천', 陽은 '태양'이므로 태양 지역의 온천이 된다. 좌표는 켄터키 렉싱턴(38.059, -84.524)에 있다. 그림에서 보이는 둥근 태극 중 태양 지역에는 온양이 있고, 태음 지역은 두 갈래 꼬리를 가진 제비 모양의 燕山이라고 불리는데, 이곳에 온천이 있었다

면 溫陰이 되었을 것이다.

조선의 황제가 온양(렉싱턴)에 행차하려면 직선거리로 400km이고, 수로로 갈려면 미시시피강을 타고 오하이오강 합류 지점까지 가서 역으로 올라와 루이빌(충주)까지 갔다가 육로로 렉싱턴까지 가는 고생을 해야 한다. 그러나 치료 효과가 좋기 때문에 그 고생도 마다하지 않았다.

C. 경상도

1. 양산 통도사(梁山 通度寺)

임진란 후 조선왕조실록 중 전주사고
본만이 살아남았는데, 이를 재간행하
여 서울 춘추관사고, 묘향산사고, 강
화 마니산사고, 오대산사고에 보관하
였고, 경상도 봉화의 태백산사고본은
인조 재위기에 양산의 통도사사고로
옮겨져 1913년까지 보관되었으며, 이

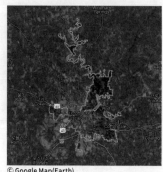

© Google Map(Earth)

후 아틀랜타로 일부 옮겨졌을 가능성이 있으나, 정확히 어디에 있는지
는 알 수 없었다.

通度寺에서 通은 tu로, 度는 같은 뜻의 영어 scale로, 寺는 sa로 바꾸
면 Tuscaloosa가 된다. 즉 조선 시대의 통도사는 미국의 Tuscaloosa
란 지명으로 몰래 감추어져 있었던 것이다.

2. 진주(晋州)

경상도 진주에서 晋은 '꽃다', 州는 '고을'
이므로 꽃다운 여자가 많은 고을이다.
조선의 진주는 현지명으로 탤러해시
(Tallahassee)가 된다. 이 지명은 tall
과 ahassee로 나뉠 수 있는데 높은
아씨를 뜻하며, 이는 당연히 임진란의
영웅, 논개를 말하는 것이다. 또한 인

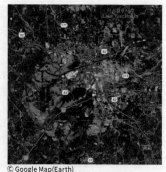

© Google Map(Earth)

근에 남강이 증명되어야 진주의 위치를 확정할 수 있다.

2-1. 남강(南江)

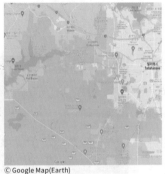

© Google Map(Earth)

남강으로 비정되는 Ochlockonee 강은 och와 lockonee로 나누어 해석하면 참나무의 잠금장치가 된다. 즉 이 강 상류에서 벌목해서 떼내려온 참나무를 Talquin 호수에 가두어 두었다가 필요에 따라 운반하는 것이다.

남강에서 南은 '나무(南無)'란 뜻이므로 참나무(oak, och)의 강이라고 볼 수도 있으므로 오크락코니강과 통하는 말이다.

대규모 벌목장 시스템에 필요 인력은 벌목꾼, 벌목한 나무를 뗏목으로 엮어 강변까지 운반하는 떼꾼, 마차로 필요 장소로 목재를 옮기는 車夫, 목재로 집을 짓는 목수, 강변에서 떼꾼들에게 서비스를 제공하는 사람으로 구성되어 있다. 떼꾼은 땔나무꾼, 땔꾼(talquin)으로 불렸고, Talquin 호수는 이들이 작업하는 장소이다.

3. 사천(泗川)

© Google Map(Earth)

사천에서 泗는 '콧물', 川은 '들판'이므로 콧물 흘리는 들판이다. 현재 플로리다 굴프 카운티(29.720, -85.241)에 있다.

그림에서 중앙의 코를 중심으로 서편 섬으로는 콧물이 위로 튀는 모습이고 동편 섬(신수도)으로는 콧물이 흘러내리는 모습이다.

3-1. 신수도(新樹島)

사천 앞바다의 섬으로 신수도에서 新은 '새로', 樹는 '초목(草木)'이므로 새로 난 풀이 된다. 현재 플로리다주의 성빈센트섬이고 좌표는 (29.659, -85.130)이다.

© Google Map(Earth)

4. 포항(浦項)

포항에서 浦는 '갯벌(강에 조수가 드나드는 곳)', 項은 '목'이므로, 이으면 갯벌의 목이다. 현재 위치는 앨라배마 모빌(30.689, -88.051)이다.

포항에는 포항창이 있어 상류에서 보낸 곡식들을 보관하는 창고 역할을 하였다. 그래서 수운과 관련있는 Mobile이란 지명으로 바뀐 것이다. 포항은 송도를 증명함으로써 그 위치를 비정할 수 있다.

4-1 송도(松島)

포항 인근에는 송도가 있어야 하는데 현재 Gaillard섬이 송도이며 좌표는 (30.500, -88.030)이다. 송도는 섬의 우하에 있는 모양을 소나무로 보아 송도라 명명하였다.

혹자는 兄山이라고도 하였는데, 兄은 '민망

© Google Map(Earth)

하다'란 뜻이므로, 이으면 민망한 산이 된다. 즉 섬의 모양을 우측의 발기한 모습과 좌측의 사정 후의 모습으로 상상하여 형산이라고 하였고, 이와 비슷한 음탕한 남자란 뜻의 gaillard를 지금의 섬 이름으로 삼고 있는 것이다. 또 강 하구의 형산섬 주위를 흐른다고 하여 형산강이라고 이름하게 된 것이다.

5. 울산(蔚山)

© Google Map(Earth)

울산에서 蔚은 '병들다'란 뜻이므로 허리가 굽어 곱사처럼 병든 모습을 한 땅이다. 별칭 河曲에서 강이 굽었다는 뜻인데 페르디도강이 서쪽으로 확 굽어 흐른데서 유래한 것이다.

별칭 恭化에서 恭은 '섬기다', 化는 '가르치다'이므로, 이으면 섬기도록 가르침인데 그림에서 고개를 숙여 섬기는 모습이 보인다. 좌표는 플로리다 브렌트(30.468, -87.252)에 있다.

6. 대구(大邱)

© Google Map(Earth)

대구의 별칭 達句火에서 達은 '어린양', 句는 '굽다', 火는 '타는 불'이므로 어린양을 굽는, 타는 불의 모습을 가진 땅이다. 즉 원래 달구벌은 닭과는 관계가 없는 것이다. 좌표는 앨라배마 몽고메리(32.379, -86.301)에 있다.

7. 조선의 경주(慶州)

© Google Map(Earth)

경주는 오늘날 조지아주 콜럼버스이다. 경주의 慶은 '벼슬'이므로 닭 볏을 쓴 사람 모양의 땅이다. 현재 좌표는 조지아주 Columbus(32.499, -84.941)이다.

닭 볏을 쓴 사람은 영웅이므로, 콜럼버스로 바꾸어서 그의 땅이라고 부른 것이다.

그렇다면 제3편의 신라 월성인 경주와 조선의 경주는 위치가 완전히 다르다.

영조대 경주 출신 유의건은 신라대 왕릉이 조작된 것이 많고, 피장자가 확인된 왕릉은 없다는 나릉진안설을 주장하였다. 이것을 보면 일부의 신라 시대 지명을 북미의 조선에 허위로 이식했음을 알 수 있다.

조선이 신라의 영역을 조작했으니 남미 신라 강역에 있었던 아메리카합중국이 북미 조선의 영역을 조작하는 것은 일견 논리가 있어 보일 수도 있으나, 역사를 통째로 없애버리고 수만 리로 이동시킨 아메리카합중국의 정책은 비난받아 마땅하다.

8. 안동(安東)

안동은 현재 배턴루지(Baton Rouge)에 있으며 루이지애나주의 주도이다. 배턴루지는 빨간 곤봉이란 뜻인데 그 유래에 대해 아는 사람이 별로 없다. Baton Rouge의 본딧말은 Baton Rouge Vulva인데 남성기와 여성기란 말이다.

© Google Map(Earth)

안동에서 安은 '기쁘다', 東은 '주인'이므로 기쁨의 주인을 말하며 또한 섹스를 의미한다. 별칭 복주에서 福는 '서로 걸맞다'이므로 서로 걸맞게 남성기와 여성기가 갖추어져 있는 모양을 말한다.

별칭 交羅에서 交는 '성교하다', 羅는 '벌이다'이므로 성교를 벌이는 모습이 된다. 별칭 花山에서 花는 꽃 모양의 물건을 뜻하므로 여성기 모양의 땅을 말한다. 그림에서는 여성기와 그 위에 있는 남성기의 모양을 관찰할 수 있다.

9. 부산(釜山)

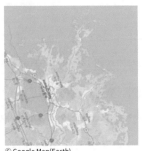
© Google Map(Earth)

부산에서 釜는 '가마솥'이므로, 가마솥에서 뜨거운 물이 튀어나오는 모양의 땅을 말한다. 좌표는 루이지애나 뉴올리언스(29.932, -90.163)에 있다.

10. 상주(商州)

© Google Map(Earth)

상주에서 商은 '장수'이므로 (베짱이를 찌르는) 장수가 있는 땅이란 뜻이다. 그림의 서측에 (강물로 표현된) 베짱이 괴물이 있고, 중간에 창, 동측에 장수가 있다. 이 장수에 주목하여 호수 동측에 장수의 대명사, 콜롬버스라는 지명이 유래하였다.

좌표는 미시시피 콜럼버스 호수(33.530712, -88.463885)에 있다.

별칭 沙伐에서 沙는 '베짱이', 伐은 '찌르다'이므로 이으면 베짱이 괴물을 창으로 찌르는 모양의 땅을 말한다.

11. 마산포(馬山浦)

나의 외할아버지 고박운서 옹의 고향이 마산이므로 나의 외향은 마산이라 할 수 있다. 실록 기록을 보면, 평안도 마산과, 창원의 일부로서의 마산포를 구별해야 할 필요가 있다.

마산이 경상도 해안가에 있어야 한다면, 미시시피강 以東의 경상도 남쪽 해변에 있어야 하나 1910년에는 아메리카합중국이 미시시피강 이동

지역을 남미에 있었던 지명으로 도배하는 지명 역사 왜곡을 시행한바, 미시시피강 *以東*의 조선 지명은 모두 없어지고만 상태였다.

마찬가지로 경상도 마산포는 미시시피강 *以西* 지역의 멕시코만 해안가로 옮기게 된다. 이 마산포가 한반도로 지명 이식이 될 때 통합 전의 마산이 된 것이다.

D. 전라도

1. 전주(全州)

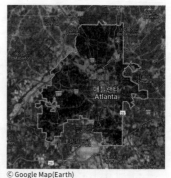

전주는 현재 조지아주 아틀란타이다. 1627년 정묘호란이 발발하자 인조가 수로로 강화도로 들어간 반면, 소현세자는 전주에서 분조를 지휘할 만큼 전주는 조선에 있어 중요한 도시였다.

아틀란타는 남북전쟁 때 북군에게

© Google Map(Earth)

철저하게 파괴되었다고 미국 역사는 말하고 있으나 전주에 대한 조선의 통치는 1905년까지도 유지되었으며 현 아틀란타에서 전쟁이 일어나지도 않았다.

1860년 동학 창시, 1862년 진주민란 등으로 통치가 힘들어지기는 했지만, 미국이 주장하듯이 완전히 미 동부지역 영토를 상실한 것은 아니었기 때문이다.

마가렛 미첼이 허구의 조선땅 남북전쟁을 묘사하는데, 지리적 오류를 수정하기 위해 조선왕조실록의 진주 민란 부분을 참고한 것으로 보인다.

2. 정읍(井邑)

© Google Map(Earth)

정읍에서 井은 '가지런하다'이므로 (이빨이) 가지런한 모양의 땅을 말한다. 정읍은 오늘날 Macon이다. # mark와 관련이 있을 것이다.

그림에는 코가 뾰족한 사람의 얼굴이 보이고, 이빨이 가지런한 모양에는 모시강이 흐르고 그 동측에는 악물지(Ocmulgee)강이 흐른다.

3. 여수(麗水)

© Google Map(Earth)

여수는 전라좌수영 땅으로 전라 좌수사였던 이순신이 활약했던 위대한 곳이고, 조선 수군 무력의 본거지이다.

麗水에서 麗는 '짝짓다', 水는 '물'이므로, 짝짓기할 때 나오는 사정액 또는 애액이 있는 땅을 말한다. 중심지 찰스턴은 남자의 대명사 찰스의 땅이란 의미이므로 남성기 모양이 보인다. 좌표는 사우스캐롤라이나 찰스턴(32.800, -79.940)에 있다.

4. 해남(海南)

© Google Map(Earth)

해남에서 海는 '바다', 南은 '임금'이다. 별칭 海彌에서 海는 '바다', 彌는 '갓난아이'이다. 즉 바닷가의 임금 또는 갓난아이의 모습을 가진 땅이다.

머리에 쓴 깃을 생각하면 임금이요 머리

만 생각하면 갓난아이이다. 별칭 投濱에서 投는 '버리다', 濱은 '물가'이
므로 (갓난아이가) 버려진 바닷가가 된다. 별칭 浸溟에서 浸은 '잠기다',
溟은 '바다'이므로 (갓난아이가) 잠긴 바닷가가 된다. 좌표는 플로리다 세
인트피터즈버그(27.792, -82.677)에 있다.

5. 남원(南原)

남원은 南은 '임금', 原은 '벌판'이
므로, 임금의 벌판이다. 용이 세상
의 임금이므로 남원을 별칭 龍城이
라하고, 古龍이라 하기도 한다. 좌
표는 조지아 밸도스타(30.832, -83.
289)에 있다. 그림에 날개를 펼친
거대한 익룡이 보인다.

© Google Map(Earth)

6. 임실(任實)

任은 '임신하다', 實은 '자라다'이므
로 임신하여 배가 부른 모습의 땅
이다. 별칭 雲水에서 雲은 '남녀의
사랑', 水는 '물'이므로, 합하면 애액
을 말한다.

키 큰 여자와 키 작은 남자가 섹스
를 하고, 애액이 난무한 모습(호수)

© Google Map(Earth)

을 상상하였다. 좌표는 플로리다 헤인스시티(28.114, -81.620)에 있다.

7. 영광(靈光)

© Google Map(Earth)

영광에서 靈은 '신령', 光은 '풍경'이므로 신령의 모습을 한 풍경의 땅이다.

그림에서 서측에 신령 모습의 존재가 보인다. 또 동측 상에 삼태기 모양의 섬이 있다고 하여 별칭 箕城이라 한다. 좌표는 플로리다 잭슨빌(30.346, -81.689)에 있다.

8. 순천(順天)

© Google Map(Earth)

순천에서 順은 '순서', 天은 '하늘'이므로, 이으면 (해가 오르는 것)은 하늘의 순서란 말이 된다. 별칭 昇州에서 昇은 '오르다' 이므로 오르다 땅이고, 이를 번역하여 Orland가 되었다. 그림에서 East Lake Tohopekaliga를 해로 생각해서 올라갈 것이라고 상상한 것이다. 좌표는 플로리다 올랜도(28.508, -81.373)에 있다.

별칭 充海에서 充은 '가득 차다', 海는 '호수'이므로, 가득 차있는 호수, 즉 East Lake Tohopekaliga를 표현하였다. 원래 순천은 내륙 도시이므로 만이 없다.

9. 익산(盆山)

익산에서 盆은 '가로막다'이므로 (明刀錢에 의해) 가로막힌 곳이다.

익산의 盆을 이익으로 해석하여 Gainesville로 번역하여 오늘날 살고 있다. 별칭 金馬에서 金은 '화폐', 馬는 '크다'이므로, 이으면 큰 명도전이 된다. 좌표는 플로리다(29.706, -82.402)에 있으며 서측에 길쭉한 명도전 모양이 선명하다.

© Google Map(Earth)

10. 군산(群山)

군산은 현지명 노스캐롤라이나 Cha-lotte이다. 거인이 싸놓은 여럿의 똥이 산이 되었다는 전설이 있다. 우리 말에서 땅과 똥이 유사한 것은 이런 전설에서 유래하였다. 싸놓은 데에서 Chalotte란 지명이 나왔고, 여럿의 똥산에서 군산이란 지명이 나왔다.

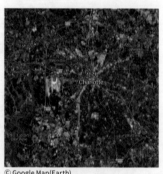
© Google Map(Earth)

별칭 沃溝에서 沃은 '기름진 땅', 溝는 '도랑'이므로, 거인이 싸놓은 똥은 기름진 땅이 되고, 오줌은 도랑이 된 것이다.

11. 광주(光州)

광주에서 光은 '영광'이므로 영광스런 병사들의 도시라고 해야 맞을 것이다. 별칭 武珍에서 武는 '병사', 珍은 '소중히 여기다'이므로 합하면 영광스런 병사들의 소중함이 된다. 그림에서 군화를 신은 병사들의 다리들이 보인

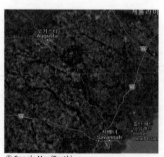
© Google Map(Earth)

다. 무장의 상징 Augustus Caesar를 따서 Augusta라고 불렀다.
아래 조선왕조실록을 보면 1905년까지도 광주 군수는 임명되었다.

고종실록 41권, 고종 38년 3월 14일 양력 2번째 기사 1901년

… 호남에는 광주군수(光州郡守) 권재윤을 … 윤허하였다.

고종실록 45권, 고종 42년 6월 12일 양력 1번째 기사 1905년

… 광주군수(光州郡守) 이용선을 … 임용하고 ….

12. 통영반도(統營半島)

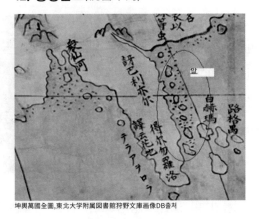

坤輿萬國全圖,東北大学附属図書館狩野文庫画像DB출처

조선 시대 통영반도는 현재 플로리다반도를 말하며, 고대에는 탐라국(耽羅國)이 있었다. 탐라에서 耽은 '축 늘어지다', 羅는 '벌이다'이므로 합하면 (알을 낳고) 축 늘어진 벌을 말한다. 또한, 곤여만국전도에는 득이물라락으로 기록되어 있는데, 得은 '알다', 爾는 '뿐', 勿은 '말다', 羅는 '벌이다', 洛은 '다하다'이므로 합하면 알을 푼 말벌 모양의 땅이다. 그래서 말벌의 땅이란 뜻으로 별칭 말레이반도라고도 한다. 즉 동남아 말레이반도는 통영반도의 역사가 이식된 것이다.

이 말벌의 알들은 해수위가 낮아짐에 따라, 서로 이어져서 길게 뻗은 한산도라고 명명된다. 탐라국은 탁라, 제주도와는 전혀 다른 곳이다.

13. 나주(羅州)와 나주해 제도

조선 지명 나주는 경내의 보화도, 비금도를 비정함으로써 마이애미와 동일 지명임을 밝힌다.

13-1. 보화도(寶花島)

아래 실록 기록에 따라 나주 경내의 보화도를 찾아야 하는데, 보화도에서 寶는 '보배로 여기다', 花는 '비녀'이므로, 이으면 보배 비녀 모양의 섬이다. 좌표는 마이애미(25.811, -80.160)에 있다.

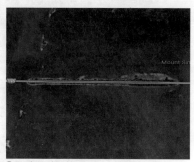
© Google Map(Earth)

선조실록 98권, 선조 31년 3월 18일 계묘 4번째 기사 1598년
… 우리 주사(舟師)는 멀리 나주(羅州) 경내의 보화도(寶花島)에 있으므로 ….

13-2. 비금도(飛禽島)

1851년 철종 2년에 나주 비금도에서 프랑스 포경선 나발호의 난파 사건이 일어나 20명의 선원을 비금도 주민들이 구조하고 보호하고 있었다. 이에 프랑스 대표는 조선 정부에 감사를 표하고, 나주 목사 이정현

© Google Map(Earth)

과 샴페인 만찬을 했으며, 조선 정부는 이들의 프랑스 송환을 위해 2척의 배를 제공하였다.

비금도에서 飛는 '떨어지다', 禽은 '새'이므로, 이으면 떨어진 새 모양의 섬이 된다. 좌표는 플로리다 마이애미비치(25.810, -80.130)에 있다.

13-3. 거제도(巨濟島)

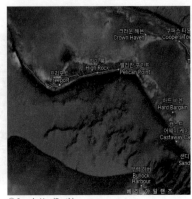
© Google Map(Earth)

거제도에서 巨는 '곱자(ㄱ 모양의 자)', 濟은 '나루'이므로, 이으면 곱자 모양의 나루를 가진 섬이다. 좌표는 이스트 그랑 바하마(26.692, -77.968)인데, 좌측에 플로리다 반도, 우측에 바하마의 아바코섬이 있다. 신증동국여지승람에는 거제가 경상도로 편제되어 있으나 지리적으로 전라도에 속하는 것이 맞다.

임진란 때는 거제도가 조선과 일본의 수군이 맞붙은 전장이었는데 통영반도와 거제도 사이의 견내량에서 한산도 대첩이 있었고, 또 그 앞바다에서 옥포 해전, 칠천량 해전이 벌어졌다.

13-4. 대마도(對馬島)

대마도에서 對는 '짝을 짓다', 馬는 '말'이므로, 이으면 짝을 짓는 말 모양의 섬이다. 바하마 섬의 지상화를 보면, 앞말과 교미하고 있는 뒷말이 보이므로 대마도란 지명에 합당하다.

순조실록을 보면, 대마도는 남북이 350리(164.5km)로 기록되어 있는데 바하마섬은 정확히 일치하나, 현 대마도는 68.4km밖에 안 되어 자격 미달이다. 따라서 실록은 정확히 바하마를 대마도로 지목하고 있다.

또 곤여만국전도에는 바하마는 백하마(白赫瑪)로 나오는데 白은 '아뢰

다', 赫은 '꾸짖다', 瑪은 '옥말'을 뜻하므로 이으면 애꾸 말(애꾸눈은 샌
안드로스 공항 부근)이다. 바하마(Bahamas)는 우리말로 밭에 있는 물
이란 뜻이고, 그만큼 섬 주위의 물이 얕다는 말이다.

© Google Map(Earth)

13-5. 제주도(齊州島)

제주도에서 齊는 '상복 아랫단
하다(衰衣下縫)'는 뜻이고, 州
는 '섬 모래톱'이므로, 상복 아
랫단처럼 듬성듬성 바느질한
모습과 섬의 모래벌판을 나타
내주는 섬을 말한다. 이는 바
하마의 아바코섬을 말하고 좌
표는 (26.434, -77.122)이다.

© Google Map(Earth)

14. 정약전의 유배와 문순득의 표해시말

14-1. 고금도(古今島)

© Google Map(Earth)

고금도에서 古는 '오래되다', 今은 '곧'이므로, 합하면 올곧은 벼 모양의 섬이다. 좌표는 플로리다(29.358, -81.080)에 있다. 그림에서는 쌀알이 든 벼가 숙이지 않고 일직선으로 곧게 있는 모습이다. 1862년 이명윤(1804년~1863년)이 진주민란 주동 죄로 고금도에 억울하게 유배된 사실이 있다.

14-2. 신지도(新智島)

© Google Map(Earth)

신지도는 고금도와 같이 강진의 경내에 속한 섬이다.

薪智島는 오류이고, 新智島가 맞는 한자인데, 新은 '새', 智는 '알다'이므로, 새알을 뜻한다. 좌표는 플로리다 플라글러 비치(29.500, -81.142)에 있다.

정약전은 1801년 신유박해로 인해 신지도로 유배되었고 다시 우이도, 흑산도로 유배지를 옮겼으며 유배 생활 중 1806년 표해시말을, 1814년에 자산어보를 집필하였다.

14-3. 강진(康津)

康은 '풍년이 들다', 津은 '나루'이
므로, 이으면 풍년이 들어 벼가
영근 모습의 나루가 된다. 즉 고
금도와 신지도처럼 알곡이 영근
모습을 가진 섬을 가지고 있으므
로 강진이라 이름한 것이다.

남북 거리를 잰다면, 노량해협에

© Google Map(Earth)

서 St. 존스카운티까지 77킬로나 되는, 마탄사스강(Matanzas River)
우측의 긴 땅이 강진이다.

14-4. 우이도(牛耳島)

우이도는 표해시말의 주인공 문
순득의 고향이다. 그가 1801년
에 멕시코만의 바다를 표류하다
가 우이도, 태도, 유구국, 여송,
오문, 중국 북경, 한양, 무안 다경
포, 우이도로 돌아오는 여정에 겪
은 것들을 정약전이 표해시말이
란 책으로 엮은 것이다.

© Google Map(Earth)

우이도의 좌상에는 검의 모양이 있는데, 이 때문에 소흑산도로 불리는
것인데 대흑산도(8.5km)에 비해 약간 짧은 7.3km의 길이를 가졌다.

14-5. 흑산도(黑山島)

정약전은 신지도, 우이도, 흑산도로 유배되었다가 최종적으로는 1816

년 우이도에서 사망하였다. 흑산도에서 黑은 '검다'이므로, 검의 모습

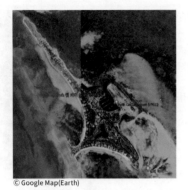
© Google Map(Earth)

을 한 섬이다. 별칭 玆山에서 玆는 '검다'이므로, 흑산과 같은 섬이다. 현재 흑산도는 건케이섬, 노스캣 케이섬, 롱아일랜드케이섬으로 구성되어 있는데 좌표는 (25.552, -79.279)이다.

또 1791년 흑산도 주민 김이수가 정조대왕과 격쟁하여 주민들의 종이 공납을 폐지한 기록이 있다.

14-6. 태도(笞島)

© Google Map(Earth)

태도에서 笞는 '볼기를 치다'이므로, 일종의 형벌로서 볼기를 치는 형국의 섬이다. 문순득은 태도에서 홍어를 잡아서 우이도로 가려다 풍랑을 만나 긴 표류 생활이 시작되었다. 좌표는 (25.421, -79.206)에 있다.

15. 부해기(浮海記)로 본 전라도 지명들

정약용의 차남 정학유(1786년~1855년)가 지은 운포유고(耘逋遺稿)에는 부해기(浮海記)가 기록되어 있다. 그가 1809년 2월 3일 강진을 출발하여 2월 12일 밤에 흑산도에 도착한다. 그리고 큰아버지 정약전을 만나 흑산도를 기행하고 난 후, 3월 24일 강진에 돌아오는 여정을 적은 기행 일기가 부해기이다.

흑산도는 나주 바다 가운데 있으니 큰 바다를 천 리(470km)나 건너야 한다고 쓰여 있으니, 현재의 강진-흑산도 간 거리는 162km이므로 현재의 지리 지식으로는 이 기행문이 잘못되었다고 탓할 수밖에 없다.

15-1. 정약용의 유배지 강진에서 출발

정학유는 아버지의 유배지인 강진, 현재 플로리다 오먼드 Bythe-sea(29.373,-81.081)에서 말을 타고 80리 거리의 도씨포로 가서 배를 탄다. 도씨포에서 북으로 80리(37.6km) 거리를 역산하니 고금도의 북쪽 끝에 해당하는 정약용이

© Google Map(Earth)

유배되었던 강진 땅의 좌표가 나온 것이다.

강진의 서측에는 Matanzas River(핼리팩스강)가 흐르는데, '馬 탄 者'란 우리말을, 말을 타고 이동한 정학유와 함께, 이토록 놀랍게도 나는 만나게 된다.

15-2. 도씨포(桃氏浦)

桃氏浦에서 桃는 '복숭아', 氏는 '씨'이므로, 이으면 복숭아씨 모양의 포가 된다. 좌표는 플로리다 인라잇 테라스(29.077,-80.926)에 있다. 그림 중앙에 아몬드 모양의 포구가 보인다. 또 이 포구는 1598년 노량해전 중 이순신 장군이 전사

© Google Map(Earth)

한 곳이고 맞은편 관음포에는 일본 수군이 주둔해 있었다. 다시는 전쟁이 일어나지 않도록 목숨을 다해 일본 침략군을 척살한 이순신 장군의 유적지까지 왜곡되어 있으니, 참으로 후손으로서 면목이 없다. 바로 남쪽에 있는 바다가 부러진 활화살이란 뜻의 노량해협이다.

오호라 성웅 이순신이시여!

억조 삼한인의 찬사를 받으소서!

15-3. 정개도(鼎蓋島)

© Google Map(Earth)

정개도에서 鼎은 '솥', 蓋는 '뚜껑'이므로, 합하면 솥뚜껑 모양의 섬이다. 좌표는 플로리다 캐너버럴 곶(28.471, -80.562)에 있다.

15-4. 목포보(木浦堡)

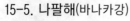
© Google Map(Earth)

목포보는 만호동에 있던 수군 진영이 있는 곳이다. 좌표는 플로리다(28.411, -80.590)에 있다. 정학유는 이곳을 통해 내해인 나팔해로 들어선다.

15-5. 나팔해(바나카강)

© Google Map(Earth)

부해기에는 "뱃사람은 위쪽이 좁고 아래쪽이 넓어서 그 모양이 나팔과 같기 때문에 나팔해라고 불렀다."라고 기록되어 있다.

15-6. 고하도(高霞島)

고하도에서 高는 '크다', 霞는 '새우'이므로, 큰 새우 모양의 섬이다. 좌표는 Merritt Is-land(28.518, -80.674)에 있다. 나팔해에 들어선 정학유의 배가 역풍으로 고하도에 안착한다.

© Google Map(Earth)

이 고하도에는 지금은 사라진 충무공 유적비가 있다고 기록되어 있다. 충무공 이순신이 목숨을 걸고 지킨 나라가 300년 후에 통째로 없어지고, 공이 지킨 역사마저 기억하는 이가 없다고 한다면, 얼마나 공이 애통한 표정을 지을지 눈에 선하다.

15-7. 교거해(攪車海)

물의 형세가 감돌아 나가는 것이 마치 목면 씨를 빼내는 박면교거(剝棉攪車)와 같기 때문에 교거해 또는 씨앗해라고 불리었다.

© Google Map(Earth)

15-8. 압해도(押海島)

압해도에서 押은 '잡아 가두다', 海는 '바다'이므로, 손가락으로 잡아 가둔 바다 모양의 섬이다. 좌표는 Palm Beach Gardens(26.842, -80.062)에 있다. 그림에 집게손가락이 보인다.

© Google Map(Earth)

15-9. 팔금도(八琴島)

팔현도에서 八은 '여덟', 琴은 '거문고'이므로, 팔현금 모양의 섬을 말한다. 좌표는 플로리다 팜비치(26.731, -80.038)에 있다.

© Google Map(Earth)

15-10. 비금도(飛禽島)

그림은 앞선 비금도와 같다. 이 섬에는 큰 염전이 있어, 나주의 다른 여러 섬이 모두 소금을 공급해 주기만을 바란다고 한다.

15-11. 군산보(羣山堡)

© Google Map(Earth)

비금도와 관청도 사이에 있다.

15-12. 관청도(觀靑島)

© Google Map(Earth)

관청도에서 觀은 '점치다', 靑은 '대껍질'이므로 산가지 대나무 통 모양의 섬을 말한다. 좌표는 플로리다 마이애미(25.760, -80.140)에 있다. 관청도는 큰 바다가 열리는 입구에 있다.

15-13. 송도(松島)

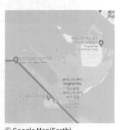
© Google Map(Earth)

송도에서 松은 '더벅머리'를 뜻하므로, 더벅머리 모양의 섬을 말한다. 좌표는 플로리다 Virginia Key(25.744, -80.154)에 있다.

15-14. 교맥도(蕎麥島)

교맥도에서 蕎는 '대극(大戟)', 麥은 '매미'이므로, 합하면 대극에 메달린 매미의 모습을 한 땅이다.

그림의 서편에 대극 줄기에 매달린 매미를 볼 수 있다. 당시 정학유도 이 섬을 메밀섬이라 한 것을 보면, 교맥의 뜻을 잘 몰랐던 것 같다. 좌표는 (25.592, -79.308)에 있다.

© Google Map(Earth)

15-15. 영산도(影山島)

영산도에서 影은 '형상(形象)'의 뜻이므로, 어떤 형상이 그려진 땅의 섬이다. 현재 이름 없는 섬이고 좌표는 (25.591, -79.307)에 있다.

섬의 동편에는 4인의 얼굴 측면상이 보인다. 흑산도와는 5리 거리에 있다.

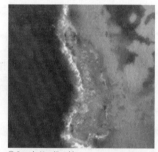

© Google Map(Earth)

15-16. 가가도(可佳島)

가가도에 대해서는 방문하지 않고 기술만 하였다. 가가도에서 可는 '낫다', 佳는 '크다'이므로 큰 낫(반월형) 모습을 한 섬을 말한다. 좌표는 (23.959, -80.436)에 있고 기록과 같이 흑산도로부터 서남 방향으로 212km 거리에 있다.

© Google Map(Earth)

15-17. 흑산도의 나사동(螺螄洞)

© Google Map(Earth)

서긍은 고려도경에서 "흑산은 ... 앞쪽에 작은 봉우리가 있는데 마치 동굴 같이 가운데가 비어 있다."라고 기술하였다. 과연 그림 중앙에 비어있는 나사동 동굴이 보인다.

16. 노량해전(露梁海戰)에서 본 지명

노량해전은 1598년 정유재란이 끝날 즈음 일본군의 퇴로를 막고 미래의 침략 의지를 말살하기 위해, 이순신이 목숨을 바쳐 싸운 마지막 전투였다. 비록 고니시 유키나와가 도망을 갔지만, 일본군은 절대로 잊지 못할 공포를 가슴에 새겼을 것이다.

16-1. 노량해협

© Google Map(Earth)

노량해협에서 露는 '부서지다', 梁은 '활 모양'이므로, 합하면 부서진 활살(화살)이 된다. 그림에서 그러한 모양이 있다.

16-2. 도씨포

노량해협의 북서쪽에 있으며 이순신 장군이 전사한 곳으로도 알려져 있다. 앞서 설명되고 있다.

16-3. 관음포(觀音浦)

관음포에서 觀은 '누각(樓閣)', 흡은 '소리'이 므로, 합하면 누각과 소 모양이 있는 포이다. 그림에는 벽과 문이 없고 기둥이 하나 있는 누각과 소가 보인다.

© Google Map(Earth)

당시 관음포는 일본 수군이, 도씨포는 조선 수군이, 칠천도에는 명 수군이 신을 치고 있었다. 좌표는 플로리다 볼루시아 카운티(29.069, -80.913)에 있다.

16-4. 칠천도(七川島)

칠천도에서 七은 '일곱', 川은 '평원(平原)'이 므로 합하면 7각형의 평원을 가진 섬을 말한다. 좌표는 플로리다 뉴스미르나 비치 (29.061, -80.927)에 있다.

노량해전 당시 명 수군이 진을 치고, 조선 수군을 지원하고 있었다.

© Google Map(Earth)

16-5. 순천 왜성

순천 왜성은 현재 New Smyrna에 있다. 순천 왜성에 있던 고니시 유키나가는 노량해전의 틈을 타서 인디언강을 따라서 남으로 퇴각하였다. 좌표는 플로리다 뉴스미르나 비치 (29.030, -80.929)에 있다.

© Google Map(Earth)

E. 황해도

1. 해주(海州)

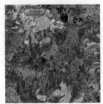
© Google Map(Earth)

해주는 현지명 마따모로스이다. 별칭 首陽에서 首는 '칼자루', 陽은 '양각하다'이므로 양각이 새겨진 칼자루가 된다. 그림 중앙부에 양각된 칼자루가 희미하게 보인다.

2. 황주(黃州)

황주는 현지명 샌안토니오이다. 황주에서 黃은 '노래지다'이므로, 노래미의 모습을 가진 땅(좌측 그림)이다. 별칭 天德에서 天은 '남편', 德은 '나다(生)'이므로 남편의 생명이란 뜻이고, 이것이 나오는 고환의 모습을 가진 땅(우측 그림)인데 샌안토니오에 있다.

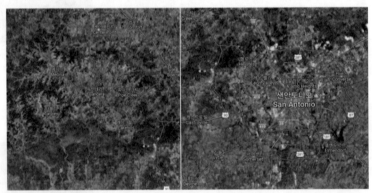
© Google Map(Earth)

고종실록 44권, 고종 41년 12월 6일 양력 3번째 기사 1904년
윤성보에게 황해도 순회 판사를 겸임시켜 황주에 파견하다

알라모 전투를 포함한 텍사스 독립전쟁은 1835년 10월 2일부터 1836년 4월 21일까지 텍사스인과 멕시코의 전쟁으로, 결과적으로 텍사스

공화국이 탄생한다. 실록에는 1836년은 헌종 재위기이며 황주에서의 전투에 대한 언급이 없다. 또 위 실록을 보면 1904년 고종은 황주에 윤성보를 파견한바, 황주 및 황해도에 통치권을 유지하고 있으므로 조선땅에서의 텍사스 독립전쟁은 허구일 수밖에 없다.

3. 옹진(甕津)

甕津에서 甕은 '질그릇'이므로 질그릇 모양의 나루터가 된다. 별칭 甕遷에서 甕은 '질그릇'이고, 遷은 '바꾸다'이므로 질그릇 밖의 땅이란 뜻이다. 좌표는 텍사스 코퍼스 크리스티 (27.774, -97.415)에 있다.

© Google Map(Earth)

F. 강원도

1. 강릉(江陵)

세종실록에는 강릉의 속현(屬縣)이 둘이니, 연곡현(連谷縣) 즉 옛 양곡현(陽谷縣)과 우계현(羽溪縣)이 있다고 기록되어 있다. 양곡현과 우계현을 특정하면 강릉의 위치가 정해지게 되는데, 그래서 밝혀진 곳이 오늘날의 뉴욕이다.

> 고종실록 11권, 고종 11년 10월 27일 병신 2번째 기사 1874년
> … 강원도 암행어사 유석을 소견(召見)하였다. … 강릉부사(江陵府使) 윤종의, 회양부사 이경식, 전전부 김직선, 간성전군수 민종수… 등은 포장하여 승서하였다.

위 실록 기록과 같이 1874년에도 조선 정부가 강릉(뉴욕)부사에 대해 포장하였다고 명시되어 있으므로 당시 미국의 조선땅에서의 통치 기록

은 허구이다.

1-1. 우계현(羽溪縣)

© Google Map(Earth)

우계현에서 羽는 '이마가 우묵하다', 溪는 '송장 메뚜기'이므로, 이으면 이마가 우묵한 송장 메뚜기가 된다. 좌표는 뉴욕 브룩헤이븐(40.813, -73.080)에 있다.

1-2. 양곡현(陽谷縣)

© Google Map(Earth)

양곡현에서 陽은 '남성의 성기', 谷은 '골'이므로 남성기 모양의 고을 현이다. 또 별칭으로 육지와 잇닿아 있다고 해서 연곡현(連谷縣)이라고 했다.

반면에 지명청소를 한 미국은 머리를 덮은, 남자 모자 모양의 땅이라고 해서 맨해튼(Manhat-ten)으로 이름한 것이다. 이러한데도 매매 계약에 반대하던 맨해튼의 추장이 술에 취해서 토지 매매 계약을 해버렸기 때문에 술주정뱅이란 뜻인 Manhatten이라고 불렀다니, 부질없는 은폐가 아닐 수 없다.

2. 삼척(三陟)

삼척은 현지명으로 필라델피아이다. 고려 시대 목조 이안사가 전주 별감을 피해서 전주(아틀랜타)에서 이주를 한 곳이 삼척이다. 삼척에서 三은 '여러 번', 陟은 '중첩(重疊)한 산'이므로, 이으면 여러 번 중첩한 모양의 땅이다.

그림에서 태백산이 중첩된 듯한 요철 지상화를 보인다. 좌표는 펜실베이니아 필라델피아(39.930, -75.210)이다.

강이 오십 번을 꼬불꼬불 흐른다고 오십천이라고 불렀는데 이것이 오늘날 Schuylkill River인데, 학교 가는 길처럼 꼬불꼬불하다고 해서 그렇게 불렀다.

© Google Map(Earth)

정조실록 35권, 정조 16년 9월15일 신해 5번째 기사 1792년

평해와 울진, 삼척의 흉작이 심해 세를 감하다.

정조실록 37권, 정조 17년 5월24일 을묘 2번째 기사 1793년

… 영월·평창·정선·울진·평해·원주·횡성·홍천·강릉·삼척의 기민이 총 7,509명이었는데, 감영과 고을에서 스스로 곡식 5,713석과 돈 812냥을 준비해서 구휼하였다 ….

정조실록 50권, 정조 22년 11월 26일 을유 4번째 기사 1798년

강원도관찰사 홍인호가 아뢰기를 … 삼척의 경우는, 진상하는 물선(物膳)을 상납할 때 퇴짜맞은 것을 다시 마련할 자본을 만들기 위하여 더 거두는 폐단이 없지 않으므로 현 부사 유한준이 부임한 뒤 줄여버렸으며, 이 외에 … 혁파하였습니다 ….

정조실록 53권, 정조 24년 3월 29일 신사 2번째 기사 1800년

삼척과 간성에 화재가 나 수백 호가 연소되었는데, 평해군수 권준을 명하여 실정을 살펴보고 위로하도록 하였다.

위 정조실록에는 삼척에서의 통치 행위가 기록되어 있는데, 미국의 독립전쟁(1775년 4월 19일 ~ 1783년 9월 3일) 이후 1800년까지 삼척이 미국의 통치 지역이자 수도라니 가당치 않다.

3. 간성(杆城)

杆城에서 杆은 '방패'로서, 워싱턴 D.C. 서편의 방패섬으로 인해 간성이라 하는데 현지명은 워싱턴 D.C.이다.

간성에는 蓬壺里가 있는데 蓬은 '뜸', 壺는 '술병'이므로, 이으면 물에 떠

있는 술병이 되는데, 방패섬을 달리 본 것이다. 방패섬은 이스트 포토맥섬으로서 좌표는 워싱턴 D.C.(38.878, -77.032)에 있다.

© Google Map(Earth)

정조실록 31권, 정조 14년 12월 25일 신미 3번째 기사 1790년

… 강릉현감 이집두가 … 정기적으로 봉진하는 인삼 55냥쭝 내에서 30냥쭝까지는 간성(杆城)에서 인삼을 공급하는 관례 ….

정조실록 34권, 정조 16년 4월 24일 임술 1번째 기사 1792년

… 간성(杆城)의 민가 1백 61호, 양양(襄陽)의 민가 54호, 고성(高城)의 민가 28호가 실화(失火)로 불에 탔다. … 세를 모두 1년간 감면하라 명하고 ….

정조실록 53권, 정조 24년 3월 29일 신사 2번째 기사 1800년

삼척(三陟)과 간성(杆城)에 화재가 나 수백 호가 연소되었는데, 평해군수 권준을 명하여 실정을 살펴보고 위로하도록 하였다.

정조실록 54권, 정조 24년 4월 7일 기축 1번째 기사 1800년

… 강원도 삼척(三陟)·간성(杆城) 등지의 암행어사 권준이 장계 ….

정조실록 54권, 정조 24년 4월 16일 무술 1번째 기사 1800년

삼척(三陟)·간성(杆城)등 고을에 암행 겸 위유 어사(暗行兼慰諭御史)로 나갔던 권준이 복명하였다.

순조실록 6권, 순조 4년 3월 12일 신축 4번째 기사 1804년

강원 감사 신헌조가 삼척 등에서 불이 났다고 보고하다. 교리 홍석주를 위유 어사로 차임하다.

순조실록 19권, 순조 16년 1월 1일 신사 1번째 기사 1816년

강원감사 남이익이 장계를 올리기를, "지난달 10일과 11일의 바람과 눈으로 양양·간성(杆城)·강릉(江陵)·삼척(三陟)·울진등 다섯 고을의 공사(公私) 선척(船隻) 중 파괴·손상·유실된 것이 2백 54척이었고, 민가(民家)도 많이 유실 파괴되었으며 …." 하니, 별도로 휼전을 베풀라고 명하였다.

헌종실록 7권, 헌종 6년 8월 17일 갑술 1번째 기사 1840년

간성군(杆城郡)의 물에 빠져 죽은 사람에게 휼전(恤典)을 내렸다.

헌종실록 9권, 헌종 8년 8월 13일 기축 1번째 기사 1842년

강원도 암행어사 이우를 희정당에서 소견하였다. 간성군수(杆城郡守) 정귀용· 평창군수 이관하·원주판관 김진화·김화현감 홍준모 양양부사 임서상·전 강릉부사 유영하 … 등을 차등 있게 죄 주었으니 ….

헌종실록 14권, 헌종 13년 3월 11일 경인 1번째 기사 1847년

간성군(杆城郡)의 불탄 집에 휼전(恤典)을 내렸다.

철종실록 6권, 철종 5년 8월 9일 을사 2번째 기사 1854년

강원도 암행어사 강난형을 소견(召見)하였으니, 강릉부사 송단화(宋端和)·정선군수(旌善郡守) 이직(李溭)·간성군수(杆城郡守) 이노재(李魯宰) … 등을 죄 주고 ….

철종실록 9권, 철종 8년 11월 28일 을사 1번째 기사 1857년

… 간성(杆城)의 전군수 이용학, 통천군수 오치기 … 등은 죄주고, 삼척부사 조병문은 포장(襃獎)하여 승서(陞敍)하였다.

철종실록 12권, 철종 11년 윤3월 17일 신해 2번째 기사 1860년

… 간성군(杆城郡)의 소호(燒戶) 4백 86호가 발생했음을 아뢰니, … 위유(慰諭)하게 하였다.

고종실록 4권, 고종 4년 9월 13일 계해 2번째 기사 1867년

양양(襄陽)과 간성(杆城) 등 고을의 표호(漂戶)·퇴호(頹戶)와 압사당한 사람에게 휼전(恤典)을 베풀었다.

고종실록 5권, 고종 5년 10월 21일 갑자 1번째 기사 1868년

… 간성군수(杆城郡守) 이인정(李寅正) … 등에게는 모두 표창으로 승서(陞敍)하였다.

고종실록 11권, 고종 11년 10월 27일 병신 2번째 기사 1874년

… 간성전군수 민종수 … 등은 포장하여 승서하였다.

고종실록 15권, 고종 15년 4월 30일 기유 1번째 기사 1878년

간성(杆城), 양양(襄陽), 삼척(三陟) 등 고을의 소호(燒戶)에 휼전(恤典)을 베풀었다.

고종실록 28권, 고종 28년 1월 28일 계사 2번째 기사 1891년

간성군(杆城郡)의 수재를 당해 죽은 사람들에게 휼전(恤典)을 베풀었다.

고종실록 28권, 고종 28년 6월 23일 을묘 2번째 기사 1891년

… 고성군수(高城郡守)로서 간성군수(杆城郡守)를 겸임한 박제보(朴齊普) … 의 죄상을 유사(有司)로 하여금 품처(稟處)하게 하소서 ….

고종실록 33권, 고종 32년 5월 26일 병신 1번째 기사 1895년

조령을 내리기를 … 강릉부(江陵府): 강릉군, 울진군, 평해군, 삼척군(三陟郡), 고성군, 간성군(杆城郡), 통천군, 흡곡군, 양양군 ….

고종실록 34권, 고종 33년 12월 15일 양력 2번째 기사 1896년

법부대신 조병식이 아뢰기를 … 간성군수 서상대는 건봉사(乾鳳寺) 승도(僧徒)들의
소장(訴狀)에 의거하여 조사할 일이 있으며 ….

고종실록 35권, 고종 34년 1월 9일 양력 3번째 기사 1897년

법부(法部)에서, "고등 재판소가 심리한 탐장죄인(貪贓罪人) 서상대는 간성군수(杆
城郡守)로 있을 때 해군(該郡)의 건봉사 중들을 강제로 붙잡아 와서 엽전(葉錢)
8,500냥(兩)을 빼앗았으니 조율(照律)하는 교형(絞刑)에 해당됩니다."라고 아뢰니
"… 한 등급을 감하라." 하였다.

위 실록 기록을 보면 1800년부터 1897년까지 간성이 미국의 수도 역
할을 했다는 것은 허구임이 분명하다. 그렇다면 이제 우리는 미국의 역
사를 부인하든지, 조선왕조실록을 부인하든지 양단간 결정을 해야만
한다.

4. 횡성(橫城)

© Google Map(Earth)

횡성은 현재 리치먼드(Richmond)이다.
횡성에서 橫은 '가로지르다'이므로, 가
로지르는 징검돌이 많은 땅이다.

별칭 花田에서 花는 '얽힌 자국'이고
田은 '밭'이므로 천연두 자국의 얽힌
모양의 땅을 말한다. 별칭 潢川에서
潢은 '웅덩이'이므로 갑자기 깊어지는

웅덩이가 많은 땅이란 뜻이다. 이러한 횡성의 설명이 리치먼드에 부합함
을 알려면, 리치먼드를 관통하는 제임스강의 바닥을 보면 알 수 있다.

리치먼드는 미국의 남북전쟁 중 남부 연합의 수도였다. 그러나 남북전
쟁 기간인 1861년 4월 12일 ~ 1865년 5월 9일 사이에 실록 기록에는
횡성에서의 전쟁에 관한 내용이 전혀 없다.

강원감사(江原監司)가, "횡성현감 송항진은 송사(訟事)를 뇌물에 따라 이기게 하기
도 하고 지게 하기도 하였고, 값을 내는 데 따라 향임(鄉任) 자리를 좌우하였습니다.
먼저 파출하고 그 죄상을 유사(攸司)로 하여금 품처하게 하소서."라고 아뢰니 ….

5. 평창(平昌)

평창에서 平은 '나누다', 昌은 '기쁨'이
므로, 이으면 나눔의 기쁨이다. 좌표는
펜실베이니아(40.029, -77.057)에 있다.
별칭 魯山에서 魯는 '재빠르지 못하고
둔하다'이므로 무거운 짐으로 둔한 짐
꾼의 모습을 표현하고 있다.

© Google Map(Earth)

평창은 게티즈버그로 이식되었으나 철종실록에는 전투에 대한 기록이
없으므로 조선땅에서의 게티스버그 전투는 허구로 생각될 수밖에 없다.

6. 홍천(洪川)

홍천은 1910년에 볼티모어로 이식된다.
홍천에서 洪은 '넓다', 川은 '깊숙하게
팬 곳'이므로 넓고 깊히 팬 곳 즉 여성
기 모양의 땅을 말한다. 좌표는 메릴랜
드 볼티모어(39.271, -76.608)에 있다.
별칭 화양이라고도 했는데 華는 '들쭉

© Google Map(Earth)

날쭉한 모양', 陽은 '남성'이므로 여성기와 남성기가 보이는 땅이다. 별
칭 南川이라고도 했는데 南은 '나무(南無)', 川은 '깊숙하게 팬 곳'이므로
이으면 남성기와 여성기 모양의 땅이다. 즉 홍천과 화양과 남천은 같은

곳을 지목하는데 그곳이 볼티모어이다.

7. 춘천(春川)

© Google Map(Earth)

춘천에서 春은 '봄', 川은 '들판'이므로, 합하면 봄의 들판이다. 별칭이 소머리 땅이므로 소머리 뿔을 새싹으로 본다면 춘천이 될 것이다.

또 춘천은 평산 신씨의 시조 신숭겸의 묘소가 있고, 그는 고려조와 조선조에서 충(忠)의 상징으로 평가받았다. 평산 신씨 가계는 전통적으로 무반들을 많이 배출한 무인 가문이지만, 신사임당, 신위 등 유명한 문장가들과 예술가들도 배출했다. 그리하여 춘천을 신씨네티(Cincinnati)라고 한다. 나의 조모 영향으로 어릴 적 주위에 평산 신씨 친척들이 많아 어느 정도의 영향은 받았다.

8. 원주(原州)

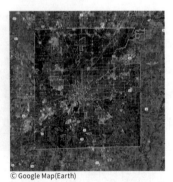
© Google Map(Earth)

원주에서 原은 '원래', 州는 '도시'이므로, 이으면 원주민의 도시, 즉 인디애나 폴리스이다. 별칭 成安에서 成은 '사방 10리의 땅', 安은 '속으로'이므로, 이으면 사방 10리(한 변 9.4km 정방형)가 속으로 들어오는 땅이 된다. 인디애나 폴리스는 한 변이 32km 되는 정방형의 도시이다.

9. 원산(元山)

원산에서 元은 '두목', 山은 '땅'이므로 이으면 두목 땅, 즉 보스톤(Boston)이다. 또 원산은 호도반도(虎島半島)와 갈마반도(葛麻半島) 사이에 있다고 기록되어 있으므로, 두 반도의 위치를 찾으면 원산을 비정할 수 있다. 그 결과 원산으로 보스턴을 지목하였다.

9-1 갈마반도(葛麻半島)

원산의 남동쪽에 있는 반도이다. 갈마반도에서 葛은 '갈포(葛布)', 麻는 '상복(喪服)'이므로, 이으면 갈포로 만든 상복을 입은 상제를 말한다.

© Google Map(Earth)

9-2 호도반도(虎島半島)

섬이자 반도인 것을 도반도라 하는데, 호도반도란 호랑이가 포효하는 모습의 도반도를 말한다. 좌표는 Gloucester(42.641, -70.651)에 있다.

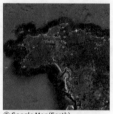

© Google Map(Earth)

10. 금강산(金剛山)

남미에 신라의 금강산이 있듯이, 북미에는 조선의 금강산이 있다. 뜻은 둘 다 같은데, 金은 '입 다물다', 剛은 '陽'이므로, 입 다물고 빨고 있는 남성 성기 모습을 가지는 땅이다. 좌표는 노스캐롤라이나주(35.931, -82.238)에 있

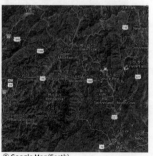

© Google Map(Earth)

다. 그림에서 동측 상, 서측 하에 두 개의 남성기가 있다. Appalachia 산은 금강산을 달리 표현한 우리말인데, 해석하면 아(남성을) 빨았짜산이 된다.

11. 양양(襄陽)

© Google Map(Earth)

양양에서 襄은 '옮기다', 陽은 '빛'이므로 옮겨 다니는 빛이 있는 땅, 즉 반딧불이 빛의 도시(Pittsburgh)를 말한다.

빛의 버그(Pittsburgh)는 지금도 대학가와 주거 지역의 공기는 매우 맑아 환경 지표 곤충인 반딧불이가 떼지어 출몰하는 것을 볼 수 있다.

피츠버그의 유래가 제16대, 제18대 영국 총리였던 윌리엄 피트라는 설은 허구이고, 반딧불이 빛에서 유래한 것이다. 별칭 翼縣에서 翼은 '날개'이므로, 반딧불이의 날개 모습의 땅을 말한다.

12. 영월(寧越)

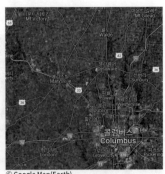
© Google Map(Earth)

영월에서 寧은 '차라리', 越은 '넘치다'이므로, 찰알(사과)이 넘치는 고장이 된다. 별칭 柰生에서 柰는 '능금나무', 生은 '기르다'이므로, 능금나무가 길러진 모습의 땅이다.

역사적으로 1457년 단종이 영월에서 사사되자 단종을 보필하던 추익

한은 따라 목숨을 끊었는데, 이런 이유로 이곳을 충의의 고장으로 본다. 좌표는 오하이오 콜럼버스(40.083, -83.066)에 있다.

13. 통천(通川)

호수와 호수를 통하게 하는 강을 통천이라 한다. 통천은 현재 클리블랜드로서 휴런호와 온타리오호를 잇는다. 별칭 金壤에서 金은 '쇠', 壤은 '벌레의 이름'이므로, 합하면 쇠 벌레, 쇠똥구리를 말한다.

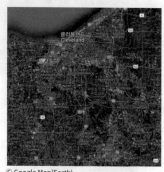
© Google Map(Earth)

클리블랜드 클리프스사는 새뮤얼 리빙스톤 매터가 통천에 세웠다고 하며, 철원 인근이므로 철원석 광산을 직접 운영하고 채굴하고 있다.

14. 철원(鐵原)

철원은 철이 생산되는 지역이란 뜻이다. 별칭 陸틈에서 陸은 '어긋나다', 틈은 '훌륭한 말'이므로, 어긋난 훌륭한 말들이 된다. 좌표는 미시간 디트로이트(42.420, -83.084)에 있다.

그림에서 서측 말의 앞발이 크게 올라서 있는 모습이고 동측 말은 누워

© Google Map(Earth)

서 머리가 밟히고 있는 모양이다. Detroit는 프랑스어로 해협을 뜻한다는 설도 있으나, 여기서는 두 마리의 트로이목마가 있는 터라고 하여 디트로이트(Detroit)라고 하였다.

15. 거문도(巨文島)

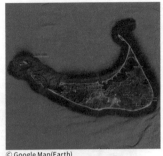

© Google Map(Earth)

거문도에서 巨는 '곱자 모양', 文은 '꾸미다'이므로, 곱자 꾸미개 모양의 섬이 된다. 좌표는 매사추세츠주(41.297, -70.121)에 있다. 역사적으로 1885년 영국의 거문도 점령 사건으로 유명한 곳이다.

16. 여순(旅順)

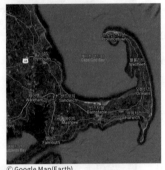

© Google Map(Earth)

여순에서 旅는 '나그네', 順은 '바르다'이므로 합하면 나그네 발 모양의 땅이다. 1905년 아일 전쟁 때 일본은 여순에서 아라사에 승리하였다. 당시 일본은 해씨판 일본(스페인)이 배제된, 해자판 일본의 히스파니올라섬 정부로서 아메리카합중국에 종속된

괴뢰정부였다. 좌표는 West Barnstable(41.704, -70.261)에 있다.

G. 함경도

1. 의주(宜州)

목조 이안사가 전주에서 산성별감(山城別監)과 다툼이 생겨 삼척으로 도망가게 된다. 이 산성별감이 새로 삼척의 안렴사로 임명되어오므로 이를 피하고자 동북면(東北面) 의주에 다시 도망가 살았다.

의주에서 宜의 뜻은 '과연(果然)'이며 이는 과연(夥然)과 통하므로, 이에 과실이 주렁주렁 열린 모양의 땅을 말한다. 또 별칭 德源에서 德은 '나다(生)', 源은 '근원지'이므로 생명의 근원지 즉 태반 모습의 땅을 말한다.

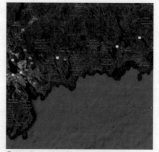

© Google Map(Earth)

2. 화령(和寧)

화령은 목조 이안사 일족이 도착한 곳이며, 이성계가 태어난 고향이다. 화령에서 和는 '합하다', 寧은 '차라리'이므로, 합한 상태에서 찰알같이 붙어있는 모습이다.

© Google Map(Earth)

별칭 쌍성에서 雙은 '짝짓기하다'이므로 우측의 남자 성기 부분이 쌍성이다. 별칭 영흥(永興)에서 永은 '오래다', 興은 '성공하다'이므로 오래도록 섹스에 성공한 모양의 땅이 된다. 좌표는 뉴브런즈윅 밍스턴(46.106, -64.877)에 있다.

3. 함흥(咸興)

태종에게 화난 태조가 함흥에 방문한 신하들을 모두 죽였다는 함흥차사 이야기가 유명하다. 咸興에서 咸은 '씹다', 興은 '시작하다'이므로, 이으면 성관계를 시작하는 모습이란 뜻이다. 좌표는 온타리오 오타와(45.443, -75.692)

© Google Map(Earth)

에 있다. 그림에는 동편에 여자가 성관계를 시작하려고 하고 있고, 서편에는 다른 남자가 쳐다보고 있는 지상화이다.

4. 길주(吉州)

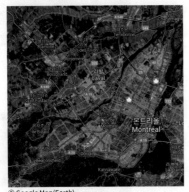
© Google Map(Earth)

길주에서 吉은 '혼인(婚姻)'의 뜻이므로, 혼인한 모양의 땅이다. 별칭 雄城은 길주 중 북측(수컷섬)에 지어진 성을 말함이다.

또 별칭 海洋은 호수의 섬이라는 것을 말해준다. 좌표는 몬트리올 (45.506, -73.626)에 있다. 혼인한 잉꼬새(암컷은 남쪽, 숫컷은 북측)가

보인다.

5. 경성(鏡城)

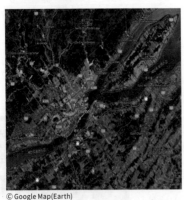
© Google Map(Earth)

경성은 현지명으로 퀘벡이다. 경성에서 鏡은 '거울'이므로, 우측상의 Orleans섬과 거울이미지로 존재한다고 하여 경성이라 불렀다. 또한 Orleans섬을 실상으로, 경성 땅을 허상(거울상)으로 보아, 깨비 또는 퀘벡이라 이름 지었다.

또 별칭 雉城은 雉의 뜻이 '목매다'이므로, 목맨 것같이 갑자기 좁아진 강폭에서 유래하였다. 좌표는 퀘벡(46.794, -71.279)에 있다.

6. 경흥(慶興)

경흥에서 慶은 '하례하다', 興은 '기뻐하다'이므로 왕에게 하례하고 기뻐하는 모양의 땅이다. 좌표는 온타리오 토론토(43.810, -79.384)에 있다. 그림에서 서편에 왕이 있고 동편에 하례자가 있다. 별칭 匡城에서 匡은 '앉은뱅이 왕'이므

© Google Map(Earth)

로, 그림의 서편에 앉은뱅이 왕의 모습이 보이는 왕성이다. 별칭 禮城에서 서로 맞절하는 모습이므로 그 지명이 유래하였다. 별칭 孔城에서 절하는 예는 공자의 덕이므로 그 지명이 유래하였다.

H. 평안도

평안도는 바다와 접해있지 않아 바다와 관련된 지명은 보이지 않는다. 현재의 한반도 평안도와 다른 것이다.

1. 평양(平壤)

평양에서 平은 '고르다', 壤은 '흙덩이'이므로, 이으면 흙덩이를 고르게 하는 짚 삼태기의 모습이다. 삼태기란 곡식이나 거름흙들을 퍼담는 기구로서 짚으로 만든다.

또 별칭으로 箕城, 柳京이라 하는

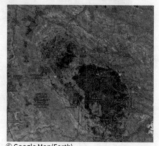

© Google Map(Earth)

데 箕와 柳란 한자를 사용하여 삼태기와 닮은 고리버들로 만든 버들키 모습의 땅임을 알려주고자 한 것이다. 좌표는 현재 사우스다코타

(44.1815, -103.844)에 있다.

2. 가도(椵島)

© Google Map(Earth)

가도에서 椵는 '틀가락'이므로 물건을 메는 데 쓰는 긴 막대기 모양의 섬을 말한다. 가도는 현재 미시간주 슈피리어호수 (48.008, -88.847)에 있다.

조선의 영토로 후김국과의 국경선에 있는 섬이었으나 1622년 광해군 때 후김국을 견제할 목적으로 명국 모문룡 군대가 가도에 주둔하도록 허용한 것이다.

3. 의주(義州)

© Google Map(Earth)

의주에서 義는 '맺다'이므로 새 알을 줄로 맺는 모양의 땅을 말한다. 현재 와이오밍 빅호른 카운티(44.280, -108.174)에 있다. 또 별칭인 抱州에서 抱는 '품다'란 뜻이므로, 그림 아래편에 보이는 한 마리의 새가 위에 있는 알을 품고 있는 모습에서 유래하였다. 김국의 회령은 새부리 지역에 있는데 다른 쪽에서 논하였다.

4. 귀성(龜城)

귀성에서 龜는 '거북이'이므로, 거북이 모양의 땅이다. 좌표는 노스다코타 프리본(47.878, -98.580)에 있다. 그림에서 앞발 두 개와 머리가 보인다.

고려의 귀주대첩이 일어났던 곳이다.

© Google Map(Earth)

5. 안주(安州)

안주에서 安은 '기쁘다'란 뜻이므로, 기쁨을 주는 성기 모양의 고을이란 뜻이다. 별칭 彭原에서 彭은 '부풀어 오르다'이므로 발기하는 모양의 벌판을 말한다.

별칭 息城에서 息은 '군더더기 살'이므

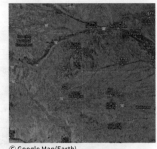
© Google Map(Earth)

로 남성기 옆의 군더더기 살 모양의 땅을 말한다. 별칭 密城에서 密은 '은밀하다'이므로 은밀한 성기 모양의 땅이다.

6. 위화도(威化島) 주변의 강과 섬

위화도의 주위에는 난자강(蘭子江), 압록강, 서강, 적강이 있다. 적강(狄江)에서 狄은 '북방 오랑캐'이므로 북방 오랑캐 땅에서 기시하는 강이다.

6-1. 압록강과 '물굽이(灣)'고을

1832년 김경선이 저술한 연원직지(燕轅直指) 압록강기에는 "강은 북쪽에서 서쪽으로 또 남쪽으로 고을 삼면을 안고 흘러 비로소 바다로 들어가는데 마치 당긴 활과 같다. 이 때문에 고을 이름을 '물굽이(灣)'

라고 한 것이다."라고 기술되어 있다. 이 고을의 좌표는 와이오밍 빅호른카운티(44.461, -108.211)에 있다. 그림의 노란색 줄은 강의 흐름이 기록과 같음을 보여주고 있다. 빨간 점은 위화도이다.

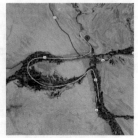
© Google Map(Earth)

6-2. 위화도(威化島)

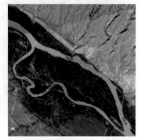
© Google Map(Earth)

위화도의 둘레가 70~80리라는 실록의 기록은 나를 당황하게 한다. 둘레 37.6km는 강기슭의 섬으로는 나오기 힘든 크기이기 때문이다. 그렇다고 실록의 기록을 무시할 수도 없는데 일단 7~8리의 오기라고 생각하고 따로 검증하기로 하였다. 위화도에서 威는 '형벌(刑罰)', 化는 '가르치다'이므로, 꿰면 형벌로 쓰는 칼 모양의 땅임을 알 수 있다.

또 고려 시대에는 대마도(大麻島)로, 용비어천가에서는 울헤섬이라고 한 것을 보면, 위화도는 다음의 세 가지 조건을 만족하는 섬일 것이다. 1) 형벌에 쓰이는 칼 모양이어야 한다. 2) 대마를 피우는 곰방대 모양을 해야 한다. 3) 국경선의 일부를 담당하는, 열을 지어 형성되어 있는 연안 사주 모양의 섬이어야 한다.

이에 따라서 특정된 위화도는 와이오밍(44.567, -108.095)에 있다.

이성계는 1388년 음력 5월 22일에 위화도에서 개경으로 회군하였다.

회군의 이유 중 개경이 왜의 침입을 받을 수 있다고 한 내용이 있는데 그렇다면 개경은 왜와 가까운 해안 인근 지역이어야 한다. 현재 휴스턴은 남해, 즉 멕시코만에 인접하여 남해 왜구들의 침입을 걱정할 만한 땅이며, 휴스턴의 후는 왕을 의미하므로 개경을 휴스턴으로 비정하는 것이 현명할 것이다.

6-3. 어적도(於赤島)

어적도에서 於는 '까마귀', 赤은 '베다'이므로, 합하면 까마귀 머리를 벤 모양의 섬이다. 이 섬의 좌표는 와이오밍(44.447, -108.039)에 있다.

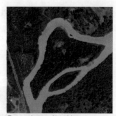

© Google Map(Earth)

6-4. 탄자도(灘子島)

灘은 '바닥나다', 子는 '열매'이므로 합하면 밭의 열매, 귀리를 말한다. 좌표는 와이오밍(44.499, -108.049)에 있다.

© Google Map(Earth)

6-5. 검동도(黔同島, 今音同島)

黔同島에서 黔은 '검다', 同은 '한 가지'이므로, 합하면 검 중 한 가지가 된다. 좌표는 와이오밍(44.466, -108.049)에 있다.

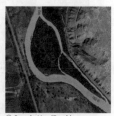

© Google Map(Earth)

7. 흥화진(興化鎭)

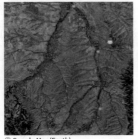

© Google Map(Earth)

흥화진에서 興은 '혹시', 化는 '달라지다'이므로, 합하면 혹이 달린 모양의 땅이다. 좌표는 몬태나 와이올라(45.432, -107.526)에 있다.

서경인 평양과는 226km 거리에 있고, 강동 6주(흥화진, 용주, 철주, 통주, 곽주, 귀주)의 동쪽 끝인 귀주까지는 753km 거리에 있다.

8. 함종(咸從)

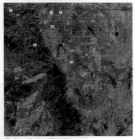

© Google Map(Earth)

함종은 현지명으로 덴버이다. 함종에서 咸은 '씹다', 從은 '좇다'이므로, 합하면 여성기와 남성기 모양을 가진 땅이다. 그림을 보면 남서 측에 남성기 모양이 있고 덴버 지역에 분명하지는 않지만, 여성기 모양이 있다.

9. 마산(馬山)

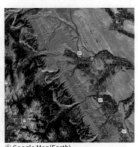

© Google Map(Earth)

태조실록에는 1394년부터 압록강가의 馬山이 기록되어 있고, 이는 마산포와 구별되어야 한다.

馬山에서 馬는 '벼슬 이름'이므로, 닭 볏 모양의 땅을 말한다. 좌표는 와이오밍(43.082, -108.838)에 있다. 그림의 닭 머리 윗부분이 마산의 영역이다.

태조실록 5권, 태조 3년 5월 20일 무오 2번째 기사 1394년

··· 홍무27년 2월 초7일에 마군(馬軍) 10여 명이 압록강가의 마산(馬山)아래에 이르므로 ···.

중종실록 98권, 중종 37년 6월 16일 을미 3번째 기사 1542년

평안도 관찰사 민제인의 서장(書狀)에 말하기를, ··· 압록강 건너편 변경에 와서 사는 중국 사람들이 ··· 평소 출입하는 곳은 마산(馬山) 이하에서 인산(麟山) 난자도(蘭子島), 서강(西江) 위화도(威化島) 등은 말할 것도 없거니와 ···.

다. 북미 막부의 지명

A. 명국의 지명

명국의 지명은 청국의 지명이 되기도 한다. 여기서는 명국에서만 기술되거나 양국에서 모두 기술되면 명국으로, 청국에서만 기술되면 청국으로 하였다.

1. 장안(長安)

장안은 삼한인의 소도지역으로 현재 지명으로는 L.A.이다. 고려 시대에는 고려 영역에 속하였으나 명청기에는 성도(聖都)로 불렸다.

장안에서 長은 '어른', 安은 '기쁨'이므로, 이으면 어른의 기쁨 즉 아기 모양이 있는 땅이다.

© Google Map(Earth)

장안은 동평양으로서 현 동북아의 서평양, 조선의 평양과 같이 평양의 특징인 삼태기 모양의 땅을 가지고 있다. 그러나 장안의 의미가 어른의 기쁨이므로 삼태기가 포대기가 되고, 그 안에 아기가 있어야 하나, 뚜렷이 확인되지 않는다.

임진란 시 사직의 분조가 이곳에 도착했을 수 있으나, 일단 선조는 조선의 평양에 이어 인근의 의주까지 무사히 피난한 것으로 보인다.

2. 각리불이(角利弗爾)반도

坤輿萬國全圖,東北大学附属図書館狩野文庫画像DB출처

곤여만국전도 상 캘리포니아반도가 角利弗爾라고 적혀 있는바, 角은 '뿔', 利는 '날래다', 弗은 '빠른 모양', 爾는 '같이'이므로, 이를 합하면 뿔날바깥이다. 이는 현 캘리포니아반도의 지상화와 같이 짐승 뿔의 바깥쪽 뿔날 모양의 땅을 말한다.

그러나 캘리포니아란 지명 유래는 남미의 구다천에서 나와 현지명으로 이식된 것이며, 각리불이와는 상관이 없다.

3. 중국의 남경(南京)

© Google Map(Earth)

남경은 현재 비야에르모사이며, 황궁은 문이 18개이므로 'Palacio Municipal'로 불렸다.

명 태조 홍무제는 남경을 수도로 하여 건국하였다. 이후 영락제가 수도를 자신의 정치적 기반이었던 북경(현지명 샌프란시스코)으로 옮겼다.

이곳에서 청국의 태평천국운동(1850년~1864년)이 최종 진압되었고, 많은 청국인이 학살된 슬픈 곳이다.

4. 백가충(白家冲)

명국의 백가충성을 1618년 후김국이
함락시킨다.

백가충에서 白은 '백발', 家는 '여자',
冲는 '어리다'이므로, 이으면 백발의 여
자 얼굴이 된다. 현재 몬태나 커스티
카운티(45.999, -105.171)에 있다.

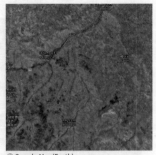
© Google Map(Earth)

5. 살이호(薩爾滸)

1619년 명국은 살이호(샤르후)에서 명
국군 88,000, 조선군 15,000, 예허군
2,000 등 10만 대군으로 후김국군을 상
대하였으나 처절히 패배하였고, 이 전투
이후 후김국으로 판세는 기울었다.

살이호에서 薩는 '보살', 爾은 '뿐', 滸

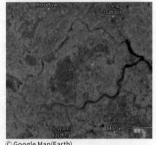
© Google Map(Earth)

은 '물가'이므로, 이으면 보살 모양뿐인 물가로 서스캐처원(51.007,
-107.398)에 있다.

B. 청국(후김국)의 지명

Donde Voy는 Tish Hinojosa가 1989년에 발표한 애절한 발라드
노래다. 청국인이 옛 청국에 가는데 도망자처럼 미국 이민국에 쫓
기는 신세를 한탄하는 내용이다. 청국인이 청국인으로 불리지 못하
고, 멕시카인으로 불리는 현실도 한탄하는 듯하다. 슬프다! 사람들
이여, 정말로 청국의 위치를 모른단 말인가?

대한제국은 그나마 같은 대한을 쓰는 대한민국으로 맥이 이어졌으

© Google Map(Earth)

나, 대청제국은 완전히 멸망하고, 중화민국이 세워졌으니, 지구 상에 대청제국을 이을 나라가 없고, 진실된 역사로 기억되지도 않으니, 그 사직의 한이 얼마나 크겠는가. 비록 우리가 멸망을 기원했던 적국이었던 때가 있었더라도, 오늘에 그 지명을 복원하여 그 한을 달래고자 한다.

1. 북경(北京)

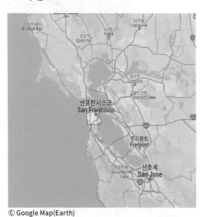

© Google Map(Earth)

북경의 별칭으로는 開都, 開羅, 카이로가 있으며, 오늘날 샌프란시스코이다. 개도에서 開는 '열리다, 말하다'이므로 합하면 입술이 열려 혀로 말하는 모양의 도시를 말한다. 좁혀 말하면, 아랫입술에 있는 도시를 개도, 개라, 카이로로 부른다. 이 개도의 역사가 현재의 동북아시아 베이징에 이식된 것이다.

청국은 1644년 만주족이 중원을 차지하면서 북경을 수도로 삼았다. 북경은 원나라 때부터 수도로 사용되었던 도시였다.

1-1. 자금성(紫禁城)

© Google Map(Earth)

그림 좌하부터 반시계 방향으로 선화당-근정전-건청궁-함원전-경회루-봉래전-중화전 순서로 지금도 번듯하게 존재하고 있다.

1-1-1. 황궁(皇宮)

근정전은 샌프란시스코 시청 건물로, 청나라 황실 문양이 있으므로, 구질구질한 설명들은 무시하고, 한마디로 황궁이 분명하다. 즉 건물 외벽에는 청나라 황실의 상징인 용과 구름 문양이 장식되어 있고, 내부에는 청나라 황실의 문서 보관소인 봉황각이 있다. 현관의 문 위에는 청나라 황실의 문장인 정전문(正殿文)이 새겨져 있다.
또 건청궁은 현재 샌프란시스코 공립도서관으로 쓰이고 있고, 함원전은 현재 UN 플라자로 쓰이고 있다.

1-1-2. 침전(寢殿)

중화전은 현재 샌프란시스코 Arts Commission으로, 선화당은 War Memorial Opera House로 쓰이고 있다.

1-1-3. 봉래전(蓬萊殿)

봉래전은 외정전 중 하나이다.

사팔오봉은 사팔산의 5개의 봉우리를 말하는데 이중 불로초와 영약
이 있는 전설적인 이상향, 봉래봉에 있다고 상상하여 봉래전이라고
한다. 또 사팔오봉 중 하나에 있다고 하여 사팔오궁이라고도 한다.
현재는 샌프란시스코 Asian Art Musium으로 사용되고 있다.

1-1-4. 경회루(慶會樓)

경회루는 외정전 중 하나이다. 아랍어로 구르네는 정원이란 뜻인데
경회루를 아랍풍으로 엘구르나(El Gurna)로 표현한 것이다. 현재 샌
프란시스코 연방정부 건물로 사용 중이다.

2. 심양(瀋陽)

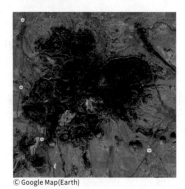
© Google Map(Earth)

1616년 김(金)누르하치가 후김국을
세우고 1621년 심양에 천도한다.
심양에서 瀋은 '즙을 내다', 陽은 '남
성'이므로, 이으면 즙을 내는 남성,
즉 남성기의 사정 장면을 묘사한 지
상화이다. 현재 몬태나 필립스 카운
티(47.958, -108.582)에 있으며 무순

과 308km 거리에 있다.

3. 무순(撫順)

무순에서 撫는 '어루만지다', 順은 '아름다운 눈'이므로, 이으면 어른의
아름다운 눈이다. 이 그림의 입 부분은 조선의 평양이다. 현재 몬태나
리치랜드 카운티(47.937, -104.354)에 있다.
누르하치는 1618년 명국의 무순을 함락시킨다. 누르하치의 뒤를 이은

청 태종은 12만 병력으로 1636년 음력 12월 2일 심양, 무순을 출발하여 병자호란을 도발한다.

무순과 인조가 있던 남경 세인트루이스까지 직선거리는 1,514km인데, 12일 만인 12월 14일에 세인트루이스에 도달하여 인조의 강화도행을 차단하는데, 이는 일당 126km 행군 속도를 달성한 것인데 수상 침략이 아니면 설명될 수 없다.

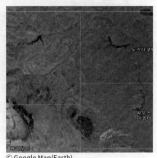
© Google Map(Earth)

당시에 청국은 명국을 정벌하기 위하여 온갖 방법을 동원하였는데, 무순의 해상 전략상 이점을 이용하여, 미주리–미시시피–멕시코만으로 이어지는 해상 작전의 일환으로서 미주리강변 Van Hook Arm에서 수군을 양성하고

© Google Map(Earth)

있었으며, 이렇게 양성된 수군의 첫 시험대가 병자호란이었던 것이다.

정묘호란에서 인조의 강화도행은 이미 확인되었기에, 청 태종은 청국 수군으로써 반드시 인조의 강화도행을 저지해야만 승리할 수 있다는 것을 잘 알고 있었다.

12일간 1,514km를 돌파하려면 시간당 5.26km를 주파해야 하는데, 미시시피강의 유속은 시간당 4~6.4km이고 그 상류인 미주리강은 이보다 조금 빠를 것이므로 충분히 가능한 작전이었다.

4. 마카오(澳門)

© Google Map(Earth)

오문에서 澳는 '후미', 門은 '문'이므로 이으면 후미진 문 모양의 땅이다.

현재 좌표는 멕시코 타마울리파스(24.371, -97.841)에 있다.

조선의 영토 해주와 청의 영토 마카오는 100km 떨어져 있는데 이 사이에 청국-조선의 국경선이 있었다.

5. 상해(上海)

© Google Map(Earth)

上海에서 上은 '오르다', 海는 '바다'이므로, 이으면 오르바다이다. 바다를 '물이 건너질 수 있는 얕은 곳'을 뜻하는 Ford로 바꾸면 Orford가 된다. 좌표는 오리건주 Port Orford(42.749, -124.500)에 있다.

··· 광동성 상해로부터 미국까지 ··· 거리는 수로로 각각 4만 리인데, 육로는 모두 통하지 않습니다 ···.

실록으로 검증하면, 오르포드에서 미국의 로드아일랜드주(상루이스)까지의 거리는 41,900리로 확인되었다.

6. 향항(香港)

향항에서 좁은 '향'이므로 향영양의 모습을 가지는 항구로 볼 수 있다. 향항(홍콩)의 좌표는 뉴펀들랜드 래브라도 호프데일 (55.446, -60.246)에 있다. 그림에는 큰 향영양의 모습이 보인다.

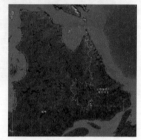

© Google Map(Earth)

실록에 따라 해삼위와 홍콩의 관계를 정리하였다. 실록의 러시아는 아라사로 번역해야 옳다.

··· 요즘 영국(英國)과 러시아(俄國)가 아프가니스탄(阿富汗) 경계 문제로 분쟁이 일어나게 되어 러시아 군함이 블라디보스톡(海蔘威)에 집결되자 영국 사람들은 그들이 남쪽으로 내려와서 홍콩(香港)을 침략할까 봐 동양 함대(東洋艦隊)를 파견하여 3월 초하루에 거문도를 검거한 다음 포대를 쌓고 그들이 오는 길을 막았다 ···.

7. 구룡반도(九龍半島)

구룡반도에서 九는 '합하다', 龍은 '용'이므로 (양쪽 반도가) 합해져 용 모양이 만들어지는 반도를 말한다. 좌표는 뉴펀들랜드 래브라도 인윗 란즈(54.094, -58.622)에 있다.

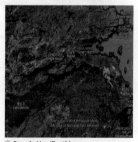

© Google Map(Earth)

2차 청영 전쟁 후 영국이 할양받은 곳이다. 그림에서 반으로 쪼개진 용의 모양이 보인다.

8. 하관(下關)

© Google Map(Earth)

하관을 일본말로 시모노세끼라고 한다. 하관에서 下는 '손대다', 關은 '빗장'이므로, 손 빗장 모양의 땅을 말한다. 좌표는 베라크루스주 할라파 (19.532, -96.923)에 있다. 그림에서 양 손가락을 깍지 낀 모양이 보인다.

하관은 1895년 시모노세끼 조약이 체결된 곳이다.

9. 청국의 중경(重慶)

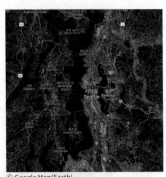
© Google Map(Earth)

중경(重慶)은 현재 시애틀이다. 重慶에서 重은 '아이를 배다', 慶은 '경사'이므로 임신의 경사란 뜻이다. 이것은 시애틀의 지상화를 잘 설명하는 말이다.

10. 청국의 중경(中京)

중경은 현재 멕시코시티인데 좌표는 (19.435, -99.141)에 있다. 황궁은 Palacio de Bellas Artes이다.

11. 관동(關東) 지방

1910년 조선이 멸망하면서 미국은 조선 동부를, 일본은 조선 서부를 병합 통치하였는데 인접한 청국의 관동 지방에는 일본 관동군이 무단으로 주둔하였다.

11-1. 동경(東京)

청국의 관동 지방에서 가장 큰 도
시는 동경, 즉 솔트레이크시티이다.
황궁은 템플스퀘어인데 1853년부
터 1893년 사이에 지어졌다고 하
는데 그 시기는 청나라 집권기이므
로 청국인에 의해 완성된 것이다.
지금도 이곳의 한인들은 솔트레이

크시티를 동경으로 부른다고 한다.

© Google Map(Earth)

11-2. 무창(武昌)

무창에서 武는 '병장기', 昌은 '어
지럽히다'이므로 합하면 (뾰쪽
한) 병장기들이 어지러이 있는 모
양이 된다. 좌표는 유타(37.228,-
112.916)에 있다.

1911년 10월 10일, 무창에서 신
해혁명이 일어날 때 손문은 콜로

© Google Map(Earth)

라도 덴버, 옛 조선땅에서 이를 바라보았다.

11-3. 철령(鐵嶺)

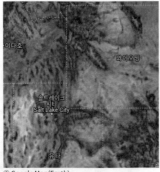
© Google Map(Earth)

철륵은 쇠 굴레라고 해서 이곳에 있었던 나라를 이르는 말이고 이 쇠뿔 사이를 철령(42.021,-111.047)이라고 하였으며, 철령 동쪽을 관동이라 하고 여기에는 와이오밍주, 콜로라도주, 앨버커키주, 유타주가 포함된다.

철령 서쪽을 관서라고 하고 청국의 도시들이 있으며, 그 북쪽을 관북이라 하고 몬태나주가 포함된다. 콜로라도에서 color는 스페인어로 관문이란 뜻이고, ado는 우도를 나타내어 남미 콜롬비아의 관동 지방을 가리키는데, 북미에 그대로 이식되면서 현재의 콜로라도가 되었다.

12. 하얼빈(哈爾濱)

© Google Map(Earth)

哈爾濱에서 哈은 '물고기 많은 모양', 爾는 '같이'이므로, 이으면 물고기 같은 해변이다. 그림을 보면 넙치의 옆면을 상상해 볼 수 있는 지상화가 있다. 한자를 바꾸어 合爾濱으로 본다면, 合은 '지구와 달이 합해지는 월식', 爾는 '같이'이므로, 월식과 같은 초승달 모양의 해변을 말한다. 그래서 별칭 Crescent City라고 불렀던 것이다.

1909년에 연길-북경간 철도선이 깔려 있었는데, 중간역인 하얼빈역에서 이등박문이 아라사 대표와 회동하려다가 안중근에게 암살당한 것이다. 하얼빈은 1909년 당시 북경(샌프란시스코)으로부터 북쪽 460km 거리에 있는 청나라 영토였다.

13. 대련(大連)

대련은 현재 애슐랜드이다. ash의 뜻 은 물푸레나무로 그림에서 그 나무의 모양을 가지고 있다.

또 大는 '많다', 連은 '잇닿아 있다'이므 로, 많은 섬이 잇닿아 있는 모양의 땅을 말하기도 한다. 그래서 같은 땅을 다르

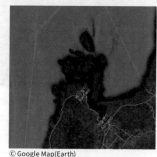
© Google Map(Earth)

게 표현한 것이므로 대련은 Ashland와 동일하다고 비정하는 것이다.

14. 고헐도(庫頁島)

고헐도는 별칭 사할린섬으로 불렸으나 현재의 사할린은 아니다.

庫頁島에서 庫는 '곳간', 頁은 '머리'이므 로, 합하면 곳간에 (칼에 찍혀있는) 소머 리 모양의 섬이 된다. 좌표는 뉴펀들랜 드섬(48.660, -56.132)에 있다.

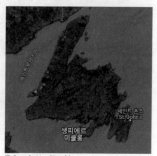
© Google Map(Earth)

15. 요동반도(遼東半島)

원래 발해 영토였다가 요국이 차지한 적이 있으며, 근세기에는 북방이 발흥지였던 청나라에 속하여 있었다. 고려 귀주의 좌표는 (47.870, -98.588)에 있는데, 遼國의 동쪽이면 귀주의 동쪽일 것이므로, 슈피리 어호에 있는 코퍼하버에서 바라가까지의 반도를 요동반도로 비정하는

것이 어렵지 않다.

© Google Map(Earth)

1858년 영국은 청나라와의 천진 조약을 통해 요동반도의 일부를 조차하였으며, 이곳에 코퍼하버(47.425, -87.923)를 건설했다. 1895년 시모노세끼 조약을 통해 일본이 요동반도를 할양받았으나, 아라사, 독일, 프랑스 삼국간섭에 의해 청국에 반환되었다.

현 중국의 요동반도에는 여순이 포함되어 있지만, 나는 포함되지 않아야 맞다고 생각한다.

16. 연길(延吉)

© Google Map(Earth)

연길은 현재 밴쿠버(Vancouver)이다. 연길에서 延은 '면류관(冕旒冠) 덮개', 吉은 '좋다'이므로, 여성기의 음순과 남성기 모양의 땅을 말한다. 이때 여성기를 남성기 귀두에 씌워진 면류관 모자로 본 것이다.

밴쿠버 주변의 지상화를 살펴보면, 밴쿠버섬은 남성기로, Orcas섬은 orgasm후 사정액으로, Vancouver의 van은 vulva(여성기)로 보고, couver은 대소음순으로 상상하여 명명한 것이다. 과거에 연길을 국자가(局子街)로 표현한 것은 그림의 단면 모양을 局 글자로 보았기 때문이다.

라. 15~16세기 이후 멕시코만-카리브해 해자판 일본 막부

초록빛 바다(박경종 작사, 이계석 작곡)는 지금 불러보아도 감동을 주는 동요이다. 여기서 노래하는 초록빛 바다는 초록 산호초가 충만한, 조선 남해의 멕시코만일 것이기 때문이다.

초록빛 바닷물에 두 손을 담그면
초록빛 바닷물에 두 손을 담그면
파란 하늘빛 물이 들지요
어여쁜 초록빛 손이 되지요.
초록빛 여울물에 두 발을 담그면
물결이 살랑 어루만져요.
물결이 살랑 어루만져요.

15~16세기 이후부터 1898년 미서전쟁까지 초록빛 바다에 떠있는 해자판 일본은 해씨판 일본에 속해 있었다. 그러나 미서전쟁 이후부터 해자판 일본은 분리 독립한다.

1. 괌

괌의 본래 이름은 Mayaguana이고, 줄여서 Guan 또는 Guam이라 한다. Mayaguana는 마야의 화폐로서 마야금을 말한 것이며 명도전과 같은 모양이다. 좌표는 바하마 Mayaguana(22.39, -72.93)에 있다.

© Google Map(Earth)

마야 유적지에서도 명도전이 발견되었다고 하니, 이것이 이른바 마야금이다.

2. 대만(臺灣)섬과 제도

대만섬은 정조실록 27권에 중국의 남쪽 끝 바다에 있다고 하므로 방위상 네덜란드가 아닌 푸에르토리코섬을 말하는 것이 틀림없다. 푸에르토리코섬에는 1662년 명의 망명정부인 정씨 왕국이 있었다가, 1683년 청의 복건성에 편입되었다가, 1895년 청일전쟁 후 일본제국의 영토였다가, 1898년 미국-스페인(일본) 전쟁 후 미국에 할양되었다.

그렇다면 일본 제국에서 스페인으로, 대만이 할양된 기록이 있어야 하나 그것이 없으니, 미서전쟁 이전에는 일본 제국과 스페인은 동일한 국가였음을 알 수 있다. 즉 미서전쟁 전에 스페인은 유럽, 멕시코만-카리브해, 남미를 포함하는 거대한 신일본 제국이었지만, 미서전쟁 후에는 멕시코만-카리브해의 일본 제국과 유럽에서의 스페인으로 구분되었고, 스페인의 남미 식민지는 붕괴된 것으로 보인다.

2-1. 팽호제도(澎湖諸島)

© Google Map(Earth)

팽호제도에서 澎은 '부풀어 오르다', 湖는 '호수'이므로, 부풀어 오른 호수 모양을 말한다. 즉 카리브해를, 섬들로 이어진 호수로 보았고, 푸에르토리코섬 이하에서 동쪽 경계가 부풀려져 있다는 의미에서 팽호제도라고 한 것이다. 실록에서 아란타는 스페인(일본)에 속하

였다고 한 것은 네덜란드를 지목하는 것이고, 아란타는 후에 중국의 판
도에 속하여 대만이라 불렸다는 것은 카리브해의 팽호제도, 즉 제2의
아란타를 지목하는 것이다.

臺灣에서 臺은 '어른', 灣은 '물굽이'이므로, 이으면 어른의 물굽이, 즉
어른이 사정할 때의 물굽이를 말하는 것이다. 따라서 대만제도는 제2
의 아란타, 제2의 프리지안 제도로서 남성기 모양의 푸에르토리코섬,
여성기 모양의 상하 버진섬 그리고 사정액을 뜻하는 앵귈라섬에서 그
레나다섬까지의 모습으로 특징지어진 것이다.

3. 이오지마섬(硫黃島)

청일전쟁 후 신일본 제국이
대만을 할양받으면서 이오지
마섬도 제국의 영토가 된다.
미서전쟁 후 대만(푸에르토리
코섬)은 미국 영토가 되나,
이오지마섬, 즉 비에케스섬
은 일본 제국의 영토로 남아
있었다.

© Google Map(Earth)

비에케스섬(Vieques섬)은 화산섬으로, 섬의 표면이 대부분 유황의 축
적물로 뒤덮여 있어 별칭 유황도라고 한다. 좌표는 Vieques(18.121,
-65.443)에 있다.

4. 하와이제도

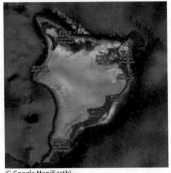

© Google Map(Earth)

역사 왜곡 전에는 하와이제도로 불렸는데 크룩트섬, 아클린트섬, 이나구아섬 등이 속하는 제도이다. 좌표는 바하마 아클린스(22.629, -74.016)에 있다.

별칭 포와(布哇)에서 布는 '씨를 뿌리다', 哇는 '토하다'이므로, 이으면 씨들을 토하는 모습의 땅이다. 그림에서 씨(섬)들을 토하는 모습이 보인다. 또 별칭 단향산(檀香山)에서 檀은 '단향나무', 香은 '입 맞추다'이므로, 단향나무 두 그루가 입 맞추는 모습의 땅을 말하는데, 두 그루란 크룩트섬과 아클린트 섬이다. 실록에도 단향산을 하와이에 속하는 섬이라고 하였다.

4-1. 오아후(Oahu)섬

© Google Map(Earth)

오아후섬(와우섬)은 크룩트 아일랜드 앤드 롱 케이(Crooked Island and Long Cay)로도 불린다. 원래 정확한 이름은 와우혼섬인데 와우는 달팽이이며 혼(horn)은 뿔이므로 합하면 달팽이 뿔이 된다.

호른(Horn)이란 악기는 달팽이 뿔 모양의 금관악기를 말하는데 섬 모양이 호른을 닮았다. 좌표는 크룩트 아일랜드 앤드 롱 케이(22.727, -74.210)에 있다.

4-1-1. 호놀루루(Honolulu)

호놀루루는 護之港口를 뜻한다. 좌표
는 바하마 랜드레일 포인트 세틀먼트
(22.804, -74.339)에 있다.

© Google Map(Earth)

4-2. 아클린스섬

오아후섬 맞은편 섬이며, 하와이제도를 이루는 주요 섬 중 하나이다.

4-3. 그레이트 이나구아섬(Great Inagua Island)

inagua는 사람의 입(人口)을 뜻하고 그
모양의 섬인데 그레이크 이나구아섬,
리틀 이나구아섬, 웨이크섬 3개로 이루
어져 있다.
그레이트 이나구아섬은 별칭 바다의
진주로 불리는 것은 진주조개 모양으
로 보았기 때문이다.

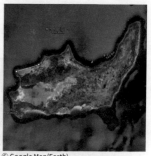

© Google Map(Earth)

4-3-1. 진주만

그레이트 이구아나섬의 서북쪽에 있는 12km 거리의 만을 말한다.
1887년 남미의 아메리카합중국이 진주만에서 선박 수리 및 석탄 공
급소를 유지 보수할 이용권을 취득하였다. 좌표는 이구아나섬 서북
측(21.123, -73.615)에 있다.

4-4. 웨이크(Wake)섬

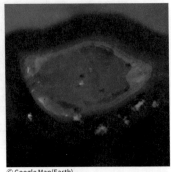
© Google Map(Earth)

웨이크섬은 별칭 태평양의 눈인데 현재 이나구아(ㅅㅁ)섬이다. 관점에 따라 눈으로 보기도, 입으로 보기도 한 것이다. 그러나 미크로네시아의 웨이크섬은 입이나 눈알같이 보이지는 않는다. 변변한 섬의 땅이 없어 섬 주변의 얕은 물결이 흔들리는 모습을 보고 Wake섬이라고 하였다.

또 원주민들이 부르는 Pilug섬은 우리말로 피조개라고 해석할 수도 있다. 좌표는 Inagua섬(21.688, -73.814)에 있다.

5. 콰잘레인(Kwajalein)섬

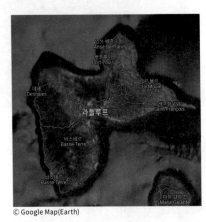
© Google Map(Earth)

이 섬은 현재 과들루페(Gua-deloupe)섬을 말한다. 과들은 콰잘, 루페는 레인으로 바꾸어 별칭 콰잘레인섬이라고 부르기도 하였다.

과들루프에서 과들은 4, 루프는 확대경이므로 4배율의 확대경을 뜻한다. 확대경이 처음 나올 때 4배율을 저배율로 불렀는데, 렌즈부분을 나타내는 서측섬을 저배율의 땅이란 뜻인 Basse-Terre섬으로 명명하였다.

6. 에니웨톡(Eniwetok)섬

이 섬의 모양을 혹자는 굽은 열쇠로 혹자는 큰 배로 보았다.

에니웨톡섬은 별칭 열쇠섬이라고 불렸는데, 카리브해의 캐노우안섬 역시 굽은 열쇠 모양의 섬이므로 서로 동일한 섬으로 볼 수 있다. 또 Eniwetok섬은 우리말로

© Google Map(Earth)

에미배(큰 배) 도크로 해석할 수 있고, Canouan섬 역시 큰 배란 뜻의 카누를 닮은 섬이므로 동일한 섬임을 알 수 있다. 좌표는 (12.717, -61.325)에 있다.

7. 자바섬

자바섬은 현지명으로 쿨레브라섬이다. 굴레브라(Culebra)와 자와(Jawa)는 둘 다 뱀이란 뜻이다. 좌표는 쿨레브라섬(18.313, -65.305)에 있다. 그림에서 입을 벌린 뱀머리가 보인다.

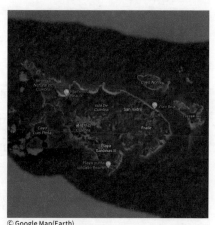

© Google Map(Earth)

7-1. 싱가포르

© Google Map(Earth)

싱가포르는 1819년 영국의 동인도 회사가 개발한 항구이다. 좌표는 Cul-ebra섬(18.334, -65.334)에 있다.

8. 미드웨이(Midway)섬

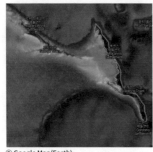
© Google Map(Earth)

롱섬과 엑서마섬에 대해 미드웨이 환초의 섬이라고 하는데 그 이유는 섬들이 있는 해역의 중간에 있기 때문이다. 롱섬의 좌표는(23.214, -75.124)에 있다.

9. 과달카날(Guadalcanal)섬

© Google Map(Earth)

과달카날섬은 4개의 챔버 모양의 섬을 말하는데, 별칭 솔로몬의 심장이다. 또 심장은 4개의 밸브를 가지는데 바부다는 Valve땅을 말한다. 따라서 과달카날섬과 바부다섬은 동일한 섬이다. 좌표는 바부다섬(17.635, -61.795)에 있다.

10. 타라와(Tarawa)섬

키리바시(Kiribati)란 말을 분석하
면, 키리는 긴이와 같은 거인이
란 뜻으로, bati는 발터로 해석하
여 합하면 거인 발 땅이다. 제도
의 이전 이름이었던 Gilbert제도
에서 길은 거인으로, bert는 발
터로 해석하여, 합하면 우리말로

© Google Map(Earth)

길벗이 아니라 거인 발 터로 해석해야 할 것이다.

길버트제도에 속한 섬으로 타라와섬이 있는데 현지명 바베이도스
섬이다. Barbados섬의 지상화는 발바닥처럼 생겼기 때문에 (거인의)
발바닥 섬으로 풀이할 수 있다. 또 타라와섬은 발자국을 따라오라
는 말로, 우리말 따라와섬이므로, Barbados섬과 동일하다고 볼 수
있다.

11. 마킨섬

마킨섬은 현재 지명 캣아일랜드
이다. 좌표는 캣아일랜드(24.320,
-75.431)에 있다.

마킨섬은 우리말 막힌 섬이란 뜻
으로, 멕시코만과 대서양의 경계
에 있어 대서양이 이 섬에 의해
막혀있다는 뜻에서 명명되었다.

© Google Map(Earth)

12. 세인트루시아섬

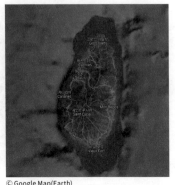

© Google Map(Earth)

세인트루시아섬은 별칭 호주이다. 濠州에서 濠는 '도랑'이란 뜻이므로 도랑이 많은 지역이란 뜻이다. 이 섬은 다른 섬과 달리 조그만 강이 해변을 따라 수없이 많이 분포되어 있다.

13. 필리핀섬

© Google Map(Earth)

필리핀섬은 현지명으로 터커스제도이다. 별칭 呂宋(여송)에서 呂는 '등뼈', 宋은 '살다'이므로, 이으면 개 등뼈에 살이 붙은 모습의 섬이다. 또 루손섬이라고도 불린다.

현재 케이커스(Caicos)섬들이 여송섬인데 모양 그대로 개코섬이며 좌표는 (21.808, -71.812)이다. 이곳이 문순득이 표류해서 방문한 여송섬이고 원래의 필리핀섬이다.

14. 류구국(琉球國)

류구국은 류국과 구국 연합으로 구성되어 있다. 琉國는 유리구슬, 경쇠를 의미하는데, 곧 후벤투드 섬을 가리킨다. 球國은 유리구슬인 경쇠를 치는 경쇠채를 의미하는데, 곧 쿠바섬을 의미한다. 즉 경쇠 셋트의 모습을 가진 나라가 바로 류구국이다.

14-1. 류국(琉國)

류국은 과거 탁라(乇羅)라고도 불리었다. 탁라에서 乇은 '풀잎', 羅은 '벌이다'이므로 합하면 풀잎에 맺힌 이슬 모양의 벌판이다.
탁라는 제주도와는 완전히 다른 곳이며, 현재 후벤투드 섬을 말한다. 현재 좌표는 (21.755, -82.897)이다.

© Google Map(Earth)

14-2. 구국(球國)

© Google Map(Earth)

구국에서 球는 자전에 '옥으로 만든 경쇠'라고 적혀있는데, 곧 경쇠 채 모양의 쿠바섬을 의미한다. 구국은 기원전 660년, 신무천황이 해자판 일본을 건국할 때 삼도 중 하나였으며, 후에 류구국의 일부가 되었다.

15. 히스파니올라섬

© Google Map(Earth)

왕의 금제 관 꾸미개,
공주 무령왕릉, 백제 6세기, 높이 30.7 cm, 국보

1492년 12월 6일, 크리스토퍼 콜럼버스는 히스파티올라섬 북부 해안의 아름다운 천혜의 자연을 에덴동산에 빗대어 찬양하였다. 그리고 히스파니아(스페인)와 유사한 땅이라 하여 히스파니올라섬으로 명명하였다.

이 섬에는 현재 아이티와 도미니카 공화국이라는 두 개의 나라가 존재한다.

아이티(Haiti)는 우리말 해터이며 곧 일본을 가리킨다. 도미니카 공화국에서 Dominicus는 主日을 뜻하고 主日은 日主이자 日本과 같은 말이다. 이 나라의 수도 산토도밍고는 오사카성(大坂城)으로 비정된다. 이 섬의 San Francisco de Macoris란 지명에서 막고르소란 말도 보이고, 산주앙데라마구아나란 지명에서 '마구안야'라는 말도 보이고, Barahona에서 '바라보나'라는 우리말이 보인다.

이 섬은 별칭으로 섭진주(攝津州)라 하였다. 섭진주에서 攝은 '깃 꾸미개', 津은 '나루'이므로, 꿰면 깃 꾸미개 모양의 나라이다.

15-1. 세끼가하라(關ヶ原)

세끼가하라(關ヶ原)
는 한자로 관계하는
평원이란 뜻이며 우
리말로 세 개가 하
는 곳이란 뜻이다.
여기서 세 개는 고
환과 음경 등 남성
기를 가리킨다.

© Google Map(Earth)

오사카성(산토도밍고)으로부터 165킬로 떨어진 곳에 유명한 세키가하라 평원이 있는데 좌표는 도미니카공화국 아미나(19.510, -71.045)에 있다. 1600년 이곳에서 일본 연합국 전체의 명운을 건 세끼가하라 전투가 벌어진 것이다.

마. 15-16세기 이후 해씨판 일본 막부

1. 임진란 전후 해씨판 일본 막부

임진란 당시 에스파냐(해씨판 일본)의 국왕은 펠리페 2세, 즉 도요토미 히데요시이다. 그는 1580년, 1581년 중국의 황제에게 두 개의 친서를 보내었다.

당시 중국은 서고려였는데 그가 친서를 보낸 것은 북미의 조선 침공이 현실화되는 마당에 서고려의 개입을 최대한 막고자 하는 전략적인 이유 때문이었다.

조선 침략을 결정한 펠리페 2세는 조선을 적극적으로 정탐하였다. 조선의 민심이 어떠한지 전쟁 시 적극적으로 응전을 할 것인지 국력이 단합되어 있는지 정탐하였는데 선조와 정철에 의한 이유 없는 동인 학살과 백성들의 반감이 해씨판 일본이 전쟁을 결정한 동력이 되었고, 이어서 조선이 거의 멸망할 뻔했다가 이순신 등에 의해 가까스로 되살아난 것이다.

멕시카 제국 경우도 역시 제국에 반감을 품은 텍스코코 등 다른 세력이 해씨판 일본의 침략을 옹호하면서, 군사원조가 없는 상태에서 제국이 멸망해 버린 것이며, 해씨판 일본이 소수의 군대를 파견한 것은 아닐 것으로 본다. 멕시카 제국의 정벌 후 명국과 조선을 두고 어느 나라를 먼저 칠 것인가 고심했을 것으로 보인다. 조선은 명국보다 군대가 약했고 약탈할 것이 많은 반면, 명국은 불랑의 고토 고구려(拂郞國) 영토를 다물할 수 있는 명분이 있으나 막강한 군사력을 가지고 있었다. 그래서 조선을 먼저 침략한 것이고, 조선이 멸망했다면 명국과 서고려의 정벌 등 도미노식으로 해씨판 일본의 세계 제패가 일어났을 것이다.

임진란 후 선조는 공신 책봉 시 일본군과 싸운 의병들을 홀대하는 결정을 함으로써 백성들의 충성심을 저하시켰고 이래저래 선조는 조선의 민폐 왕이 되고 만 것이다. 임진란을 부추긴 또 하나의 세력, 예수회는 장인국 세력인 로욜라가 만든 것으로 이미 남미의 장인국 고토는 다물하였지만, 원한이 있던 삼한 세력의 본거지인 조선을 치고 싶었다. 그래서 두 세력이 합작하여 조선을 친 것이 임진란인데 종국에는 실패하였다.

2. 조선사 왜곡에 대한 해씨판 일본의 입장

임진란 후 두 세력은 300년을 절치부심하여 마침내 조선을 무너뜨리는 데 성공하지만 조선 처리 문제에서 서로 생각이 달랐다. 장인국 세력은 그 약탈한 땅을 지키고자 조선의 역사를 완전히 왜곡시키고자 하였으나, 일본 세력은 역사 왜곡 반대파와 역사 왜곡 찬성파로 갈라졌다.

신일본 제국은 스페인 등 유럽 전체, 멕시코만-카리브해 일본 제국, 중남미 부왕령, 남미 왜국을 포함하는 큰 세력으로서 역사 왜곡 반대파는 조선의 모든 역사를 완전히 왜곡시키면, 일본의 역사도 왜곡된다는 것에 대하여 불만이었고, 당시 시점에서 일본의 위대한 역사를 가르치고 조선의 역사를 비하하면 조선 파괴 후 조선 세력의 부흥을 막을 수 있다는 논리를 펼쳤다. 그러나 역사 왜곡 찬성파는 조선 역사를 완전히 왜곡시키지 않으면 종국에는 조선 부흥 세력을 막지 못하여 일본 자체가 파괴되어 버릴 것으로 생각하였다.

결국, 장인국 세력과 신일본 제국의 관백 알폰소 12세(재위 1874년~1885년)는 1878년 조선과 일본의 완전한 역사 왜곡을 승인한 것으로 보인다. 이에 따라 알폰소 12세는 1878년과 1879년 두 차례 암살 위기를 겪었으며, 이 정책에 불만을 가진 사람에 의해 1885년 11월 25일, 28세의 나이에 암살당하였다. 그러나 일본 제국 황실에 의해 6개월간 암살 사건이 은폐되었고, 1886년 5월 17일 알폰소 13세가 태어나자마자 황위를 물려주게 되었다.

장인국 세력과 일본의 역사 왜곡 반대파의 완전한 분리 시점을 미서 전쟁 발발 시점인 1898년으로 보는데, 궁지에 몰린 역사 왜곡 반대파는 현 일본 열도로 쫓겨나고 이 갈등이 태평양 전쟁의 원인이 된다.

일본 열도인들은 1979년 환단고기가 일본에서 출현하자 기원전 660년 신무천황의 일본 건국 기사를 보면서 환호하였다. 일본의 기원을 기원전 660년으로 앞당길 수 있는 절호의 역사책이라고 생각한 것이다. 그러나 신무천황은 단군조선의 장군 출신이었으므로 필히 단군조선의 실존을 인정해야 하는 점에서 또 한 번 좌절하였다.

3. 잉글랜드

© Google Map(Earth)

곤여만국전도 상 잉글랜드는 吸厄利亞로 기록되어 있다. 吸은 '글 읽은 소리', 厄은 '나무의 옹이', 利는 '이기다'이므로 이으면 그을린 옹이(숯)가 (반죽하여) 섞인 모양의 나라를 말한다.

잉걸은 불에 탄 숯덩이를 말하므로 숯덩이 모양의 땅을 가진 것이 잉글랜드이다. 그래서 吸厄利亞와 잉글랜드는 서로 통하는 의미를 가진 것이다.

4. 아란타(阿蘭陀)

간척전의 아란타는 Ooddorp섬에서 Butja-
jingen섬까지 거리 408km의 제도로 구성되
었다. 실록에서 일본의 속현으로 언급된 아
란타를 분석해 보면, 阿는 '알랑거리다', 蘭
은 '난초', 陀은 '벼랑'이므로 알랑거리는 난초
모양의 벼랑들이 있는 제도를 말한다.

© Google Map(Earth)

곤여만국전도에는 이 아란타 지역을 百爾入革라고 적어놓았다. 百
은 '여러', 爾은 '가깝다', 入은 '섬기다', 革은 '펴다'이므로, 합하면 여
러 가까운 섬이 펼쳐진 곳이므로, 현재 네덜란드, 독일에 속한 프리
지안 제도(Frisian Islands)를 말하는 것임을 알 수 있다.

근세기에 들어서면서 아란타는 '사정하여 내다 뿌리지'란 새로운 이
름으로 불리게 되었다. '사정하여'에 주목하여 (제2의) 대만(臺灣)으로
불리었다. 즉 臺灣에서 臺은 '어른', 灣은 '물굽이'이므로, 이으면 어
른의 물굽이, 즉 어른 사정액의 물굽이를 말하는 것이다.

또 '내다', 즉 '앞으로 나가다'란 뜻에 주목하여 Netherland란 나라
이름이 만들어졌다. 또 '뿌리지'에 주목하여 프리지안 제도란 이름으
로 불렸다. 따라서 아란타, 백이입혁, (제2의) 대만, 네덜란드, Fri-
sian Islands는 동일 지역을 표현한 것이 분명하다. 아란타는 해씨
판 일본(스페인)에 속하였다가 1648년 독립하였다.

5. 장기(長崎)

장기는 나가사키와 같다. 장기에서 長의 뜻은 '길다, 나아가다', 崎의
뜻은 '비스듬한 모양'이므로, 합하면 긴 빗장 모양의 땅이다. 좌표는

© Google Map(Earth)

스페인 카디스(36.460, -6.249)에 있다. 또 長을 '나아가'로 훈독, 사잇말 사, 崎의 음독을 거치면 일본말 나가사키가 되는데 이처럼 일본 지명도 한국어로만 풀이할 수 있는 경우가 많이 있는 것이다.

6. 히로시마(廣島)

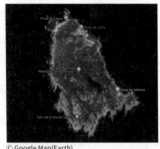
© Google Map(Earth)

광도에서 廣은 '빛나다', 島는 '섬'이므로 빛나는 섬이란 뜻이다. 정말로 섬 주변이 황금색으로 빛나는 섬, 히로시마는 스페인 라코루냐주 Salvora 섬(42.472, -9.011)에 있다. 살보라란 말은 빛살보라의 뜻인데 나무와 흙이 별로 없던 옛날이었다면 더욱 빛이 났을 것이다.

현재 일본 열도의 히로시마는 본 섬의 일부분일 뿐 독립된 섬이 아니므로 조작된 것이다. 하지만 원폭 피해를 본 곳이 살보라섬이라고 단정하기는 어렵다.

7. 나고야(名古屋)

나고야는 나사우섬에 있다. 펠리페 2세가 임진란 개시 전, 조선을 정복한 후, 명국과 전쟁을 할 때를 대비하여 지휘소를 차린 곳이다. 당시 이곳에는 천수관음상을 설치했으나 현재는 보이지 않고 터만 있다. 위치는 바하마 나사우섬(25.040, -77.410)에 있다.

바. 15~16세기 이후 중남미 막부(해씨판 일본의 침략기)

이사벨 1세의 후원하에 크리스토퍼 콜럼버스가 1492년 바하마 제도에 상륙하는 것을 기점으로, 해씨판 일본은 15세기 초에는 멕시코만-카리브해 제도, 16세기 초에는 중남미 일대를 정복해 나가기 시작한다.

벨라스케스는 1493년, 크리스토퍼 콜럼버스의 제2차 항해 때 동참했고, 1503년에는 히스파니올라를 정복하는 데 참여했으며, 1511년 쿠바 총독으로 임명된다. 그는 1519년에 무단으로 출정한 에르난 코르테스를 두 차례나 체포하려고 했지만 실패하였는데, 이것이 멕시카 제국(아즈텍 제국)의 운명을 가르게 하였다.

1. 미얀마

미얀마는 고대부터 삼불제(三佛齊)로 불렸다.

당나라, 명나라 기록에 삼불제가 있는 것을 보면 오랜 기간 존재했던 나라임을 알 수 있다.

삼불제(三佛齊)에서 三은 '셋', 佛은 '어그러지다', 齊는 '가지런하다'이므로 '세 개의 엇가지'를 가진 지상화를 말하는데, 곧 현재 지명 트리니다드섬(10.475, -61.273)이다.

또 삼불제는 불제셋(Burjese)과 같고, 이는 불뫼세(Burmese)와 연결되어 버마라고 부르기도 하였다. 또 이 섬은 지상화에서 관을 쓴 미륵불로 볼 수도 있는데 미륵이란 뜻의 myan과 마을이란 뜻의 mar을 합하여 미얀마로 불렸다.

1-1. 앙광(仰光)

© Google Map(Earth)

앙광은 현지명 Arima(아리마)로 '빛을 비추어 세상에 알리마'라는 뜻을 가지고 있다. 앙광에서 仰은 '머리를 쳐들다', 光은 '비추다'이므로 '(관을 쓴 미륵불이) 머리를 쳐들어 빛을 비추다'가 된다. 지명 이식 후에는 양곤, 랑고온(Rangoon)이라고 부른다.

2. 태왕국(泰王國)

© Google Map(Earth)

태왕국에서 泰는 '크다', 王은 '낫다'이므로 합하면 큰 낫(scythe)이다. 낫 중에서도 낫의 자루로 표현되는 영역이 태왕국이며, 줄여서 태국이라고도 한다.

2-1. 방콕(盤谷)

© Google Map(Earth)

방콕은 현지명은 카루파노(Carupano)인데 우리말로 꽃가루판을 말한다. 좌표는 Bermudez(10.648, -63.257)에 있다. 盤谷에서 盤은 '돌다', 谷은 '골짜기'이므로 (꽃가루가) 돌고 있는 골짜기가 된다.

별칭 蔓谷에서 蔓은 '만연한'이므로, 꽃이 만연한 골짜기가 되는 것이다. 그래서 방콕은 꽃의 도시로 유명하다.

3. 스리랑카(錫蘭)

스리랑카의 한자는 석란(錫蘭)으로 현
재 지명으로 상루이스이다.

석란에서 錫은 '가발', 蘭은 '난초'이므
로, 세 갈래의 트레머리 가발 모양의
난초를 말함이고, 결국 트레란을 의
미하여 스리랑카로 불리게 된 것이다.

© Google Map(Earth)

상루이스는 남미 아메리카합중국의 로드아일랜드주가 있던 곳인데
1910년 북미로 이주하면서 무주공산이 된 것을 스리랑카 원주민이
차지하게 된 것이다.

4. 라오스

라오스의 현지명은 코스타리카이다. 라오스는 백성의 나라란 뜻이
고 코스타리카도 비슷하다.

4-1. 비엔티안(Vientiane)

비엔티안의 현지명은 코스타리카의 산
호세이다. 별칭 萬象에서 萬은 '매우
많은', 象은 '얼굴 모양'이므로 이으면
많은 얼굴 모양이 있는 땅이 된다. 좌
표는 San José(9.961, -84.117)에 있다.
산호세 그림에서 많은 사람의 얼굴을

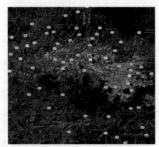

© Google Map(Earth)

찾아볼 수 있다. 라오스어로는 방응우아(Vang Vieng)라고 한다.

5. 신암다로서아(新唵多露西亞)

암다로서아는 이베리아반도의 남측에 있는 반면, 신암다로서아는 남미 마라카이보의 동측 땅을 말하는데 준말로 로서아 또는 노서아라고도 한다. 암다로서아에서 唵은 '머금다', 多는 '많다', 露는 '이슬', 西는 '깃들다'이므로, 합하면 머금은 많은 이슬이 깃들어 있는 것, 즉 유방 모양의 땅을 의미하는데, 암다로서아와 신암다로서아는 둘 다 이 같은 지형을 가지고 있다.

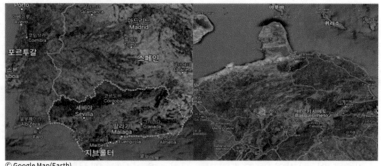

© Google Map(Earth)

철종실록 12권, 철종 11년 8월 8일 기사 1번째 기사 1860년

… 노서아(魯西亞)·불란서(佛蘭西)·영길리(英咭利)·아묵리가(亞墨利加) 등 네 나라가 폐방(弊邦)과 통화(通貨) ….

실록을 살펴보면, 1860년에 등장하는 魯西亞는 신암다로서아를 가리키며, 1904년에는 일본의 전쟁 상대가 俄國(아라사)이라 했다가, 1905년에는 일본의 전쟁 상태를 露國(로서아)로 표현한 것을 볼 때, 1905년부터 아라사를 지우고, 로서아로 조작하는 역사 왜곡의 시도가 이루어진 것을 알 수 있다.

1905년 아메리카합중국의 지명이 북미에 이식될 것을 준비할 즈음, 처음에는 남미 북서 측의 신암다로서아(준말 로서아)가 북미의 아라사를 지운 지역에 이식되었다가, 몇 년이 흘러서는, 로서아가 베링해협

以西의 고려 西伯利亞行省에 이식되었으며, 남미의 북동 측의 영국 식민지 가나다가 북미의 아라사를 지운 지역에 이식되어 오늘날에 이른다.

6. 누에바에스파냐 부왕령(신일본 부왕령)

누에바에스파냐 부왕령은 현재 역사서에는 청국의 영토와 조선 서부의 영토를 포함하고 있으므로, 당연히 조작된 것이다.

이 부왕령은 영토를 가진 부왕령이라기 보다 페루 부왕령, 리오데라플라타 부왕령, 누에바그라나다 부왕령를 통합하여 부르는 이름이고, 각 부왕령의 설립과 해체는 달리 해석할 수 밖에 없었다.

7. 누에바그라나다 부왕령(Nueva Granada 副王領)

누에바그라나다 부왕령은 1535년 스페인에 의해 설립되었고, 수도는 보고타였으며, 1821년 해체되었다는 혹자의 주장에 동의한다.

누에바그라나다 부왕령의 영토는 콜롬비아, 베네수엘라, 파나마, 에콰도르, 니카라과, 온두라스, 엘살바도르, 코스타리카, 파나마를 망라하는 지역과 아마존강 이북 브라질 영토와 가이아나를 포함하는 거대한 영역이다.

부왕령 내에서 영국의 무역거점으로 허용하던 13개 식민지가 1776년 독립을 선언하자 부왕령의 영토는 가이아나 3국의 영토만큼 축소되어버린다.

8. 멕시카국

멕시카국은 1821년 누에바그라나다 부왕령으로부터 독립하는데 영
토는 부왕령에서 콜롬비아와 에콰도르를 뺀 나머지 영역이다. 이후
정치 체제에 따라 제국, 합중국, 공화국 등으로 달리 불리지만 여기
서는 통칭 멕시카국이라고 한다. 멕시카국은 수도를 아로카(테노치티
틀란)로 한다.

1836년 텍사스 공화국이 독립하고 1845년 이 나라가 미국에 합병되
자 멕시카국은 이를 인정할 수 없었으므로 미국-멕시카국 전쟁(1846
년~1848년)이 발발한다. 이 전쟁에 멕시카국이 패배하여 이후 오리노
코강 이남의 뉴멕시코, 캘리포니아, 콜로라도, 애리조나, 네바다, 유타
주 등을 상실하게 된다.

1894년 청일전쟁이 발발하자 멕시카국도 참전을 하게 되는데 그 증
거가 대영박물관에 보관 중인 '高麗月夜大戰牛陣得勝全圖'이다. 여
기서 고려는 멕시카국을 가리키는 것이다. 그러나 시모노세끼 조약
의 체결에 멕시카국은 미국의 반대로 참관조차 할 수 없었다.

9. 가나다 자치령

© Google Map(Earth)

가나다는 원래 가라다로 원주민
들이 불렀는데 그 뜻은 가야 땅과
신라 땅을 합한 뜻의 가라 땅이다.
1867년 오리노코강 371km에 걸
쳐있는 4개의 영국 식민지가 연합
하여 가나다 자치령을 형성했다.
멕시카국과 아메리카합중국의 경

계는 전쟁 후 오리노코강이었으나 멕시카국은 아메리카합중국이 또 침략해 올 것을 두려워하여 완충지대가 필요하였는데, 그 역할을 한 것이 영국이 국방을 담당하는 가나다 자치령이었다. 남미 아메리카 합중국은 동북부의 가나다 자치령의 역사를 북미 아라사에 이식시 키고, 서북부의 신암대로서아의 역사를 소비에트로 이식시킬 것을 계획하고 실행에 옮긴다. 4개의 식민지는 Canada West, Canada East, Nova Scotia, New Brunswick이다.

9-1. 시우다드볼리바르

서캐나다는 시우다드볼리바르 지역에 있으며 별칭 온타리오로 불린다. 온달(보름달)은 월령이 15일, 반달은 월령은 21일, 달이 40% 보이면 월령은 23일이다. 시우다드볼리바르에서 244km 남으로 가면 신라의 반월성이 있다.

© Google Map(Earth)

반월은 달리 표현하면 온달1/2 또는 온달일이 또는 온타리리(Ontari-ri)가 된다. 그리고 좀 더 시간이 지나 온달 40%가 되면 온달2/5 또는 온달이오 또는 온타리오(Ontario)가 된다. 이른바 온타리오의 어원을 그렇게 추적했는데 현재 시우다드볼리바르의 지상화에서 그믐달로 가는 온타리오는 잘 보이지는 않는다. 단지, 옛 신라의 반월성이 인근에 있으므로 그렇게 추리한 것이다.

9-2. 시우다드과야나

© Google Map(Earth)

동캐나다는 현재 시우다드과야나에 있다. 과야나(Guayana)는 거인, 도깨비, 깨비(퀘벡)와 같은 뜻이다. 또 과야나는 별칭 반고라고도 하는데, 시우다드과야나의 서측으로 192km를 가면 반고의 삼위산이 있기 때문이다.

9-3. 노바스코티아

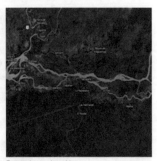
© Google Map(Earth)

스콧 수염 모양의 땅이라 하여 Scotia라 하였다.

9-4. 뉴브런스윅

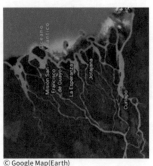
© Google Map(Earth)

브런스윅나무 모양이라고 하여 오리노코강 하류 지역을 브런스윅이라 했으며 이것을 형상화한 것이 현재의 캐나다의 국기 문양이다.

사. 15~16세기 이후 누에바에스파냐(신일본)

1. 신일본의 수도

> 영조실록 66권, 영조 23년 11월 25일 신해 1번째 기사 1747년
>
> ...임금이 말하기를, "동무(東武)는 무엇을 말하는 것인가?" 하니, 이주진이 말하기를, "관백(關白)이 머무는 곳입니다."하였다. 임금이 말하기를, '경도(京都)에 유숙(留宿)한 다.'고 한 것은 무엇인가? 하니, 이주진이 말하기를, "경도는 왜황(倭皇)이 있는 대판성(大板城)입니다...

> 순조실록 12권, 순조 9년 12월 2일 정해 2번째 기사 1809년
>
> ...일본국(日本國)에는 팔도(八道)가 있는데, 도(道)에는 66주가 있고 주에는 632군이 있으며, 군(郡) 이외에는 3도(島)가 있습니다. 이는 모두 관백(關白)의 명령을 따릅니다. 관백은 무장주(武藏州)에 있고 왜황(倭皇)은 대화주(大和州)에 있습니다...

신일본은 이원화된 정부를 가졌는데, 제1 통치자 관백은 이베리아 반도의 무장주(동무)에 있었고, 제2 통치자 왜황은 히스파이올라섬(섭진주)의 대판성 또는 남미의 야마대국 대화주에 있었다.

이중 왜황의 수도는 실록에 따르면, 1747년에서 1809년 사이에 섭진주 대판성에서 야마대국 대화주로 바뀐 것을 알 수 있다. 이 시기에 섭진주 히스파니올라섬의 대판성에는 왜황이 아닌 새로운 지배층이 탄생한 것이 아닌가 한다.

2. 신일본의 영역

신일본은 16세기 초부터 결성되기 시작하여, 1898년 미서전쟁을 기점으로 해체되었는데, 그 영역은 해자판 일본, 해씨판 일본, 중남미 3개 부왕령, 남미 왜국을 포함하였다.

이 신일본이 1592년 임진란을 일으키고, 1894년~1895년의 청일전쟁을 수행한 주체이며, 미서전쟁에 의해 신일본이 해체되었다.

제5편

최후의 승자 아메리카합중국

"1889년 고종실록 26권 1번째 기사에서 고종에게 전주미 전권대신 박정양이 말하기를 아메리카합중국은 남쪽으로 브라질과 인접하여 있다고 명시하였다."

"베네수엘라의 오리노코강이 바로 우리 역사의 오난하(五難河)인데 이중 오강(五江)을 몫이 10/2라는 뜻에서 목시십이강 또는 미시시피강이라고 불렀다."

가. 20세기 초 남북미 대륙을 둘러싼 거대 지명의 변화

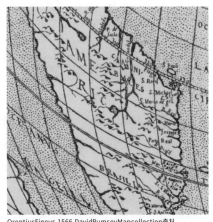

OrontiusFineus,1566,DavidRumseyMapcollection출처

1607년부터 현 북미에 존재한다는 아메리카합중국의 초기 역사와 조선왕조실록에 기록된 역사는 절대로 공존할 수 없다.

아메리카합중국의 역사가 진실이라면 조선왕조실록의 역사는 존재할 수 없고, 조선왕조실록의 역사가 진실이라면 아메리카합중국의 역사는 존재할 수 없다.

19세기 이전 아메리카 대륙이라 함은 현 남미 대륙을 가리키며, 1910년 이후에 아메리카 대륙이라 함은 현 남북미를 모두 가리키게 된다. 또 조선의 동쪽 큰 바다를 태평양이라 하였으므로 현 대서양이 오랫동안 태평양으로 불렸으며, 조선이 한반도로 조작되면서 현재의 태평양이 이름대로 굳어져 버렸다. 그 과도기 중에 있었던 태평양전쟁은 오늘날의 지리 지식으로 말한다면, 멕시코만, 카리브해를 포함한 대서양전쟁이라고 해도 무방한 것이다.

나. 가이아나 13개 식민지 시대(1607년~1783년)

이 지역의 역사는 장인국, 신라, 고려를 거쳤고 1392년 조선에 의해 북미의 핵심 고려가 멸망하자, 남미의 고려 땅에는 멕시카 제국이 건설되었고, 이를 1521년 해씨판 일본이 멸망시키고 누에바그라나다 부왕령을 건설한다. 그 후 누에바그라나다 부왕령이 해체되고 1821년경 멕시카국(정치 체제가 달라도 통합하여 멕시카국이라 한다.)이 건국된다. 이 나라는 스페인의 역사 왜곡과 경제적 착취에 반발하여 독립한 것이다. 1848년 미국-멕시카국 전쟁의 강화 조약에 의해 옛 고려의 수많은 영토가 아메리카합중국에 편입되는데, 독립을 위해 노력한 멕시카인들의 독립운동이 편입 후에도 사라진 것은 아니었다.

결국, 아메리카합중국이 북미 동부로 천국하게 되는 이유 중 하나는, 지속적인 원주민 멕시카인의 독립을 향한 저항이었다고 생각된다. 영국이 북미 동부에 13개 식민지를 조성했다는 것은 허구임이 분명한 것은, 그 시기에 북미 동부 지역은 조선이 1910년까지 확실히 통치하고 있었으며, 조선왕조실록이 그 증거이다.

한편, 1차 영국-네덜란드전쟁의 강화조약인 1654년 웨스트민스터 조약 체결로써 영국의 해상 패권을 인정받아 스페인령 남미 지역에서 무역하기가 쉬워졌다. 따라서 영국은 누에바그라나다 부왕령이 통치하고 있던 남미 가이아나 지역에 무역을 위한 식민지를 건설한 것인데 후에 아메리카합중국이 북미 동부의 식민지라고 조작한 것이다.

1. 뉴햄프셔 식민지

1679년, 매사추세츠만 식민지에서 분리되어 설립하였다. 좌표는 아마파주 나자레(2.491, -50.809)에 있다.

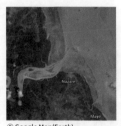

© Google Map(Earth)

1-1 포츠머스(Portsmouth)

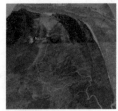
© Google Map(Earth)

포츠머스는 '항구의 입'을 의미하는데, 지상화에서도 눈 감고 자는 사람의 입이 보인다. 이 사람은 눈감고 '나 잘래.' 하고 있으니, 나 잘래(Nazare)와 포츠머스는 동일 지역이다. 포츠머스는 아라사-일본 전쟁의 강화 회담이 있었던 곳이다.

2. 매사추세츠(默許) 식민지

© Google Map(Earth)

1629년, 매사추세츠만 회사에서 설립한 식민지이다. 매사추세츠는 한자로 默許인데 默은 '입 다물다', 許는 '약혼하다'이므로, 합하면 입 다물고 약혼하다가 된다.

실록에는 아메리카합중국의 지명으로 샌프란시스코가 있음을 기록하고 屬金山이라고 병기하였다. 속금산에서 屬은 '따르다', 金은 '입 다문다'이므로, 합하면 '딸이 입 다물다'가 된다. 따라서 매사추세츠(묵허)와 샌프란시스코(속금산)는 같은 지명으로 볼 수 있는데 좌표는 아마파주(1.979, -50.622)에 있다.

지상화에는 동측 남자 앞에서 서측 말상의 딸이 입 다물고 있는 모습이 보인다. 지명 왜곡 이후에 샌프란시스코의 역사는 청국의 북경에 이식되었다.

2-1. 보스톤

보스톤의 별칭은 아마파(Amapa)이다. 아마파
의 뜻은 두목이므로 보스톤과 뜻이 같다. 좌
표는 브라질 아마파주(2.051, -50.786)에 있다.

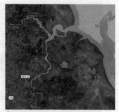

© Google Map(Earth)

3. 로드아일랜드 식민지

1636년, 로저 윌리엄스가 설립하였다.
프로비던스를 건설하면서 앞의 섬을 장미라
는 뜻의 로드아일랜드(Rode Island)라 불렀는
데 오늘날 상루이스가 있는 섬이다. 현 북미
의 로드아일랜드주 프로비던스의 별명이 상루

© Google Map(Earth)

이스인 것은, 어떻게 지명이 이식되었는가를 짐작케 해 주는 것이다.
이 식민지는 남미 인도와 가까이 있어 스리랑카로도, 현지명 상루이
스로도, 로드아일랜드 프로비던스로도 불리기도 했으니, 역사가는
그렇다손 치고 그곳 주민들은 정말 적응하기 쉽지 않았을 것이다.
로드아일랜드 식민지 주위의 Arawak(우리말로 머리알이 와크다)족은
16세기부터 17세기까지 13개 식민지의 동부 해안에 거주하던 원주
민 부족이다. 아라와크족은 식민지 사람들과 평화롭게 지내려고 했
지만, 식민지 사람들은 아라와크족의 땅을 차지하기 위해 아라와크
족을 공격했다.
1675년, 아라와크족은 식민지 사람들과 전쟁을 했지만 결국 패배하
고, 식민지 사람들에게 정복되었으나 아메리카합중국의 건국 세력
에는 포함되는 것으로 보인다.

4. 코네티컷 식민지

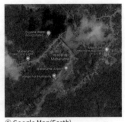
© Google Map(Earth)

1636년 토마스 후커에 의해 설립되었다. 코네티컷강은 별칭 마바루마강으로도 불리며, 큰 강이란 뜻을 가지고 있다.

좌표는 마바루마(8.202, -59.780)에 있다. 마바루마는 남미의 런던으로도 불린 곳이다.

5. 뉴욕(紐約) 식민지

© Google Map(Earth)

1664년 요크 공(제임스 2세)이 뉴네덜란드를 점령하고 뉴욕 식민지로 개칭하였다.

뉴욕은 한자로 紐約으로 쓰는데 紐는 '인끈(사슴 가죽끈)', 約은 '기러기 발'이므로, 합하면 인끈으로 묶인 기러기발 모양이다. 좌표는 가이아나 조지타운(6.805, -58.364)에 있다. 그림에서 뉴욕 식민지의 서북 측에 세 개의 섬이 있는데 이것이 기러기발 모양이다.

뉴욕 식민지의 현지명은 조지타운이다.

6. 뉴저지 식민지

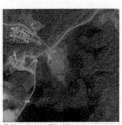
© Google Map(Earth)

뉴저지(New Jersey) 식민지는 1664년 존 버클리, 조지 카데렛이 설립하였다.

이 식민지는 남미의 필라델피아(匹羅澾彼阿), 현지명 Regina에 있었다. 匹羅澾彼阿에서 匹는 '집오리', 羅는 '늘어서다', 澾은 '미끄러지다', 彼는 '덮다'이므로 집오리들이 늘어서서 미끄러져 덮여

있는 언덕이 된다. 좌표는 프랑스령 기아나 Regina(4.300, -52.139)
에 있다. 그림에는 뒤집어진 집오리들의 물갈퀴 발들이 보인다.

처음에 미국의 수도는 뉴욕이었다가, 이후 국가의 정체성을 살리기
위해 독립 선언을 채택한 도시인 필라델피아로 옮긴다. 그랬다가 독
립전쟁을 거친 후 1790년 워싱턴 D.C.가 새로운 미국의 수도로 지
정되었고 그때부터 1800년까지 임시로 필라델피아가 수도 역할을
하였다.

7. 펜실베이니아 식민지

1681년, 윌리엄 펜에 의해 설립된 이 식민
지는 현지명 생로랑뒤마로니(Saint-Laurent-
du-Maroni)에 있었다. 좌표는 프랑스령 기아
나 생로랑뒤마로니(5.490, -54.030)에 있다.

펜실베이니아는 설립자 윌리엄 펜의 숲이란

© Google Map(Earth)

뜻이다. 그는 퀘이커교도로서 평화주의와 내면의 빛을 강조하였으
며, 종교적 자유를 보장하였으므로 종교적으로 박해받는 사람에게
는 천국이었다.

마로니는 마로니교회파 아르메니아인으로, 17세기 중반부터 종교적
박해를 피해 많은 수가 펜실베이니아 식민지로 이주한 것으로 알려
져 있는데 현지명에 마로니가 들어간 것도 이 때문이다. 퀘이커교의
평화주의를 강조하여 식민지 동측 Mana 지역에 콩코드를 건설하였
고, 내면의 빛을 강조하여 더 동측 Iracoubo 지역에 빛의 도시, 렉
싱턴을 건설하였다.

1775년 미국 독립전쟁의 서막인 렉싱턴-콩코드 전투가 이 지역에서

시작되었다. 제37대 미 대통령 리처드 닉슨은 퀘이커 교도이다. 조
선인에게는 어려울 때 친구가 되어준 퀘이커 교도에게 마음의 빚이
있다고 나는 생각한다.

7-1. 게티스버그(Gettysburg)

© Google Map(Earth)

남북전쟁에서 유명한 게티스버그의 남미
현지명은 가이아나 델리쓰(4.718, -53.749)
이다.

워싱턴 D.C.인 제임스타운을 공략하기 위해
1863년 게티스버그에서 치열한 전투가 벌어
졌으나, 결국 북군의 승리로 끝이 났다.

8. 델라웨어 식민지

© Google Map(Earth)

1631년 네덜란드의 고래 기름 생산 기지
로 건설되었다가, 1638년 스웨덴의 크리
스티나 식민지가 되었다가, 1655년 네덜
란드가 Suriname강 동측에 모피 무역
의 중심지로 뉴암스테르담(NieuwAmster-
dam)을 건설하였다. 그 후 1664년부터

뉴욕 식민지를 건설한 요크 공(대리인 로버트 카 경)에 의해 뉴캐슬로
개명하여 관리되다가 1682년부터 펜실베이니아 식민지의 관리를 받
게 되었다. 뉴욕 식민지와 펜실베이니아 식민지의 중간에 위치하여
통치가 힘들었으므로 1703년부터 델라웨어 식민지로 분리되었다.
델라웨어는 큰 강을 뜻하는데 바로 Suriname강을 말한다. 이 식민

지는 원래 삼한인이 '바람이 아리고 시려가꼬'로 불렀던 곳이다. 바람이 아리고를 따서 파라마리보 또는 우풍현(虞風縣)으로 불렀고 시려가꼬를 따서 시카고로 불렀는데, 1893년 시카고 국제박람회가 실제로 열렸던 곳이다. 현재의 시카고는 뉴시카고라고 불러야 마땅하다.

9. 메릴랜드 식민지

1634년 볼티모어 경이 설립한 식민지이며 볼티모어로도 불리었다.

또 땅이 사람 머리 모양이어서 메릴랜드라고 명명하였다. 좌표는 프랑스령 기아나 마투리(4.850, -52.340)에 있다. 펜실베이니아 식민지의 동측에 있고 통일신라의 감은사가 가까이에 있다.

© Google Map(Earth)

10 & 11. 캐롤라이나 식민지

1663년, 클라렌 경 등 8명의 귀족들이 설립하였다. 이 식민지는 마카파(Ma-capa)에 있었는데 1729년, 남측은 찰스턴, 북측은 윌밍턴으로 분리되었다. 좌표는 아마파주 마카파(0.121,-51.094)에 있다. 또 남북전쟁에서 유명한 숨터 요새가 있는 곳이다.

© Google Map(Earth)

12. 조지아 식민지

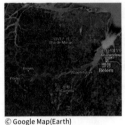
© Google Map(Earth)

1733년 제임스 오글소프는 조지아 식민지를 설립하였고, 초대 총독으로서 1743년까지 통치하였으며, 그는 프리메이슨의 일원이었다. 오글소프는 이곳에 영국인 채무자와 '가치있는 빈자'가 재출발할 수 있는 곳이 되길 희망했다.

조지아 식민지는 마라조(말좆)섬과 벨렘이 그 영역이다. 말좆섬의 동측에 있는 Belem은 '암말 성기의 벌림'과 같은 뜻이다. 벨렘의 별칭으로 리치몬드가 있는데 애액이 풍부하다고 그렇게 명명한 것이다. 말좆섬을 차지한 영국은, 과거 남미 왜의 대표 격 국가인 대마국(大馬國) 세력을 몰아낸 것이며, 왜황이 있는 야마대국도 인근에 있어 서로 대치하여 방어해야 했던 것으로 보인다.

12-1. 아틀란타

© Google Map(Earth)

아틀란타의 원래 위치는 브라질 Gu-rupá(-1.408, -51.646)에 있다. 아틀랜타가 고향인 마가렛 미첼은 10살 때인 1910년 가족과 함께 구루파에서 현재의 뉴욕으로 이주하였다.

13. 버지니아 식민지

1606년 설립된 버지니아 회사는 남미 가이아나 땅을 개척할 수 있는 사람들을 모집하였는데, 그중 항해술과 선박 건조 기술을 가진 바스크인을 폭넓게 모집하였다. 그들 중 퀘이커교도나 마로니교회파가 많았는데 종교박해를 피할 수 있다는 점과 바스크인의 나라, 가이아나에 귀환할 수 있다는 점에서 버지니아 식민지에 대한 인기가 높았다. 버지니아란 지명은 땅의 모습에서 나왔는데 여성 성기를 닮았다고 하여 유래한 것이다.

원래 제임스강(Ohio강)이 흐른다고 기록되어 있는데 현지명 Oyapok강이 흐른다. 이는 옛 신라의 강이지만, 인근에 남미 왜국이 있어, 왜말로 왕, 두목이란 뜻의 오야(oya)가 쓰이는 것이다.

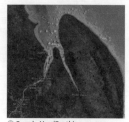
© Google Map(Earth)

13-1. 제임스타운(Oiapoque)

Oyapok강은 이른바 왕폭강이다. 여기서 영국왕 제임스 1세(재위 1566년~1625년)의 이름을 따서 제임스강, 제임스타운이라 이름한 것이다. 현재 북미에 이식된 Ohio강은 오야강을 말하며 오야는 왜말로 왕이다.

© Google Map(Earth)

제임스타운의 위치를 제임스강(Oyapok강) 하구에서 약 48km 거슬러 올라간 지점이라 했는데 과연 그곳에 Oiapoque가 존재하였다.

13-2. 워싱턴(華盛頓)

버지니아 식민지의 초기 수도는 제임스타운이었고 그 동측에 워싱턴이 건설되었다.

워싱턴(華盛頓)에서 華는 '꽃', 盛은 '담다', 頓은 '무너지다'이므로, 합하

면 꽃담으로 만들어진 문이 된다. 좌표는 브라질 Oiapoque(3.839, -51.816)에 있다. Oiapoque 옆에 St. Georges가 있는데 이는 조지 워싱턴에서 유래하였다.

© Google Map(Earth)

13-3. 리치먼드

리치먼드는 1780년부터 버지니아의 주도로 지정되었다. 현지명은 UACA이다.

© Google Map(Earth)

13-4. 알렉산드리아

알렉산드리아는 버지니아 북동부에 위치한 도시로, 미국 독립전쟁 당시에 중요한 역할을 했던 도시이다. 1749년에 식민지 정부는 윌리엄스버그의 오야포크강 건너편에 알렉산드리아를 세웠다.

13-5. 이웃 나라 완순국(와훈수나콕)과 마도아가씨(Matoaka)

1607년 버지니아 회사의 정착민들이 제임스타운에 상륙했을 당시 Jumina 포구의 우하 지역(포우하땅)에는 누에바그다나다 부왕령의 제후국 완순국이 있었다.

식민지와 완순국과의 심각한 갈등이 있어 서로 전쟁 중이었다. 그러던 중 1612년 별명이 포카혼타스인 마도공주가 식민지인에게 생포되었으나 그들에게 빠르게 동화되었고, 1614년 21세 때 식민지인 존 롤프와 결혼함으로써, 식민지와 완순국의 관계가 평화적인 관계로 바뀌

게 되었다.

1616년에는 런던으로 이주하였으나 평화적인 관계의 상징이었던 마도 공주가 1617년 런던에서 죽자, 위기가 찾아왔으나 1660년대까지는 그나마 우호적인 관계를 유지하였다. 그러나 그 후 관계 악화로 전쟁이 발발하게 되고, 1699년에는 완순국은 식민지에 완전히 복속하게 되지만, 그들은 아메리카합중국 내에서도 살아남아 건국에 일조한다.

마도공주는 철저히 영국과 버지니아 식민지를 위해 이용당한 반면, 공주로서의 지위를 인정받지 못하고 홀로 런던에서 죽은 불쌍한 사람이다. 별명 Pocahontas는 오야포카강을 혼탁하게 하는 장난꾸러기란 우리말이다.

13-6. 버지니아 식민지의 발전과 노예 제도

1607년, 버지니아 회사에 의해 현 브라질 Oiapoque 지역에 제임스타운을 건설함으로써 버지니아 식민지가 시작되었다. 개척부터 10년이 지난 1616년에도 이익 배당을 기대할 수 없었기 때문에 회사는 파산 위기에 처해 있었으나, 당시에 존 롤프가 선도한 담배 재배로 생활이 크게 개선되었다.

1619년, 13개 식민지 중 처음으로 제임스타운에서 제1차 의회가 개최되었으며, 1624년 제임스 1세는 버지니아 식민지를 국왕령으로 선포했다. 1670년대 초반, 버지니아 식민지에서는 담배 생산의 확대로 인구가 증가하자 인디언과 갈등이 증폭되는데, 1676년이 되자 베이컨은 지지자들을 모아놓고, '인디언을 없애고, 총독에 의한 지배를 끝내자'는 인민선언을 발표하면서 반란을 일으키게 된다.

이로 인해 식민지인과의 재계약이 힘들어졌으므로, 이를 대신해 흑인 노예를 적극적으로 도입하게 되었다. 흑인 노예 판매는 1619년 네덜란드 상인이 버지니아 식민지에 판매한 것이 처음이었고, 1680년대부터 증가하기 시작하다가 1720년에는 흑인 노예의 수는 총인구의 20%를 차지하게 되었다.

버지니아 식민지 정부가 있던 제임스타운은 말라리아 등 전염병이 자주 발생하여, 1699년 제임스타운에서 동북 측으로 5.5km 거리에 있는 윌리엄스버그로 수도를 이전하였다.

다. 남미 동부 28개 주로 구성된 아메리카합중국 시대(1783년~1846년)

A. 영토 확장

1775년에 시작된 독립전쟁은 1783년에 끝난다. 그 후 1787년, 델라웨어주를 필두로 13개 식민지 주는 연방에 가입하여 아메리카합중국을 건국한다. 1783년부터 1846년 미국-멕시카국 전쟁이 일어나기 전까지 주로 멕시카국의 영토를 침탈하여 합중국은 28개 주로 늘어났다.

누에바그라나다 부왕령에서 독립을 쟁취한 멕시카국이었지만 아메리카합중국에 빼앗긴 15개 주는 아메리카합중국에 의해 역사 왜곡과 경제적 침탈을 겪어야 했다.

멕시카국은 국력이 약하여 인내하다가 1845년 텍사스주가 아메리카합중국에 가입하자, 결국 멕시카국은 미국에 대해 선전포고를 하였다가 또다시 엄청난 영토 손실을 겪게 된다.

B. 새로 편입된 주

1. 텍사스(Texas)주

텍사스주의 별칭은 'The Land of the Tejas'인데 이는 Caddo족 인디언에서 유래한 것으로, tejas는 大字를 의미한다. 피터스마인을 흐르는 Puruni강과 지류들로 大字 모양이 만들어진다. 좌표는 Peters Mine(6.233, -59.380)에 있다.

© Google Map(Earth)

또는 tejas를 大者로 해석하여 장인국 인근인 이곳이 거인 출몰 지역임을 기억하게 한다.

2. 테네시(Tennessee)주

백제 성왕의 아들 임성태자의 후손 대내씨의 일부는 비류강(Paru강) 인근에 살았다. 이곳을 아메리카합중국은 테네시주라고 불렀다.

동측은 Jari강, 서측은 Paru강인 땅이 테네시주이다. 좌표는 (-0.483, -53.060)에 있다.

© Google Map(Earth)

체로키 인디언의 마을 Tanasi에서 Tennessee주의 이름이 유래하였다고 한다. 체로키족은 자신을 Tsa-La-Gi로 불렀는데 우리말로 따라기란 뜻으로 남미 지배 계급의 근위병 역할을 한 부족이었을 것으로 추정한다.

3. 플로리다(Florida)주

© Google Map(Earth)

플로리다주는 아마존강 북측, 옛 신라 6부가 있던 성스러운 곳에 있었다. 불놀이가 성행한 지역이어서 불놀이 땅이라 했는데 여기에서 지명이 유래하였다.

1713년 영국과 스페인이 맺은 우에스카 조약에 의해, 영국은 누에바그라나다 부왕령의 플로리다를 할양받았다. 이 플로리다주가 1845년 27번째로 아메리카합중국에 가입하는데, 1910년에는 이 땅이 북미 말레이반도 이자 통영반도에 이식된다.

라. 남미 50개주로 구성된 아메리카합중국 시대(1846년~1910년)

A. 지명 이식은 역사 전쟁

미국–멕시카국 전쟁 이후 50개 주를 거느린 대아메리카합중국이 되었다. 최초 13개 주를 제외한 37개 주는 권력층이 멕시카인이므로 서양인으로 구성된 최초 아메리카합중국과는 달리 많은 자치권을 요구하고 있었고 독립의지도 강했다. 지명 이식도 쉽지 않았다. 이러한 상황이 아메리카합중국의 북미 천국을 결정하게 만들었을 것이다.

삼한인의 지명 방식은 땅 모양에 맞게 이름을 붙이는 것이다. 또 별칭을 통하여 그 지명의 의미를 보충하고자 하였다. 삼한인의 지명에 이순신시나 이성계시가 없는 것은 이 때문이다.

반면에 삼한인이 만들어놓은 지명을 따라 하기만 하던 서양인이 새로이 탐험하면서 명명을 해야 하나 명명 능력이 없었던 그들은 간단하게, 탐험가나 발견 당시 축일에 해당하는 성인 이름을 붙이는 것을 선호했다. 그래서 명명자가 죽어버리면 그곳이 어디에 있는지 모를 때도 많았다.

남미 아메리카합중국 내의 삼한식 지명을 보면, 필라델피아, 속금산, 시카고, 뉴욕, 버지니아, 조지아, 콜로라도, 아리조나, 워싱턴, 플로리다 등이 있는 반면, 비삼한식 지명에는 조지타운, 워싱턴 D.C., 제임스타운, 니우암스테르담, 윌리엄스버그, 알렉산드리아 등이 있었다.

B. 아메리카합중국 유래와 위치

1. 아메리카 지명의 유래

이탈리아인 알베리쿠스 베스푸치는 1497년부터 1503년까지 콜럼버스 선단을 따라 멕시코만-카리브해 지역과 파나마 부근으로 항해를 한 자로, 아메리고 베스푸치로 필명을 바꾼 뒤 1505년 (4회의 항해에서 새로 발견된 육지에 관한 아메리고 베스푸치의 서한)을 발간하였다. 그는 북미를 방문한 적이 없으며 새로 탐험한 남미 대륙을 자신의 이름을 따서 아메리고라고 했다.

현재 지명과 크게 다른 점은, 20세기 초까지도 남미 대륙만이 아메리카 대륙이었으며, 대서양과 태평양을 바꾸어 불렀다는 것이다.

2. 남미 복판을 차지한 아메리카합중국

© Google Map(Earth)

남미 복판을 차지한 것이 아메리카합중국이고 그 아래에 칠레와 브라질이 인접하고 있다고 분명히 실록에 기록되어 있다. 그 위로는 영국의 식민지인 가나다 자치령이 있었고, 그 위로는 누에바그라나다 부왕령을 이은 멕시카국이 있었다. 영토는 동서가 8,550리(4,018.5km)이고 남북이 4,800리(2,256km)로 기록되어 있는바, 남북의 거리는 당시 아메리카합중국과는 차이가 있다.

아메리카합중국은 남미 대륙에 있는 합중국이란 말이고, 북미합중국이란 말은 현 남미 대륙의 북측에 있는 합중국이란 말이다. 이 나라의 영역은 13개 식민지가 있던 가이아나를 포함하여, 아마존강 이북, 콜롬비아 남부, 베네수엘라 남부, 현 브라질 북부지역을 망라한 지역이다. 이곳은 과거 신라와 고려의 영토였다가 멕시카(아즈텍으로 조작) 제국이 건국되었고, 이를 스페인이 멸망시키고 1535년 누에바그라나다 부왕령을 건설하였다. 이 영토 중 가이아나 지역에 무역을 위하여 영국이 식민지를 건설한 것이 아메리카합중국의 뿌리다.

영국과의 독립전쟁을 거친 아메리카합중국은 19세기 말 남미 대륙 원주민 독립운동이 격화되었더라도 잘 훈련된 군대로 남미 대륙 전체로 영토를 넓힐 수도 있었다. 그러나 삼한의 역사 파괴란 중대한 과제와 꿀이 흐르는 행복의 땅, 천자국으로의 遷國은 아메리카합중국이 오랫동안 비밀스럽게 계획해 온 것이었다.

현 북미로 아메리카합중국이 옮겨가자, 영토의 많은 부분이 브라질로 이양되었는데, 그 조건은 '남미 인도의 역사를 현 인도로 옮길 것과 삼한의 역사를 왜곡할 것'이었다.

고종실록 26권, 고종 26년 7월 24일 무진 1번째 기사 1889년

미국주재 전권대신으로 있다가 돌아온 박정양(朴定陽)을 소견(召見)하였다. … 하교하기를, "그 나라 면적이 일본에 비하여 몇 배나 되는가?" 하니, 박정양이 아뢰기를, "면적은 우리나라에서 거리를 재는 법으로 계산하면 동서가 8,550리이고 남북이 4,800리입니다 …. 대통령의 관청은 … 전부 흰 칠을 했기 때문에 나라 사람들이 '백옥'이라고 합니다." 하니, 하교하기를, "그 나라는 남쪽으로 칠레와 브라질을 이웃하고, 북쪽으로 영국, 아라사 등에 속한 땅과 경계를 하고 있는데 이것이 북미국(北美國)인가?" 하니, 박정양이 아뢰기를, "남북의 경계는 과연 전하의 하교와 같은데 비록 북미합중국(北美合衆國)이라고는 부르지만, 아메리카주 전체(남미)를 놓고 말한다면 미국은 그 복판을 차지하고 있습니다." 하니 ….

3. 아메리카합중국의 북측 국경선은 미시시피강

1848년 청국이 중재한 과달루페 이달고 조약에 의해 멕시카국과 아메리카합중국의 국경선은 오리노코강이 되었다. 물론 그 경계선에 가나다 자치령이 완충지대로 놓여있기는 하였다.

오리노코강은 오난하인데 오강(五江)과 오린(어려운)강으로 나뉜다. 삼한인은 5강을 묶이 10/2라는 뜻에서 목시십이강으로도 불렀고, 오린강은 어려운 강인데 어렵다는 뜻의 한자 간(齅)을 사용하여 묶이간으로도 불렀다.

아메리카합중국은 삼한인을 따라 이 강을 목시십이강으로 불렀는데, 1910년 북미에 이식할 때 한강을 미시시피강이라고 조작하였고, 오대호중 하나를 미시간이라고 지명 이식하였다.

C. 아메리카합중국의 내전(1861년~1865년)

아메리카합중국의 남북 간 주요 갈등은, 북국은 조선을 파괴시키고 조선에 천국하여 기생하겠다는 것이어서 노예보다는 군대 확장이 먼저였고, 남국은 조선을 식민지로 만들고 그대로 남미에 영토를 유지하자는 것이어서 노예수를 더욱 확장해야 하는 입장에 있었다.

아메리카연합국(남국)은 잔존 합중국(북국)의 노예 폐지 정책에 반대하여 1861년 2월 8일에 미국 남부의 7개 노예주 중 6개 주가 연방 탈퇴를 선언하고 수립한 국가이다. 이후에 공식적으로 연방 탈퇴를 선언한 11개 주와 선언 여부가 확실치 않은 2개 주, 그리고 준주 하나로 구성되었다. 아메리카연합국은 미국 헌법이 각 주가 협의 없이 폐기할 수 있는 협정일 뿐이라고 주장한 반면, 잔존 아메리카합중국은 연방 탈퇴를 반역으로 간주하였다.

숨터 요새 전투(Battle of Fort Sumter)는 1861년 4월 12일부터 시작된 남북전쟁의 서막을 알리는 전투이다. 숨터 요새는 사우스캐롤라이나주 찰스턴을 지키던 요새로 우리말 지명이다. 주로 연합국 측 영토에서 벌어진 격렬한 싸움 끝에, 1865년에 아메리카연합국은 패배하였다.

남북전쟁 직전의 숨터 요새 미국기에는 오리건주까지 33개의 주가 연방에 속해 있었다. 그런데 1861년 당시 연방 소속이 아니던 콜로라도주, 다코타주, 네브래스카주, 뉴멕시코주, 유타주, 워싱턴주, 오클라호마주 등이 북군을 위해 싸웠다. 교전은 그중 40%가 버지니아주와 테네시주에서 일어났다. 미국의 남북전쟁사를 보면, 연방에 가입도 안 된 국가들이 전쟁에 참여하고 내정 간섭을 하고 있는데 이런 어처구니없는 전쟁이 어디에 있는가 한탄이 나온다. 이는 연방 가입 연도가 조작되어서 생기는 모순인 것이다.

D. 실록에서 본 조선-미국 관계

1. 고종실록 3권, 고종 3년 2월 25일 을묘 3번째 기사 1866년

… 부산 첨사(釜山僉使) 윤석만(尹錫萬)의 치보(馳報)에서 … 이 배는 어느 나라 배이고 … 하니, 답하기를, "배는 미국(美國)의 샌프란시스코(屬金山)의 배입니다. … 미국은 서쪽에 있고, 광동성 상해로부터 미국까지, 미국에서 장기까지의 거리는 수로로 각각 4만 리인데, 육로는 모두 통하지 않습니다 …."

2. 고종실록 5권, 고종 5년 3월 30일 무인 1번째 기사 1868년

평안 감사(平安監司) 박규수(朴珪壽)가, "청천강(淸川江) 남쪽 수군방어사(水軍防禦使) 이기조(李基祖)의 보고에 … 그것은 2년 전에 우리나라의 상선이 이 강의 어귀에서 없어졌기 때문입니다. … 이 배에서 벌써 이것을 미국 군주의 명령을 받은 독리(督理)가 군함 쉐난도(選安多, 곰만다) 호의 해군 부장관에게 제기하였습니다."라고 하였습니다.

해설: 미국 군주: 17대 앤드루 존슨 대통령

3. 고종실록 8권, 고종 8년 4월 9일 무진 3번째 기사 1871년

경기 감사(京畿監司) 박영보(朴永輔)가 … 양선(洋船)이 있는 곳까지 채 가지도 전에 어제처럼 사나운 바람이 불어 할 수 없이 돌아와 정박하였습니다. 양선의 종선(從船) 3척(隻)이 바람을 무릅쓰고 와서 정박하므로 급히 가서 보니 서양 사람 3명(名)이 뛰어내렸습니다. 그중 한 사람은 얼굴 생김새나 말씨가 틀림없이 우리나라 사람이었습니다 ….

해설: 남미의 아메리카합중국 원주민은 고려인임

4. 고종실록 8권, 고종 8년 5월 17일 병오 4번째 기사 1871년

미국 병선(美國兵船)이 소요을 일으킨 상황을 진술한 자문의 대략에, … 그 의도는 사건을 일으키자는데 있으며, 그 계책은 오로지 강제로 조약을 맺자는 것임을 알 수 있습니다.

4월 24일에 계속해서 올린 강화 진무사 정기원의 치계에, "미국 배가 다시 항구로 들어와서 광성진(廣城津)을 습격하고 함락하였는데, 중군(中軍) 어재연(魚在淵)이 힘껏 싸우다가 목숨을 바쳤고, 사망한 군사가 매우 많습니다. 적병은 초지포(草芝浦)에 진을 쳤습니다. 그리하여 변진(邊鎭) 이렴(李濂)이 밤을 이용하여 습격해서야 그들을 퇴각시켰습니다."라고 하였습니다.

연이어 받은 경기관찰사 박영보의 치계에 첨부된 부평 도호부사 이기조의 첩정에, "적의 군사가 성과 보루를 파괴하고 모든 것을 불 지르고 약탈하여 털끝만큼도 남은 것이 없습니다. 또 정찰해보니 그놈들의 배에 우리나라 사람들이 매우 많았으며 다 나라를 배반한 간악한 무리들로서 길 안내를 해 가지고 온 자들이었습니다…."

해설: 18대 대통령 율리시스 S. 그랜트

4. 고종실록 11권, 고종 11년 6월 24일 을미 1번째 기사 1874년

… 서양장수(西洋將帥) 쁘로스뻴 지겔(日意格)이 말하기를, "일본(日本)은 아직도 장기(長崎)에 5,000명의 군사를 가지고 있고 대만(臺灣)에서 부대를 철수한 다음에는 조선과 해보려고 하는데, 프랑스(法國)와 미국(美國)은 조선과 지난번의 사건을 아직 해결하지 못하고 있는 만큼 아무래도 병선(兵船)을 가지고 일본을 도와줄 것이니 조선은 세 나라를 대적하기에 부족하다. 만약 중국이 조선으로 하여금 프랑스나 미국과 통상조약(通商條約)을 맺도록 한다면 일본은 형세가 고립되어 감히 군사를 출동시킬 수 없게 될 것이며 조선의 백성들을 보전할 수 있을 것이다. 설사 일본이 무모하게 군대를 출동시킨다고 해도 조선 자체의 힘만으로도 넉넉히 지탱할 수 있을 것이다."라고 하였습니다….

5. 고종실록 18권, 고종 18년 3월 23일 을유 4번째 기사 1881년

… 중국이 천하를 호령하지 못하는 반면에 … 바다를 사이에 두고는 러시아(俄羅斯), 프랑스(法國), 미국(美國), 영국(英國)과 같은 나라의 세력이 크게 확장되어 … 중국과 겨루고 있으니 … 군사에 관한 정사는 다섯 가지나 있으니, 장수를 잘 선택하는 것이 첫째이고, 진법(陣法)을 연습하는 것이 둘째이고, 군량을 비축하는 것이 셋째이고, 병졸을 단련시키는 것이 넷째이고, 청야(淸野) 전술이 다섯째입니다.
… 배에 짐을 싣는 양을 대략 1,000석을 넘지 않도록 한다면 침몰하는 일이 반드시 줄어들 것입니다. 하였다. … 왜인이 서양 사람이고 서양 사람이 왜인이라는 것은 지혜 있는 사람이 아니더라도 분별할 수 있습니다….

6. 고종실록 24권, 고종 24년 8월 7일 신묘 1번째 기사 1887년

… 미국주재전권대신(美國駐在全權大臣) 박정양(朴定陽)과 참찬관(參贊官) 이완용(李完用)을 소견하였다.

E. 실록에서 본 미국의 주요 인물들

1. 고종실록 19권, 고종 19년 4월 6일 신유 3번째 기사 1882년
조미조약 전권 대신(해군 총병)
슈펠트(薛裴 Shufeldt, R.W.)
리처드 웰링턴 슈펠트(Richard Wellington Shufeldt)
2. 고종실록 21권, 고종 21년 8월 15일 병술 2번째 기사 1884년

아메리카합중국 특명전권공사 누시우스 에치후드

3. 고종실록 22권, 고종 22년 4월 10일 무인 2번째 기사 1885년

미국대리공사 푸우트(福德: Foote, Lucius Harwood)

4. 고종실록 23권, 고종 23년 3월 5일 무술 1번째 기사 1886년

"미국인(美國人)데니(德尼 : Denny, Owen N.)를 특별히 협판내무부사 겸 관외아
문장교사당상으로 차출하라." 하였다.

5. 고종실록 23권, 고종 23년 9월 27일 정사 1번째 기사 1886년

전교하기를, "미국인(美國人) 의사 알렌(安連: Allen, Horace Newton)은 수고가
이미 많으니 매우 가상하다. 특별히 2품의 품계를 주도록 하라." 하였다.

6. 고종실록 26권, 고종 26년 7월 24일 무진 1번째 기사 1889년

… 미국 공사(美國公使) 딘스모어(丹時謨: Dinsmore)는 이미 체직(遞職)되었지만
….

7. 고종실록 29권, 고종 29년 3월 24일 임오 2번째 기사 1892년

… 미국인(美國人) 모오스(毛時: Mors(e), James R)가 판뉴욕상무(辦紐約商務)가
된 지 이미 1년 되었는데 우리나라의 일에 대하여 성실한 마음으로 있는 힘을 다하
였으니 매우 가상하다.

8. 순종실록 2권, 순종 1년 8월 13일 양력 1번째 기사 1908년

… 아메리카합중국 국무대신 대리 로바아도 베에곤.

9. 순종실록 4권, 순종 3년 1월 15일 양력 2번째 기사 1910년

… 북미합중국인(北米合衆國人) 화공(畵工) 유벨부오.

1. 리처드 웰링턴 슈펠트(Richard Wellington Shufeldt)

리처드 웰링턴 슈펠트는 1830년 뉴욕주
로체스터(Rochester)에서 태어났다. 로체
스터는 18세기 초 네덜란드인 상인인 니
즘스(Nissims)가 설립했는데 처음에는 니
즘즈 포트라고 불렀고, 1796년, 뉴욕주
의 일부가 되면서 로체스터로 바뀌었다.

© Google Map(Earth)

그는 현지명 가이아나 니즘즈(6.752, -58.248)에서 태어났으며, 1847년

미국 해군에 입대하여, 남북전쟁에 참전했다. 그의 노력으로, 1882년 5월 22일에 조미수호통상조약이 체결되었으며, 1914년 이식된 미국에서 사망했다. 그는 조미수호통상조약을 배신하고 조선에 기생한 조국을 보고, 그의 마음이 편하지는 않았을 것이다.

2. 누시우스 에치후드

© Google Map(Earth)

그는 1855년 남미 아메리카합중국 산세바스티안에서 태어났다. 산세바스티안의 좌표는 브라질 파라주 Santa Julia do Ju-rupari(0.081, -50.541)에 있다. 성 줄리아의 강이 산세바스티안을 흘렀다고 기록되어 있다.

그는 1883년 바스크 청년 연합(Euskal Gazteria)을 창립했고, 이후 1903년 바스크 국민당(EAJ-PNV)이 설립되면서, Euskal Gazteria는 바스크 국민당의 청년 조직으로 재편되었다. 또 1884년 30세 때 아메리카합중국 특명전권공사로 인천 제물포의 각국 조계장정 체결에 참석하였다. 너무 젊은 나이에 나라를 대표한 것으로 보아, 아메리카합중국에서의 바스크인들의 세력이 컸다는 것을 알 수 있다. 에치후드는 바스크족 성씨이다.

3. 루시우스 하워드 푸우트(Lucius Harwood, Foote, 福德)

루시우스 푸우트는 1826년 미국 메릴랜드주 볼티모어(Baltimore)에서 태어났다. 그는 1848년 미국 해군에 입대하여, 남북전쟁에 참전했다. 전쟁 후에는 외교관으로 임용되어, 조선에서 주조선 초대 공사로 1883년부터 1885년까지 근무하였고, 1912년에 이식된 미국에서 사망하였다.

조약에 따라 조선은 1887년 박정양을 초대 주미특파 전권대사로 삼아 워싱턴 D.C.에 부임하게 했다. 푸우트는 바스크족 성씨이다.

4. 오웬 뉴턴 데니(Owen Newton Denny)

데니는 1839년 미국 일리노이주 퀸시 (Quincy), 현지명으로는 수리남 Mat-ta(5.454, -55.323)에서 태어나 자랐고, 퀸시 대학(Quincy College)을 졸업했다. 데니는 1861년 미국 육군에 입대하여 남북전쟁에 참전했고 이후에는 외교관으로 임용되었으며, 그는 조선에서 20

© Google Map(Earth)

년 이상 근무하였다. 데니는 1903년 남미 아메리카합중국에서 사망했다. 데니는 바스크족 성씨이다.

5. 호러스 뉴턴 알렌(Horace Newton Allen)

호러스 뉴턴 알렌은 1858년 미국 오하이오주 델라웨어 카운티의 에핑턴(Ep-pington)에서 태어났다. 에핑턴은 현지명 카모피로서 좌표는 프랑스령 기아나 Camopi(3.169, -52.335)에 있다. 당시 주조선 미국 공사 루시우스 푸우트는 종교의 자유가 보장되지 않은 조

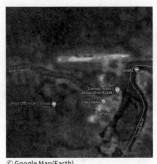

© Google Map(Earth)

선에서 선교사 신분을 내세우는 것은 위험하다고 판단하여, 알렌을 북장로교회 의료선교사가 아닌, 주한 미국공사관의 공의 자격으로 1884년 조선에 오게 하였다.

호러스 알렌은 1885년 조선 최초의 근대식 병원인 제중원(설립 시 광혜

원, 서울대병원의 전신)을 설립했다. 그는 또한 외교관으로 활동했는데 1887년에는 주미 전권공사 박정양(朴定陽)의 수행원으로 미국을 방문하였고, 1890년에는 주한 미국 공사관 서기관으로 근무했으며, 미국 공사로서 1897년부터 1905년 6월 9일까지 근무하다가 가쓰라-태프트 조약 직전에 퇴임하였다. 그는 1932년 이식된 미국에서 사망했다.

6. 딘스모어(Hugh A. Dinsmore, 丹時謨)

1887년부터 1890년까지 주조선 미국 공사 겸 총영사로 근무하였다. 딘스모어는 스코틀랜드 성씨이다.

7. 판뉴욕상무 모오스

판뉴욕상무는 조선 시대에 주뉴욕 조선총영사관에서 근무했던 상무이다. 모오스는 1883년부터 1886년까지 총영사관에서 근무했으며, 조선의 교역과 외교를 담당했다. 모오스는 조선과 미국의 교역을 확대하기 위해 노력했다. 1892년 모오스가 주재하는 미국의 특사단이 경복궁에서 고종 황제를 접견했다.

8. 베에곤(Robert Lansford Beegon)

1908년 조선 내 특허에 관하여 일미 조약을 체결하기 위해 국무대신 대리의 자격으로 조선을 방문하였다. 베에곤은 바스크족 성씨이다.

9. 유벨부오(Albrecht Günther Uebelboer)

화공 유벨부오는 1895년부터 1910년 사망할 때까지 약 15년 동안 조선에서 활동했다. 그는 조선의 풍경, 인물, 풍속 등을 주제로 한 작품을 많이 남겼다. 유벨부오는 바스크족 성씨이다.

F. 새로 편입된 연방주

1. 캘리포니아(California)주

캘리포니아의 뜻은 스페인어로 '뜨거운 화로'이다. 구다천국의 지상화를 뜨거운 화로로 보아 캘리포니아로 부른 것이다.

© Google Map(Earth)

2. 콜로라도(Colorado)주

원래 콜로라도는 굴레의 땅으로 페루 Pasta-za(-4.388, -76.866)에 있다. color는 관문의 뜻으로 以東 지역을 콜로라도라고 한다.

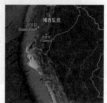
© Google Map(Earth)

3. 네브라스카(Nebraska)주

Nebraska는 '(바닥에 붙어서) 너브러지까'란 뜻이며 주 전체에 플랫강이 흐른다. 좌표는 아마소나스(-1.799, -60.152)에 있다.

© Google Map(Earth)

4. 다코타(Dakota)주

Dakota주는 전체가 꼬여있는 강으로 둘러싸인 곳이라는 뜻이다. 그래서 지역 이름도 꼬아리이다. 좌표는 아마소나스 Coari(-4.995, -63.514)에 있다.

© Google Map(Earth)

5. 와이오밍(Wyoming)주

© Google Map(Earth)

Wyoming주의 뜻은 사투리로 '와요잉'이며, 아름다운 산과 계곡을 보러 오라는 뜻이다. 좌표는 아마소나스 Huachamacare(2.872, -65.660)에 있다.

6. 아이다호(Idaho)주

© Google Map(Earth)

Idaho주의 뜻은 '잇닿아'인데, 곧 산과 계곡이 잇닿아 있다는 뜻이다. 좌표는 콜롬비아 (1.928, -71.328)에 있다.

7. 유타(Uta)주

유타주는 우임금의 땅이란 뜻으로, 회계산(會稽山)을 비롯한 하나라의 영역을 말한다. 좌표는 과이니아(3.534, -69.040)에 있다.

8. 오클라호마(Oklahoma)주

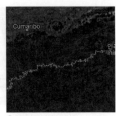

© Google Map(Earth)

Ok-la-homa를 그대로 읽으면 옥나옴 주이다. 녹옥, 즉 에메랄드의 세계 최대광산인 콜롬비아 치보르광산이 있는 곳이 옥나옴주이며 현지명 쿤디나마르카와 메타를 포함하고 있다.

이곳에 과거에는 벽진가야가 존재하였는데 벽진이 바로 에메랄드이다. 또 여기서 homa와 같은 뜻의 영어 home도 항상 들어오는 곳이란 뜻이다.

8-1. 코만치(Comanche)

가지치기 전에는 6~8미터에 달하는 커피콩 상록수는 Cundinama(콩두나무)라고도 하는데 안데스산맥 동측 줄기를 중심으로 하여 중앙 땅에 이 나무가 많다고 하여 쿤디나마르카라고 한다. 그리고 동측 땅을 녹옥(에메랄드)이 난다고 하여 오클라호마, 그 대

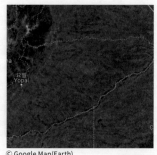

© Google Map(Earth)

척점에 있는 땅을 안티오쿼아(Antioquia)라고 불렀다.

이 세 땅에 살았던 족속들을 합쳐서 커피콩이 많이 나는 땅의 사람들이란 뜻에서 코만치(Comanche)라 하였다. 이들은 과거 백제인이자 고려인으로서 삼한인에 속한다.

9. 아리조나(Arizona)주

옛 독로국은 새터나라(5.721, -62.389)로서 가마우지 모양의 땅에 있다. 이 큰 가마우지를 代祖, 또는 아리조라고 불렀고 아리조의 나라를 아리조나로 불렀다.

아메리카합중국이 이 큰 새를 피닉스로, 새터나라를 Sedona로 바꾸어 불

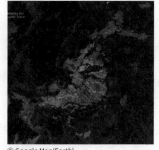

© Google Map(Earth)

렀고, 이 지명을 청국이 멸망하면서, 북미 서부에 이식했다.

1848년에 멕시카국으로부터 할양받았던 아리조나땅이 36년이 지난 1912년에 공식적으로 합중국에 편입되었다는 이상한 역사는 허위일 가능성이 큰 것이다.

10. 뉴멕시코(New Mexico)주

© Google Map(Earth)

뉴멕시코는 1848년 멕시카국으로부터 뺏은 땅으로 새로운 고려의 땅이란 뜻이다. 카나이마 북동측, 오리노코강 이남 지역에 있다. 좌표는 볼리바르(7.617, -61.501)에 있다.

11. 하와이(Hawaii)주

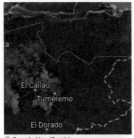

© Google Map(Earth)

이는 1889년 실록에 나오는 단향산의 하와이는 미국에 속하기를 원한 나라이고, 1959년 연방에 가입한 태평양의 하와이는 독립을 유지하기 위해 노력했으나 미국에 침략당한 나라이므로 서로 다른 나라이다.

고종실록 26권, 고종 26년 7월 24일 무진 1번째 기사 1889년

… 하교하기를, "오가는 길에 단향산(檀香山)이 있다고 하던데 그것은 어떤 곳인가?" 하니, 박정양이 아뢰기를, "그것은 하와이에 속하는 섬입니다." 하니, 하교하기를, "하와이는 한 개의 섬나라인데 미국(美國)과 영국(英國)이 그전에 서로 분쟁한 일이 있었다고 하니 무슨 까닭이었는가?" 하니, 박정양이 아뢰기를, "영국에서 하와이를 병탄(竝呑)하려고 하므로 하와이는 그 침략에 견딜 수 없어 미국에 속하기를 원했으니 그것은 대체로 영토가 가깝기 때문이었을 것입니다. 그러나 미국은 본래 남의 땅에 욕심이 없었기 때문에 속국이 되겠다는 그 나라의 소원을 승인하지 않고 그대로 자주 독립하게 하여 지금까지 보호하고 있습니다."

12. 알래스카(Alaska)주

알라스카는 우리말로 아기집 즉 자궁이란 뜻이다.

19세기 말 신암다로서아의 영역으로 1867 년 아메리카합중국의 팽창주의가 두려워 알래스카(현 Nido del Aquila)를 720만 달러에 매각했다. 그런데 말괄량이 소녀의 아기집까지 돈을 주고 구입했으면 잘 통치하면 되지, 왜 고향 땅을 버리고 조선땅을 탐내었는지 알 수가 없다. 타향 땅에서 그들은 결코 행복하지 않았을 것이다.

坤輿萬國全圖,theKanoCollection출처

마. 북미대륙 아메리카합중국 시대(1910년~)

A. 조선 침략을 위한 조선 우호국 팔 자르기 작업

1. 미국-멕시카국 전쟁(1846년~1848년)

1846년 아메리카합중국과 멕시카국 간의 전쟁이 발발하고, 종국에 아메리카합중국이 승전하여, 1848년 청국이 중재한 과달루페 이달고 조약에 의해 멕시카국과의 국경선은 오리노코강이 되었고 전쟁 배상금은 1,500만 달러에 달했다. 이 배상금은 멕시카국의 국토 일부를 합병하는 비용을 충당하기 위해 사용되었다. 결국, 이 전쟁으로 조선의 우호 세력인 멕시카국의 팔을 잘랐다.

2. 조선-미국 전쟁(1871년)

1871년 아메리카합중국이 일으킨 신미양요는 선전포고도 없이 조선을 침략한 국지전이었다. 조선 침략의 전초전이었고 펜실베이니아주, 매사추세츠주, 뉴욕주, 일리노이주 등에서 전쟁 반대 여론이 높아 아메리카 합중국의 군대가 중도에 철수하였다.

아메리카합중국에 있어 이 전쟁의 의의는 조선의 허약한 무력이지만 결사 항전을 경험하였고, 자국 내 반전 여론의 정도를 경험한 전쟁이었다. 아메리카합중국의 군대는 방어용인 국방부가 아니라, 공격용인 전쟁부에서 관리되고 있었다.

3. 청일전쟁(1894년~1895년)과 시모노세끼 강화 조약

1894년 고종이 어리석게도 동학란에 청국군을 끌어들임으로써 텐진 조약에 따라 일본군 또한 끌어들이게 된다. 당시의 일본국은 신일본 세력으로서 해씨판 일본과 해자판 일본을 망라한 세력이었다.

이로써 양국이 조선땅에서 맞붙게 되는데 이를 예상하지 못했다면 황제로서 자격이 없는 것이다. 고종이 동학교도와 협상과 대화를 하는 한편, 군대 양성에 몰두했다면 충분히 피할 수 있는 것이었다.

청국은 이 전쟁에서 패하고 1895년 요동반도, 대만섬, 팽호제도 등의 주권을 포기하는 시모노세끼 강화 조약을 체결하였다. 이때부터 청국은 적극적으로 조선을 도울 수 없게 되었다.

4. 미국-스페인 전쟁(1898년)과 파리 강화 조약

시어도어 루스벨트도 참전한 미국-스페인 전쟁은 1898년 미국이 스페인의 식민지를 빼앗기 위해 일으킨 전쟁이다. 1898년 파리 강화 조약의 주요 내용은 쿠바의 독립 승인과 푸에르토리코, 괌(Mayaguana섬), 필리핀 제도(터커스제도)에 대한 미국의 지배권을 인정하는 것이다. 이 전쟁으로 인해 조선에 우호적인 유구국(쿠바)이란 팔을 자른 것이다.

5. 가쓰라-태프트 조약

아일 전쟁 기간 중인 1905년 7월 29일, 가쓰라 다로(해자판 일본 총리)와 윌리엄 태프트(미국 전쟁부 장관)가 만나 이른바 가쓰라-태프트 조약을 체결했다. 이 조약에서 조선을 일본이 지배하고, 필리핀은 미국이 지배한다는 나눠먹기식에 미일 양국이 합의했다고 하나, 당시 터커스 제도(필리핀섬)는 미국이 미서전쟁의 결과로 지배하고 있었기에 일본에 조선을 할양한 대가라고 볼 수 없다.

따라서 이 조약은 조선 동부는 미국이, 조선 서부는 일본이 가진다는 이면 합의가 감추어져 있는 것이다. 이로써 일본과 미국은 협동하여 조선 침략의 방해 요소들을 없애기로 획책한 것이다.

6. 아라사-일본 전쟁과 포츠머스 강화 조약

6-1. 아라사(俄羅斯)와 로서아(露西亞)의 정체

俄羅斯에서 俄는 '아까', 羅는 '벌이다', 斯는 '희다'이므로, 후발해를 말하는데 북미 북부를 지배했으며 1910년 역사 왜곡 후 현재 국명인 가나다로 불리었다.

로서아는 원래 남미 북서부 지형이 이베리아반도의 암다로서아의 지형을 닮았다고 하여 신암다로서아(곤여만국전도 상)라고 부르는 말이었는데, 1910년 역사 왜곡 이후에는 소비에트 지역으로 이식되었다.

6-2. 아일 전쟁

아일 전쟁은 1904년 2월 8일부터 1905년 9월 5일까지 아라사와 일본 간에 벌어진 전쟁이다.

1900년 완성된 아라사의 여순 해군기지는 아라사 해군 무력의 중심이 된다. 1904년 아일 전쟁이 발발하자, 일본은 여순 해군 기지를 기습하여 아라사 함대를 격파했다. 또 이 전쟁에서 미국은 실제로 미국 전함을 보내어 전투에 참여하였다.

실록에는 1904년에는 전쟁의 주체가 아라사였다가, 1905년에는 한 번도 실록에 기록된 적이 없던 露西亞國이 이 전쟁의 당사자로 등장하는데 이 국가는 새로 만들어진 지명이 분명하다.

> 고종실록 44권, 고종 41년 9월 3일 양력 3번째 기사 1904년
> … 俄國과 일본이 전쟁을 벌이고 있는 때 ….
> 고종실록 46권, 고종 42년 9월 5일 陽曆 3번째 기사 1905년
> 日露講和條約, 成 ….

6-3. 포츠머스 강화 조약

가쓰라-태프트 조약을 실행하기 위해, 1905년 9월 5일 포츠머스 강화 조약에서 俄羅斯는 조선에 대한 간섭을 배제하기로 약속한다. 즉 일본과 미국은, 완전히 패배하지는 않았지만, 패색이 짙은 아라사에게 종전을 선물하고, 대신 조선에 대해 간섭하지 말 것을 강압한 것이다. 또 일본은 아라사로부터 여순 해군기지를 할양받아 이를 확장하고 현대화하여, 태평양 함대의 거점으로 활용했다.

7. 미국의 아시아 사절단

가쓰라-태프트 조약을 체결하여 조선 침략을 명확히 하였고, 을사조약까지 절차가 정해져 있는 상태임에도 1905년 9월 19일 태프트를 단장으로 한 아시아 사절단이 조선을 방문하였다.

어리석게도 속고 있었던 고종은 제1 침략자 시어도어 루스벨트의 딸과 사위, 제2 침략자 윌리엄 하워드 태프트를 극진하게 환대하였다. 21살

의 앨리스 루스벨트는 홍릉을 지키는 석상에 올라타는 기행을 하는 등 멸망하고 있는 조선 황실을 마음껏 조롱하였다.

8. 을사조약

아시아 사절단이 대한제국을 떠난 지 두 달 후인 1905년 11월 17일 대한제국의 외교권을 일본에 넘기는 을사조약이 체결되었다. 고종은 어리석게도 외교권 침탈을 방어하기 위한 법적 장치를 해놓지 않았고, 수많은 미국인, 일본인 관리들이 황실과 정부에 포진해 있어 너무도 허무하게 나라를 잃었다.

고종은 을사조약 이전이나 이후에도 미국의 진짜 침략 의지를 모르고 있었다. 이완용은 1888년 12월부터 1890년 10월까지 주미 대리 공사로 지내면서 미국을 위한 매국노로서 포섭되었고 박제순, 이지용, 이근택, 권중현도 미일에 모두 포섭되었다.

고종실록 26권, 고종 26년 7월 24일 무진 1번째 기사 1889년

미국 주재 전권 대신 … 박정양이 아뢰기를 ….
"그 나라에 상비 육군은 3만 명에 불과한데 각 진영에 배치했으며, 현재 워싱턴에 주둔하여 있는 군사는 몇백 명에 불과합니다…. 나라에 변란이 있을 때마다 천만 명의 정예병을 선 자리에서 동원시킬 수 있습니다." 하니 … 하교하기를, "하와이는 한 개의 섬나라인데 미국(美國)과 영국(英國)이 그전에 서로 분쟁한 일이 있었다고 하니 무슨 까닭이 있는가?" 하니, 박정양이 아뢰기를, "영국에서 하와이를 병탄(竝吞)하려고 하므로 하와이는 그 침략에 견딜 수 없어 미국에 속하기를 원했으니 그 것은 대체로 영토가 가깝기 때문이었을 것입니다. 그러나 미국은 본래 남의 땅에 욕심이 없었기 때문에 속국이 되겠다는 그 나라의 소원을 승인하지 않고 그대로 자주 독립하게 하여 지금까지 보호하고 있습니다."

9. 헤이그 밀사 파견 사건

고종은 을사조약이 미국이 획책한 것임을 1907년 당시에도 모르고 있었고 고종의 일거수일투족이 미국에 보고되고 있다는 사실을 모르고

있었다.

헤이그 밀사 파견은 다음의 필패의 조건을 가지고 있었다.

1) 고종은 을사조약을 획책한 주체를 몰랐던 것

2) 바스크족과 관련이 깊은 감리교회의 지원을 받았다는 것

3) 호머 헐버트도 같이 파견한 것

   호머 헐버트가 고종을 배신하지 않았더라도 다른 감리교회 선교사
   와 계획을 공유하였으므로 미국 정부에 보고되었을 가능성이 크다.

4) 한양에서 탈출하여, 무력 투쟁을 결정하지 못하고 수백만 군인을 모
   을 수도 있었던 그 시기에 고종은 미국이 장악한 국제 평화 회의에
   쓸데없이 매달리고 있었다.

B. 1910년 천자국이 된 아메리카합중국

1. 지명의 청소와 이식

아메리카합중국은 일본과 맺은 가쓰라-태프트 조약의 이면계약에 따
라, 조선 동부를 차지했으며, 그곳의 황인종을 원주민 이주 정책이란
모토 아래 일본 점령 지역인 조선 서부로 몰아넣었다. 히스파니올라 섬
의 일본 정부는 청국의 관동 지방을 관리하고, 조선의 서부와 동아시
아의 대부분 영토를 미국으로부터 잠정적으로 약속받았다. 그러나 아
메리카합중국은 장차 있을 일본과의 결전을 처음부터 준비하고 있었을
것이다.

한편, 스페인이 남미 전역의 고려 땅에서 고려의 지명을 지우는 역사
왜곡과 경제적 착취를 하였으나, 결국 300년을 버티다가 멕시카국 등
이 독립해 나갔으며, 미국-멕시카국 전쟁 후 멕시카국의 땅을 많이 할

양받아 아메리카합중국 영토로 삼았으나, 원주민의 독립운동을 막기에는 역부족이었다. 그리하여 아메리카합중국은 독립운동이 일어날 수 없는 신세계에서 재건국하고 싶었다.

그래서 멸망한 조선땅의 지명을 완전히 삭제하고, 복원이 불가능하도록 남미 아메리카합중국의 역사적 지명을 덧입히는 이중 작업을 계획하게 된 것이다. 조선은 망하고 나서라도 미국이 조선 침략의 주체인 것을 모르게, 속여서라도 꿈의 신세계를 만들고 싶었다. 또한, 신라가 환국 시절부터 오랜 기간 존재했던 장인국(가이아나)을 멸망시키고 그 역사를 폐기하였기 때문에, 북미 조선 멸망 후 113년이 지난 현재도 조선의 역사를 삭제한 것에 대한 죄책감이 없는 것이다.

고종은 수많은 관료와 백성들의 상소에도 미국에 대한 사랑과 믿음은 흔들리지 않았다. 그나마 정확한 정보 판단을 해야 했을 초대 주미 전권 대사 박정양은 1846년 미국-멕시카국 전쟁의 진실을 공부하지 않고, "미국이 남의 땅에 욕심이 없다."라는 거짓 정보를 고종에게 고함으로써, 미국을 항상 존경하고, 영토 침략을 하지 않는 우군이라는 생각을 하고, 황실이나 정부의 관리로 미국인들을 경계 없이 채용하여 주요 정책을 맡긴 것이다. 판단 착오를 한 박정양은 을사조약 후 이완용 등 을사오적을 사형에 처할 것을 주문했지만 이미 멸망 버스는 출발해 버린 뒤였다.

일본 제국을 시켜 조선 동부의 조선인들을 조선 서부로 강제 이주시키는 인종 청소 작업이 진행되어 조선인 중 황인종은 거의 조선 서부로 이동했고, 조선인 중 백인은 그대로 남아 미국을 환영하고 지지할 수밖에 없었다.

조선인 중 황인종이 청소된 조선 동부에는 지명 이식이 활발하였다. 지명 이식은 주로 아메리카합중국의 지명을 그럴듯하게 조선의 지명에 덧입혀 원래의 지명 역사를 송두리째 없애버리는 작업이었다. 이로써 1910년 아메리카합중국은 멸망한 조선 동부에 자체 지명을 전부 이식시키는 세계 최초 최대 규모의 역사 전쟁을 시작한다.

지명의 유래를 알 수 없게 축일에 해당하는 성인의 이름으로 바꾸는 것이 해씨판 일본식 역사 왜곡이었던 것과 확연히 비교된다. 미국은 남미의 지명뿐 아니라 아메리카합중국과 접촉한 원주민의 이름과 역사를 1910년부터 북미 조선과 청국과 아라사에 이식하였고 저항하는 자는 모두 말살하였다.

조선 동부로 아메리카합중국민들이 속속 이주하여 천자국으로 면모가 갖추어지자, 천자국으로서 제후국들에게 명하였다. 남미의 아메리카합중국의 지명을 모두 옛 조선의 지명에 덮어씌우는 데 모든 제후국은 협조하고 비밀에 부칠 것과, 일본 제국에 대해서는 조선 서부에다가 조선 동부에 있던 지명을 신설하고 마치 조선이 조선 서부에만 있었던 것으로 위장할 것과, 브라질에 대해서는 구 아메리카합중국의 영토를 흡수하는 대신, 멕시카 지역을 감시하고, 구 아메리카합중국과 인도의 지명을 지우는 역사 왜곡에 협조할 것과, 아라사에 대해서는 아라사의 영토를 보전하는 대신, 아라사의 역사와 지명을 없애고 가나다로 바꿀 것과 남미의 가나다에 있었던 지명을 이식하고, 역사 왜곡에 동참할 것과, 남미의 멕시카국에 대하여는, 청국의 중미 영토에 멕시카국을 이전하여 국가를 보전시켜 주는 대신 역사 왜곡에 동참할 것과, 남미의 신암대로서아에 대해서는 소비에트 지역에 새로운 나라를 세우게 하는 대신, 역사 왜곡에 동참할 것을 요구하였다.

1910년 북미 동부의 천자국 아메리카합중국은 한일 합방된 북미 중부, 중화 제국의 북미 서부, 가나다(아라사)의 북미 북부와 공존하고 있었다. 그러나 또 다른 천자국을 자처하는 호전적인 일본 제국, 중화 제국과 함께 북미에서 계속하여 공존할 생각은 처음부터 없었다.

아메리카합중국은 조선이라는 소라 껍데기 속에 기생하는 물고기와 같았다. 조선을 기억하고자 힘쓰는 자들은 모두 북미 대륙에서 추방하여 북미 대륙을 신세계화, 신대륙화하였다.

남미 대륙 시절의 지명을 신세계의 어디에 이식하면 덜 의심을 받고 새로운 거짓 역사를 써내려갈 수 있을지 저명한 지명학자들은 숙고하였다. 조선의 유물과 책과 작은 유적은 수거하여 대양 한가운데 던져버렸고, 큰 유적은 파괴하여 레저 경기장 밑에 묻어 버렸다.

똘마니 역할을 주저하지 않았던 일본 제국은 1932년 만주국을 건설했고, 1937년 북미 서부에 있던 중화 제국을 침략, 중일전쟁을 일으키면서 천자국 아메리카합중국과 결별한다.

2. 멸망한 조선에 온 대규모 이주민들

아메리카합중국과 일본 제국의 지배에 대하여, 조선의 억압받던 하층민들과 지배계층에 원한이 있던 지식인들은 대체로 환영하였지만, 대다수의 황인종은 동아시아로의 추방 정책을 피할 수 없었다.

그러나 조선인 중에서 백인종들은 역사 왜곡에 동참하는 한, 아메리카합중국인으로 우대해 주었다.

2-1. 아메리카합중국민의 이주

시어도어 루스벨트와 윌리엄 하워드 태프트를 비롯한 정치인들, 1900년 마라조섬 구루바에서 태어났던 어린 마가렛 미첼, 사업가로서 존 록펠러, 앤드루 카네기, 언론인으로 윌리엄 랜돌프 허스트, 조지프 퓰

리처 등 수많은 아메리카합중국민들이 이주에 동참하였다.

2-2. 바스크족의 이주

1910년부터 1920년까지 수많은 바스크인이 세인트 루이스호, 안토니타호, 뉴욕호, 샌프란시스코호를 타고 멸망한 조선 땅으로 이주하였다. 즉, 바스크족 이민단을 이끈 안토니아 바레아, 마리노 에체베리아 등, 엔리케 에체베리아, 루이스 에체베리아 등 바스크민족 최고회의(Euzkadi Buru Batzar) 간부들, 누시우스 에치후드 등 바스크 청년연합(Euskal Gazteria) 간부들, 라파엘 아라나 등 바스크 국민당(EAJ-PNV) 간부들을 포함한 수많은 바스크족 이민자가 조선 동부에 터를 잡았다.

3. 존 덴버의 마카파 추억 여행

© Google Map(Earth)

존 덴버는 1971년 Take Me Home, Country Roads를 노래하였다. 그리고 1974년 7월 진짜 웨스트버지니아와 가까운 브라질 아마파주의 주도 마카파(진짜 캐롤라이나주)로 추억 여행을 하며 그곳에서 두 번의 감동적인 공연을 하였다.

그곳에서 그는 느꼈을 것이다.

그곳이, 미국인이 있어야 할 진정한 고향임을,

웨스트버지니아의 산신령에게 제사 지낸 Santarem이 있음을,

버지니아 식민지 시절 광부와 그 아내가 살았던 곳이었음을,

밀주가 익는 시골길이 있었던 곳임을,

진짜 블루리지 산맥이 있었던 곳임을,

도아 공주가 익사한 세넌도어(Shenan-Doah)강이 있었던 곳임을,

그는 느꼈을 것이다.

존 덴버는 이 노래를 역사 왜곡 전 진짜 내 고향으로 가고 싶은, 모든 미국인에게 헌정하고 싶었을 것이다.

제6편

거인들의 諸國

"삼국사기 권 제34잡지 제3지리 1에 이르기를 '동쪽으로 장인(長人)을 막고 있는데, 장인은 키가 3길(9m)인 사람으로, 톱날 같은 이빨에 갈고리 손톱으로 사람을 잡아서 먹었다. 신라는 항상 노사(弩士) 수천 명을 두어 이를 지키게 하였다.'고 한다. 한편 신라 동쪽의 장인국은 오늘날 가이아나 3국을 말한다."

가. 거인 세력의 개요

우리는 고래로 소희씨에서 분파된 백소씨계와 흑소씨계를 거인으로 알고 있다. 영어로 거인을 giant라고 하는데 giant에서 gi는 키, ant는 큰 사람이므로 합하면 키 큰 사람이다.

또 거인을 titan이라고 하는데 이는 齒多란 뜻으로 이중 치열을 가진 거인의 특징을 말한 것이다. 유리왕이 석탈해보다 잇금이 많아 이사금이 되었다는 이야기는 유리왕이나 석탈해가 titan에 가까웠다고 생각할 수 있으나 그 종족에 속한 것은 아니었다.

giant, titan 말고도 고대부터 거인들은 여러 가지 이름으로 불렸다. 키가 크다는 의미로 긴이(guinee), 길이(kiri), 기아나(키한아), 장인, 거인, 타이노(大奴)족 등으로 불렸다. 또 발이 크다는 의미에서 바스크(발손큰), 파대온, 발칸, 바이킹, 발할(라) 등으로 불렸다. 또 거인의 발이란 뜻으로 길버트(Gilbert), 걸리버(Gulliber), Galibi족 등으로 불렸다. 또 머리알이 크다는 뜻으로 아라와크, Algonquian(알큰긴), 이로쿼이 등으로 불렸다. 또 코가 크다는 뜻으로 大鼻獫子로 부르기도 했으며, 줄임말로 大獫(Tatar)로 부르기도 하였다.

최초로 거인들이 건국한 동장인국(현재 가이아나, 수리남, 프랑스령 기아나)은 신라의 건국 세력 중 하나였으나 박혁거세와 알력이 생겨 그를 암살하기에 이르고, 그 보복으로 석탈해가 장인국을 멸망시키자 생존한 장인들이 배를 타고 사방으로 흩어졌다. 이때 바다 건너 아프리카에 이주하여 적도기니, 기니, 기니비사우, 가나, 콩고 등지에 나라를 세웠다.

또 마르티니크 섬을 기니족이 차지하는 등 카리브해의 섬들에도 이들이 아라와크라는 이름으로 생존하였다. 이베리아 반도에는 바스크족이 정착하였고 발칸반도와 북구라파에도 장인들이 생존하였다. 또한, 북미에는 원래 백소씨의 장인들이 오래전부터 생존하여, 대하씨, 요련씨의 요국, 대씨의 발해, 대비달자의 후발해를 세웠고, 남미 남부에는 흑소씨의 장인들이 파대온, 파타고니아 등 남장인국을 세우고 생존하였다.

아메리카합중국 역시 옛 장인국 가이아나의 영국 식민지에서 비롯되었고, 상당수의 바스크족 이주민과 가이아나 원주민인 아라와크족들이 세운 나라이므로 그 뿌리가 장인이라 할 수 있다.

황궁씨 계열의 삼한인들이 마고와의 약속인 최후의 복본을 이루기 위해서는 백소씨계 장인 세력의 움직임을 잘 살펴보아야 할 것이다.

나. 거인 세력의 제국

A. 흑소씨계 남장인국(南長人國)

기원전 7197년, 황궁씨계의 환국 시대가 펼쳐질 무렵 흑소씨계는 남쪽으로 내려가 장인국을 세웠다.
곤여만국전도를 보면, 현 아르헨티나 Las Ovejas(-36.962, -70.817)에에 '巴大溫 卽 長人國'이 있다고 기록되어 있다.

坤輿萬國全圖,東北大学附属図書館狩野文庫画像DB출처

巴는 '바라다', 大는 '크게', 溫는 '넉넉하다'이므로 발이 크게 넉넉한 사람 즉 big foot을 말하는데 그들이 남장인국의 구성원들이다. 현재 파타고니아란 말은 파대온에서 나온 말이다.

B. 백소씨계 동장인국(東長人國)

1. 동장인국의 역사

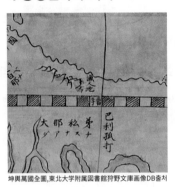

坤輿萬國全圖,東北大学附属図書館狩野文庫画像DB출처

기원전 7197년경 환국 시대가 펼쳐질 무렵 백소씨계는 주로 북미로 이동하였는데 그들이 바로 1931년 의사 브루스 러셀이 발견한 데스밸리의 거인 도시를 만든 장본인들이다. 또 일부는 남미의 동부 즉 현 기아나 지역에 정착하여 동장인국을 세운다.

장인을 뜻하는 키큰아, 키한아에서 귀안아가 나온 것이고, 현재의 Guyana 또는 Guiana란 국명으로 변천하게 되었다. 구다천 고원을 중심으로 한 구다천국이 황궁씨계 환국의 주력인데, 그들에게도 개인별 전투력이 강한 장인들은 매우 위협적이었다. 그러나 장인은 하루에 많은 먹이가 있어야 하는 보급상 약점이 있기에 그나마 환국이 장인국 사람들을 통제할 수 있는 여건이 형성되었다.

곤여만국전도 상 현 Guiana 지역이 漁人地로 기록되어 있는데 漁人은 약탈하는 인간 즉 거인을 말하는 것이다. 결국, 기록을 기반으로 재구성하였을 때, 장인국은 석탈해의 신라에 의해 멸망한 것으로 보이므로, 장인들의 철천지원수는 바로 신라인이었다. 장인국 멸망 후 생존한 장인들은, 남미 왜국과 합작하여 새로운 남미 왜국을 건설하였고, 일

부는 유럽까지 진출하게 된다. 장인들은 납치한 보통 여인들을 통해 점
진적으로 삼한인 모습이 되는 인종 개량에 성공하여 삼한인과 점차 구
분이 힘들어졌다.

장인국 세력 중의 하나가 바스크족인바, 바스크족 로욜라가 만든 예수
회와 해씨판 일본의 관백 펠리페 2세가 합작하고, 남미 페르남부쿠를
보급기지로 하여 삼한정복 전쟁인 임진란을 획책하였으나 종국에는 실
패하였다.

2. 동장인국-신라 전쟁

신라의 시조 박혁거세는 기원전 69
년에 태어나 기원전 57년 신라를 건
국하였다. 신라의 건국은 박혁거세
의 어머니 파소부인(아진의선) 세력
과 알영부인의 동장인국 세력의 합
작으로 이루어졌다.

알영을 낳았던 계룡은 이스터섬 원

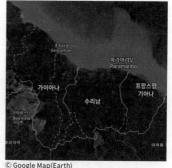

© Google Map(Earth)

주민이 말하는 마케마케(새인간)와 동일 종족이며 이들은 현 가이아나
지역에 있었던 동장인국과 관련이 있다.

박혁거세 재위 말기에, 건국 세력인 동장인국과의 동맹이 알 수 없는
이유로 깨어지게 된다. 그리고 4년 3월 장인 암살자에 의해 죽임을 당
하는데, 그의 시신은 몸통이 없었고 머리와 사지가 허공으로 던져져 흩
어졌다. 이를 신하들이 한 곳으로 수습하고자 하였으나 장인 암살자의
방해로 이마저도 여의찮아, 흩어져 있는 그대로 장사를 지낼 수밖에 없
었다. 현재 경주의 오릉은 서로 너무 가까이 있으므로 장인 큰 뱀이 방
해했다고 볼 수 없는 거리다.

탈해와 함께 파소부인(아진의선) 세력은 박혁거세 암살 배후로 알영과 동장인국을 의심하여, 곧 알영을 제거하게 되고, 동장인국과의 경계에 철관을 세우고 노사 수천 명으로 막아 경계 상태에 돌입하였다. 석탈해가 왕이 되자 동장인국을 본격적으로 공략하여 완전히 멸망시킨다. 그렇다면 석탈해는 육군의 노사부대만으로 9미터 급 거인들을 제압하였을까 의문이 든다.

우리가 생각해 볼 것은 그 이전의 김수로와 석탈해의 전쟁이다. 석탈해는 매 부대, 참새 부대를 운영했고 김수로는 독수리 부대, 새매 부대를 운영한 것으로 보인다. 구로국-독로국 전쟁(쿠루크세트라 전쟁)에서 비행체 부대의 대결이 있었듯이, 석탈해와 김수로 역시 비행체 부대를 가지고 있었을 것이라 추측한다. 석탈해의 비행체 부대는 김수로에게 참패하였으나, 장인국 정복 전쟁에서는 선봉이 되어 장인국을 무너뜨린다. 일본 애니메이션 「진격의 거인」에서는 조사부대의 활약과 거인-인간의 호환이 그려졌는데, 이는 거인을 말살하는 비행체 부대와 거인의 인간 동화의 기억을 투영한 것이다. 결국, 신라 후손인 한민족과 동장인국의 후손들은 금세기까지 끝나지 않은 숨은 대결을 계속 이어가게 된다.

신라의 남쪽 경계는 바다로 기록되어 있는바, 바로 아마존강이다. 아마존강 이남에 남미 왜국이 있는데 그 중심은 마라조섬의 대마국이다. 신라와 남미 왜국의 첫 조우는 기원전 50년 박혁거세 재위 때 일인데 그 후에도 국지전은 계속되었고, 동장인국의 멸망 후 남미 왜국의 침략은 더욱 잦아졌는데 이에 대해 기술하고자 한다.

첫째, 신라 제2대 남해차차웅은 아효공주와 군부 실세인 석탈해를 결혼시켜 박혁거세 시해 후 혼란한 정권을 안정시킨다. 그리고 제3대 유리이사금이 죽자 57년에 석탈해가 제4대 신라왕이 된다. 그는 미리 후

방을 안정시키고자 59년에 남미 왜국과 우호 관계를 맺은 후에, 강력한 군사력을 동원하여 박혁거세 암살의 배후인 동장인국을 멸망시켰는데, 그 시기는 59년과 74년 사이로 추정할 수 있다.

둘째, 동장인국의 잔존 세력 일부는 남미 왜국으로 망명하여, 점차 세력화하게 된다. 신라는 74년 목출도, 292년 사도성, 294년 장봉성, 346년 풍도, 462년 활개성에서 남미 왜국과 전투를 하였는데 이 전투들은 모두 동장인국 부흥운동과 관련이 있다.

셋째, 528년 구주 내전이 벌어진 남미 왜국은 이후 오랜 기간 약소국으로 있다가, 고려 말기 조정의 힘이 약해지자, 기아나 지역이 남미 왜국의 수중에 떨어지게 되는 등, 기아나부터 페르남부쿠까지 해안 벨트는 삼한 정복의 전초기지가 되었다.

3. 동장인국 부흥운동

3-1. 목출도 전투

74년 탈해이사금 재위 때 "왜인이 목출도에 침노하매 왕이 각간 우오를 보내어 막다가 이기지 못하고 우오는 죽었다."라는 삼국사기 기록이 있다.

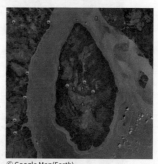
© Google Map(Earth)

한반도 신라에는 목출도를 비정할 만한 섬이 없다. 목출도는 브라질 파라 Chaves(-0.0302, -49.594)로 비정할 수 있는데 섬 안에 나무가 자라나고 있는 모습을 가진, 우리가 그토록 찾았던 목출도가 여기에 있었다.

3-2. 사도성(沙道城) 전투

© Google Map(Earth)

삼국사기에 "292년 왜병(倭兵)이 사도성 (沙道城)을 함락하였다."라는 기록이 있듯이 당시 사도성은 신라의 성이었다.

사도성에서 沙는 '비단(緋緞)', 道는 '다스리다'이므로 이으면 비단 다섯 필의 모양을 가진 땅이다. 현재 좌표는 수리남 Galibi(5.810, -54.231)에 있다.

3-3. 장봉성(長峯城) 전투

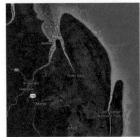
© Google Map(Earth)

장봉성에서 長은 '길다', 峯은 '봉우리'이므로, 긴 봉우리 성을 말한다. "294년 여름에 왜병이 장봉성(長峯城)을 공격해 왔으나 이기지 못하였다."라는 기록이 있다.

장봉성은 의창군의 북측에 있다.

3-4. 풍도(風島) 전투

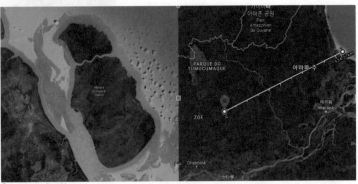
© Google Map(Earth)

"346년 왜병(倭兵)이 풍도(風島)로 침략, 금성(金城)을 포위하였다."라는 삼국사기 기록이 있다. 풍도에서 風은 '바람', 島는 '섬'이므로, 이으면 발 모양의 섬인데 브라질 아마파주 Ilha Marica(2.018, -50.430)에 있다.

3-5. 활개성(活開城) 전투

활개는 순우리말로 어깨에서 팔까지의 양쪽 부분을 말한다. 한자음으로 음차 한 것이 활개성의 活開이다.

삼국사기에 "462년 5월 왜인이 활개성 을 습격하다."라는 기록이 있는데 활개 성은 현재 브라질 아마파주 Tartaru

© Google Map(Earth)

Galzinho(1.276, -50.914)에 있다. 원숭이가 양팔을 뻗어 벌리고 활개 치고 있는 모습이 포착된다.

C. 중북미의 거인국

1. 고지도 상의 거인국

1-1. 사와내국(沙瓦乃國)

사와내국에서 沙는 '봉황', 瓦는 '이다(스 크림 짜다)', 乃는 '어찌'이므로, 이으면 날 개 있는 거인(봉황)들이 스크럼을 짜서 성벽을 만드는 나라로 해석한다.

곤여만국전도 상 오늘날 허드슨만을 띰

坤輿萬國全圖, theKanoCollection출처

泥自斯湖로 기록하고 있고, 그 하방에 사와내국을 그 좌하방에 다아와와를 기록하고 있다.

1-2. 다아와와(多兒瓦瓦)

다이와와에서 多兒는 '거인', 瓦瓦는 '(기와잇기처럼) 스크럼을 짜다'이므로 전쟁 시 거인들이 스크럼을 짜면서 방어하는 모습을 나타낸다.

1-3. 다아미(多兒美)

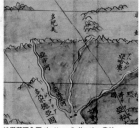

坤輿萬國全圖,theKanoCollection출처

곤여만국전도 상 多兒美는 현재 위치상 대요국의 수도 임황의 위치와 일치한다고 본다. 다아미에서 多는 '크다', 兒는 '아이', 美는 '기리다'이므로 합하면 거인과 장인이란 뜻이다.

1-4. 다물국(多勿國)

坤輿萬國全圖,theKanoCollection출처

多勿國에서 多는 '크다', 勿은 '아니다'이므로, 이면 큰 사람의 나라, 곧 거인국이다. 곤여만국전도 상의 다물국과 오론티우스 세계지도상의 Cathay와 휴스턴과 붉은 땅 계단의 위치가 비슷하다.

2. 계단 부족 연맹체

계단(별칭 거란) 부족은 668년 고구려 멸망 후에, 당나라에 복속되다가 695년 대하씨의 이진충이 영주에 계단 부족 연맹체를 설립했으며, 730년부터 906년까지 요련씨가 부족 연맹장을 맡았다.

2-1. 계단(契丹)

계단은 적현신주를 말한다. 契丹에서 契은 '새기다', 丹은 '붉다'이므로, 이으면 색이 붉은 땅, 즉 북미 브라운필드 인근의 붉은색 땅이며, 이곳이 적현신주이며 현재의 휴스턴이다. 위치는 Orontius Fineus의 1566년 작 세계지도상 Cathay 지명으로 확인할 수 있다.

계단 땅 출신의 거인족을 계단족이라고 하는데 4세기 중엽부터 기록에 나타났으며 광개토대왕 때 고구려에 복속된 족속이다. 계단족은 키가 커서 이름한 키大족과 가로 덩치가 커서 이름한 카大족으로 나뉜다.

키대족은 Kitai, Kitay, Khitan으로 기록되며 세로 거인이다. 여기에 계단족 중 대하씨족이나 발해의 대씨족이 여기에 속한다. 카대족은 Cathay이며 가로 거인이다. 여기에 요련(遙輦)씨족이 포함되는데, 遙는 '멀다', 輦은 '손수레'이므로, 합하면 양손이 멀리 떨어진 가로 거인이다. 734년에 耶律씨족이 처음 기록되는데 耶는 '아버지', 律은 '빗질하다'이므로, 합하면 치아가 4개인 왕 빗을 말한다. 즉, 야율씨족도 요련씨족처럼 가로 거인인 것이다.

2-2. 영주(營州)

계단족 대하씨족의 이진충이 영주를 중심으로 계단부족 연맹체를 세웠다. 좌표는 몬태나 와이올라(45.248, -108.537)에 있다.

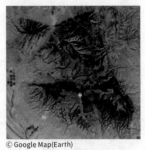

© Google Map(Earth)

營은 '천막집'이란 뜻이므로 합하면 천막집처럼 생긴 땅을 말한다. 그림에서는 중앙에 아기가 자고 있는 천막집이 보이고, 사방에는 천막을 유지하는 천막 줄이 보인다.

3. 발해(渤海)

발해는 大氏족 대조영(大祚榮)이 698년에 세운 나라이다. 현 역사는 大氏 집안을 고구려 왕족으로 보고 있지만, 나는 대씨 집안을 계단 거인족의 일파이나, 고구려계라는 것을 자랑스럽게 생각하는 골수 고구려 유민으로 본다. 발해에서 渤은 물이 솟아오르는 (요동 반도의) 모양이므로, 슈피리어호가 바로 발해이고, 그 영토는 현재 온타리오 인근 지역이 된다. 이 나라는 926년 친선 관계를 유지하던 계단국(대요)의 침략으로 멸망한다.

3-1. 동모산(東牟山)

© Google Map(Earth)

대조영은 동모산을 수도로 하여 발해국을 세웠다.

동모산에서 牟는 '투구'란 뜻이므로, 동쪽에 있는 투구산이다. 좌표는 온타리오(50.889,-84.094)에 있다. 투구중 코가리개가 선명하다.

4. 대요국(大遼國)

907년 당국이 멸망한 후, 계단족 중 요련씨 계열의 야율아보기가 부족 연맹장이 되었고, 916년 임황을 수도로 계단국을 선포하였다. 그리고 926년 같은 계단족의 발해를 갑자기 배신하여 멸망시킨다. 제2대 태종 때 국호를 대요로 고쳤는데, 이는 나라를 구성하는 민족이 가로 거인 요련씨였기 때문이다.

성종(982년~1031년)은 즉위한 후 여요 전쟁(1차 993년, 2차 1010년, 3차 1018년~1019년)을 일으키는데, 3차 여요 전쟁에서 강감찬의 귀주대첩에서 패한 후 더 이상 고려를 침입할 수 없었다. 그 후 1125년에 김나라에 의해 멸망했다.

4-1. 임황(臨潢)

임황은 대요의 수도이다. 임황에서 臨은 '통치하다', 潢은 '웅덩이'이므로, 왕이 통치하는 웅덩이가 된다. 그림에서 동측 상에 왕이 보이고, 서측 중간에 미주리 강 호수가 보이는데, 그 사이가 임황이다. 좌표는 몬태나 브로드워터 카운티

© Google Map(Earth)

(46.557, -111.465)에 있다. 영주로부터 서북으로 274km 떨어져 있다.

5. 아라사(俄羅斯)

발해가 요국에 의해 926년 멸망한 후 발해의 온타리오 지역은 요국, 김국, 원국 순으로 지배를 받다가, 14세기 말경에 후발해로서 아라사가 건국되었다. 그 영토는 온타리오 인근의 발해의 영토보다 더욱 확장되었다.

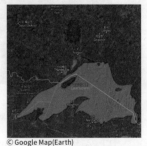
© Google Map(Earth)

俄羅斯에서 俄는 '아까', 羅는 '벌이다', 斯는 '희다'이며, 별칭 鄂羅斯에서 鄂은 '곧은 말을 하다', 羅는 '벌이다', 斯는 '희다'이므로, 바로 후발해를 말한다.

대비달자국(大鼻㺚子國)이라고도 하는데 나라 사람들이 코가 크고 수달같이 생긴 거인이므로 생겨난 이름이다. 대비달자를 줄여서 대달(Ta-tar), 달단, 달자라고 하기도 하였는데 모두 거인을 말한다.

1654년, 1658년, 두 차례의 나선 정벌(아라사 정벌)을 통해 조선과 아라사는 적으로 만나게 된다. 1910년 조선 멸망 이후에는 남미 아메리카 합중국의 서북 측에 있었던 신암다로서아는 배랑해협 이서에 있는 소비에트로 이식되고, 아메리카합중국의 동북 측에 있는 영국의 식민지, 가나다 자치령이 아라사에 이식되어, 아라사는 본디 이름을 잃어버리게 되지만 그 영토는 보전된다.

아라사는 아메리카합중국의 뜻에 따라 조선사를 왜곡했기에 합중국이 아라사에 대해서는 그다지 영토 야욕을 보이지 않았다.

5-1. 블라디보스톡(海蔘威)

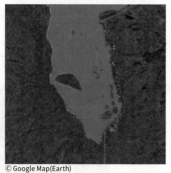
© Google Map(Earth)

해삼위에서 威는 '쥐며느리'이므로, 합하면 해삼과 쥐며느리 모양이 있는 땅이다.

그림에서 제임스만의 바다를 해삼으로 보고, 동측의 작은 섬들을 해삼의 돌기로 보고, 서측의 큰 섬을 쥐며느리로 상상하여 해삼위로 명명하였다. 좌표는 온타리오 아타와피스켓(52.925, -82.424)에 있다. Attawapiskat는 아따와버렸는가란 우리말이며, 쥐며느리를 닮은 Akimiski Island는 미숙아기 며느리를 두고 있는 지역 통치자가 명명한 것임이 틀림없다. 블라디보스는 '통치자, 환웅'을 뜻하므로 이 도시의 이름은 환웅부두로 번역할 수도 있을 것이다.

5-2. 블라디보스톡-홍콩-거문도의 위치

© Google Map(Earth)

6. 캄보디아(Cambodia)

캄보디아란 말은 cam과 bo와 dia로 구성되어 있다. cam은 khmer, 즉 '큰 머리'를 뜻하고 bo는 '부족', dia는 '땅'을 뜻하므로 큰머리부족의 땅이다.

니카라구아(Nicaragua)와 온두라스의 땅을 캄보디아라고 불렀다.

6-1. 프놈펜

캄보디아 수도는 프놈펜(Phnom Penh) 이다. 현지명은 니카라구아의 푸에르 토 카베사스인데 그 뜻은 스페인어로 머리 항구를 의미한다. 큰머리(Khmer) 부족 땅의 수도에 합당한 지명으로 보인다. 좌표는 Puerto Cabezas(14.160, -83.361)에 있다.

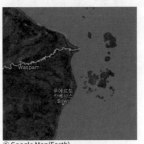

© Google Map(Earth)

7. 마르티니끄(Martinique)섬

조감 모양이 마르틴 꽃을 닮아서 그대로 명명되었다. 그림 아래는 피지

않은 봉우리, 위에는 만개한 꽃 모양이 보인다. 이 섬은 성장을 멈춘 成

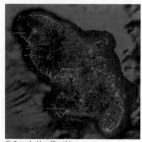
© Google Map(Earth)

人이라도 거주하는 것만으로도 키가 큰다는 소문이 있는 곳이다. Kokoda Track 이란 하이킹 트랙이 있는데, 뜻은 키 크다 트랙이다.

또 거인이 사는 아프리카의 기니와 유사하다고 하여 뉴기니라는 별칭이 있다. 현재의 호주 북쪽의 뉴기니섬은 마르티니끄섬의 역사가 이식된 것이다.

D. 아프리카의 장인 세력

1세기경 장인국(가이아나)이 멸망하자 생존한 장인들이 바다 건너 아프리카에 이주하여 적도기니, 기니, 기니비사우, 가나, 콩고 등지에 나라를 세웠다. 이 5개의 장인국들은 바로 바다 건너에 있었던 신라와 동장인국이 실재했다는 증거가 된다.

1. 기니

기니는 과거 프랑스의 식민지였으며 길이가 길다고 하여 지어진 이름이다. 수도 코나크리는 큰 아가리, 즉 거인의 큰 입을 뜻하는 도시인데, 아프리카 독립운동의 중심지였다.

2. 기니비사우

1446년 포르투갈인에 의해 발견되어 포르투갈 최초의 해외 식민지가 되었으며 1974년에 정식으로 독립하였다. 비사우(Bissau)는 이 나라의 수도이며 비사우족이 전체의 약 30%를 차지하는데 서아프리카의 만다어족 계열이다. 노예 매매 시 오가는 말로 '거인비싸유'를 유추할 수 있다.

3. 가나

가나는 과거 영국의 식민지였던 국가이다. 나라 이름 가나는 큰 아이를 뜻한다. 아크라는 가나의 수도인데 우리말 '크다'의 감탄사 격이다.

4. 적도 기니

적도 기니는 또 하나의 거인국으로서, 리오무니와 비오코섬으로 이루어진 국가이다.

4-1. 리오무니

리오무니는 적도 기니의 내륙 영토로서 일명 무는 땅이다. 이 땅을 곤여만국전도에는 黙大入刺로 표현해 놓았는데 '입이 커서 입에 넣어 끊어버린다.'로 해석할 수 있다. 즉 이 땅에 거인이 살았음을 알려주고 있다.

坤輿萬國全圖,theKanoCollection출처

4-2. 비오코섬

이 섬은 곤여만국전도 상 선다묵도로 기록되어 있다. 仙多黙島에서 仙은 '거인(계룡)', 多는 '크다', 黙은 '입 다물다'이므로 합하면 거인의 큰 입이 된다. 선다묵도와 말라보와 비오코섬을 종합하여 해석하면 섬 이름의 원형은 '거인의 큰 입으로 말아버리는 곳'이 된다.

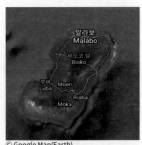

© Google Map(Earth)

5. 콩고민주공화국

© Google Map(Earth)

콩고는 큰 거란 우리말로, 거인의 나라를 말한다. 지상화에는 좌측 날개, 오른손에는 2개의 긴 손가락, 왼손에는 6개의 손가락을 가진 거인의 모습이 보인다. 거인의 심장 위치에는 수도 킨샤사(Kinshasa)가 있다. 그래서 킨샤사는 거인의 심장이란 별칭을 갖는다.

킨샤사는 아프리카에서 가장 인구가 많은 도시이다. 1960년 6월 30일, 콩고는 벨기에가 자행한 수많은 학살에서 벗어나 독립을 쟁취하였다.

E. 비엣(Viet)족의 나라

비엣족은 마라조섬에 사는 원주민들이다. 그들은 멸망한 장인국을 탈출한 생존 장인들이 남미 왜국에 망명하여 왜인과 혼혈하여 생긴 민족이다. 비엣족이 해외로 진출하여 So-Viet 운동과 베트남 건국을 통해 세계사에 흔적을 남겨놓았으나, 목적을 위하여 너무 많은 희생을 치렀다.

1. 마라-비에트

소모양의 표씨 제국(일명 러시아 제국)에서의 비엣족의 민족주의 운동과, 수단으로써의 공산주의를 소비에트 운동이라고 하는 반면, 19세기 후반부터 20세기 초반까지 마라조섬에서의 비엣족 민족주의 운동을 마라-비에트라고 한다. 비엣족은 반봉건주의, 개혁주의를 통하여 비엣족

만의 독립국가를 세우기를 원하였으나 종국에는 브라질에 종속되었다.

1-1. 베트민(越盟)

비엣족은 원래 살던 땅, 마라조섬을 베트민(Viet Minh)으로, 동남아에 이식된 땅을 베트남으로 구분하여 부름으로써, 근본을 잊지 않으려고 노력하였다. 이는 한민족이 어떤 배경의 사진을 찍더라도, 경험상 무조건 자신의 얼굴이 들어가게 찍도록 훈련된 것과 같다.

越族에서 越은 '빼앗다'란 뜻이므로 비엣(Viet)의 뜻과 같다. 원래 마라조섬에는 숫말의 사정액을 빼앗아 암말에게 주는 주술적 관습이 있어, 이를 행하는 사람들을 비엣족 또는 월족이라 부르게 된 것이다.

1-2. 하노이(河內)

하노이의 이식 전의 현지명은 벨렘이다. 벨렘은 숫말의 성기에 대해 암말의 성기가 벌린다는 벌림의 뜻이고 하노이(하내)는 암말의 성기 안이란 뜻이다.

벨렘은 아메리카합중국의 조지아주가 있었던 곳이고, 1910년에 이 나라가 북미로 이주해 버린 후, 다시 자리 잡은 나라가 베트민이다. 베트민은 2차 세계대전 후 동남아 현 베트남으로 이식된다.

1-3. 랑손(蟳山)

한자로는 녕산인데 蟳은 '새우'이므로 새우 모양의 땅을 말한다. 좌표는 브라질 파라주(-0.316, -48.409)에 있다.

아메리카합중국 조지아주의 원주민은 越族(Viet족)인데 이들의 독립 투쟁은

© Google Map(Earth)

아메리카합중국이 북미로 옮겨가는 한 원인이 되었다.

2. 베트남

© Google Map(Earth)

마라조섬의 베트민에서, 땅의 모양이 베트남 고유 악기 딩남(역ㄴ형)을 닮은 현재의 동남아로 이식되면서, 베트남이라고 부르기 시작하였다. 현재 많은 비엣족이 베트남으로 이주하였다. 그러나 마라조섬이 비엣족의 원 고향이라는 사실을 잊지 말았으면 좋겠다.

3. 소비에트(so-viet)

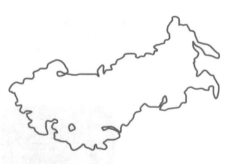

20세기초 표씨 제국의 영역

표씨 제국(Россійская Имперія)은 표트르 1세(1682년~1725년)가 1721년 설립한 후, 1917년 니콜라이 2세 때 소비에트에 의해 멸망하기까지 존속하였다.

고려 사백력아행성의 영역을 수중에 넣은 표씨 제국의 20세기 초 지상화를 보면, 한 마리의 거대한 소를 연상하게 한다.

한편, 남미 아메리카합중국의 북서부에 있던 신암대노서아(약칭 노서아)가 아메리카합중국의 북미 이동에 따라 1905년 표씨 제국의 땅에 이식되기로 계획되었다. 그래서 먼저 러시아 알파벳에서 P 발음을 R 발음으로 변경하여 '표씨' 제국을 '러시' 제국으로 바꾸어 읽기로 한다. 다음 순서로 1905년 10월 표씨 제국의 수도 상트페테르부르크에서 소비에트가 처음 설립되었고, 그 후 각지에서 자체 소비에트가 설립되었다. 소비에트란 말에는 소 모양의 땅이라는 것과 세력층이 비엣족이라는 말을 내포하고 있는 당시의 신조어였다.

마침내 1917년 소비에트 세력은 표씨 제국을 무너뜨리고 소비에트연방을 창설한다. 소비에트는 혁명의 주요 파트너였던 중공과 적대적으로 대결하는 것과는 달리, 베트남을 물심양면으로 적극적으로 지원하게 된다.

제7편

근세 조선의 역외 영토

"1437년 세종실록 76권 8번째 기사에서 백두산은 조선의 국경 밖에 있음을 명시하였다."

"대한 독립전쟁의 근원지, 봉오동, 청산리 및 해란강의 정확한 위치를 알아야 대한 독립전쟁을 논할 수 있다."

가. 역외 영토의 개요

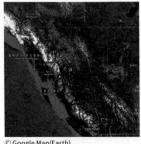

© Google Map(Earth)

기원전 1285년, 제22대 색불루 단군이 제21대 소태 단군을 불복하여 단군조선 제2기 시대를 열었다. 이 색불루 단군이 백두산에서 발흥한 해씨 집안 출신이므로 삼한인들은 그때부터 백두산을 성지로 삼아 제사를 지내오고 있었다.

단군조선의 계승을 표방한 고려의 말기에 명 태조가 관북 지역에 철령위를 설치한다고 하여 고려의 반발이 심하였는데, 바로 고려의 백두산 제단 영토를 잃을 수도 있었기 때문이었다.

그 위기감에 고려가 요동 정벌을 준비하자, 이를 무마하고자 명 태조는 백두산 영토 및 그 이북은 고려의 역외 영토로 귀속시켜준 것이다.

실록을 보면 1432년 세종은 황희에게 백두산 영토를 찾을 것이라고 말하였고, 그 2년 후인 1434년부터 세종은 봉밀산에 4군을 개척하여 1443년 여연, 무창, 우예, 자성 4군이 완성되었다. 하지만 계속된 여진의 침입과 군비 증가 등의 문제로 1455년 3개 군이 철폐되었고, 1459년 자성군까지 철폐하게 되었다. 이를 폐사군(廢四郡)이라 하였는데 그 와중에도 백두산 제사는 계속되어 왔다.

이 역외 영토는 울타리란 뜻의 '路'라고 불렀는데 백두산정계비 설치 전까지는 남북로는 조선의 역외 영토였음이 분명한 것이다. 남북로에서 산 또는 육지를 강이 둘러싸는 특이한 지형을 보이는데 이를 간도라고 한다. 흑룡의 간도를 북간도, 장백산 간도를 서간도, 백두산 간도를 동간도라 한다.

南路는 별칭 '칼산'으로, 동측 순으로 현덕진, 백두산, 보다회산, 장백산 등의 산과 압록강, 토문강, 두만강 등의 강을 포함하고 있었다. 또 北路는 별칭 '흑룡산'으로, 동측 순으로 비암산, 봉산, 밀산, 계산, 용두산 등의 산과 흑룡강, 해란강, 속평강, 흥개호를 포함하고 있었다.

남북로의 지명 원칙은 인구 증가와 출산이 중요했던 어떤 시기를 반영한 것이며, 지명이 철저히 왜곡된 현시점에서, 명명자의 모든 생각을 최대한 읽어야 했기에, 다소 외설스럽더라도 저자가 의도한 것이 아니기에, 양해하여 주시기를 바란다.

나. 실록에 나타난 조선의 역외 영토

태종실록 28권, 태종 14년 8월 21일 신유 2번째 기사 1414년

··· 예조에서 산천(山川)의 사전(祀典) 제도를 올렸다.
··· 영길도(永吉道)의 현덕진(顯德鎭)·백두산(白頭山)은 이것은 모두 옛날 그대로 소재관(所在官)에서 스스로 행하게 하고 ···.

세종실록 56권, 세종 14년 4월 12일 경자 5번째 기사 1432년

··· 임금이 말하기를, "백두산 근처에 한 땅이 있는데, 명나라의 태조 고황제가 고려에 예속시켰다. 내가 《지리지(地理志)》를 보니 한 옛 성의 터가 백두산 앞에 가로놓여 있는데, 이것이 그 땅이 아닌가 의심된다. 마땅히 찾아내어 우리나라의 경계(境界)로 하여야 하겠다." 하니 ···.

세종실록 76권, 세종 19년 3월 13일 계묘 2번째 기사 1437년

··· 예조에서 여러 도의 순심 별감(巡審別監)의 계본(啓本)에 의거하여, 악(嶽)·해(海)·독(瀆)·산천의 단묘(壇廟)와 신패(神牌)의 제도를 상정하기를, ··· 현덕진(顯德鎭)과 백두산의 단 위판은, 하나는 백두산지신(白頭山之神)이라 쓰고, 하나는 현덕진지신(顯德鎭之神)이라고 썼는데, 위의 백두산은 본국의 경내가 아니고, 현덕진(顯德鎭)은 고려 때에 혁파하여 별로 영험이 없으니, 청하건대, 모두 사전에서 삭제할 것 ···.

다. 백두산정계비 이후 역외 영토

1. 백두산정계비의 목적

최초의 김국은 신라 마의태자의 후손, 김아골타가 1115년에 백두산 길림에서 발흥하여 세운 나라로서, 고구려를 계승한 고려를 존중하여 한 번도 침략하지 않았다.

그 후, 명국은 길림지역의 여진족을 다스리기 위해 건주위(建州衛), 건주좌위, 건주우위의 삼위를 설치했는데, 이 건주위에서 후김국이 발흥하였다. 후김국(대청)은 조선을 적대시하였는데 이는 조선의 왕족이 신라의 김씨 출신도 아니었고, 단군조선의 해씨 출신도 아니었고, 고구려를 계승한 것도 아니었고, 후김국(대청)에 우호적이지도 않았기 때문이다.

결국, 청국은 근세 조선에 병자호란이란 엄청난 고초를 겪게 하였고, 백두산 일대를 청국의 발상지라 하여 봉금 지역으로 선포하였으나, 조선의 역외 영토를 모두 빼앗은 것은 아니었다.

청국 건국 후 대지진 등 자연재해가 속출하자, 백두산 제사의 필요성이 대두하기 시작하였는데, 제4대 강희제는 백두산 제단에서 2회의 제사를 지내기도 하였다. 그 후 강희제는 길림 출신 목극등으로 하여금 1712년 백두산 정계비(定界碑)를 세우게 하여, 조청 간 국경을 획정하게 하였다.

정계비에는 "오라총관 목극등이 황지를 받들어 국경을 조사하기 위해 살펴보니, 서쪽은 압록강이며, 동쪽은 토문강이므로 분수령 위에 돌에 새겨 기록한다."라는 내용이 적혀 있었다.

즉, 압록강은 동서로 장백산과 백두산을 나눌 수 있고, 토문강은 남북으로 나눌 수 있는데, 토문을 포함한 백두산 이남만을 조선땅으로 귀속한 것이다. 조선은 역외 영토에 대한 무지로 인하여 제대로 대처하지 못하여, 백두산 영토를 제외한 나머지 장백산 영토, 흑룡산 영토를 상실하였으나, 숙종은 만족한다면서 시를 남기기까지 하였다.

그 후 1881년, 청국이 봉금을 해제하였고, 1883년부터 토문강과 두만강이 같은 강이라고 주장하며, 기존 백두산 영토 중 가장 중요한 제단인 토문을 빼앗아 가져가려는 술책을 편다.

국경 협상이 지지부진하던 1909년, 일제는 조선을 대신하여 청국의 두만강 기점 주장을 수용하는 간도협약을 체결하여 토문을 청국에 넘긴다. 그러나 이미 본토를 잃은 조선에 역외영토의 수호는 별 의미가 없었다.

2. 백두산정계비 터의 발견

백두산정계비는 1931년 만주사변 당시 일본에 의해 파괴되었다고 하며 현재 탁본만 남아 있다.

원래 정계비가 있었던 터는 애매하여 찾기가 매우 힘들었다. 그러나 압록강과 토문강의 분계 지점이며, 병사봉과 대연지봉의 중간 지점이며, 초승달 모

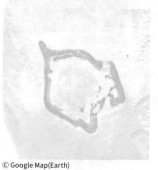

© Google Map(Earth)

양의 천지로부터 동남쪽으로 4km에 있어야 한다는 조건으로 찾은 좌표는 알버타주(53.330, -119.049)에 있었다.

그림에서 오각형의 울타리가 있고 뾰족한 부분을 이어 북서쪽으로 4km를 가면 천지가 보이고 그 울타리 반대에는 출입문이 설치되어 있다.

라. 역외 영토의 지명

A. 칼산 영토의 지명

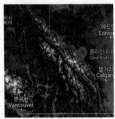
© Google Map(Earth)

근세 조선에서는 백두산과 장백산을 합하여 칼산으로 불렀다. 즉 선조들은 이 지형을 여성기 모양으로 본 것이다.

1. 보다회산(甫多會山)

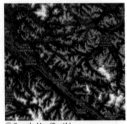
© Google Map(Earth)

백두산(白頭山)과 장백산(長白山)은 가까이 접해 있었으며, 두 산 사이에는 보다회산이 있었다. 보다회산에서 甫는 '갓', 多는 '나머지', 會는 '상투'이므로, 합하면 갓이 없는 상투 모양의 산이다.

그림에는 갓 없이 상투만 쓴 사람 얼굴 모양이 보이는데 영락없는 보다회산이다. 또 소나무꽃을 닮았다 하여 별칭 송화(松花)라고 하는데 토문산과 보다회산 사이를 흐르는 강을 토문강 또는 송화강이라 한다.

2. 백두산(白頭山)

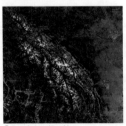
© Google Map(Earth)

백두산은 칼산 중 동측에 있는 산인데, 오늘날 Robson산이라 부른다. 즉 도둑 후손들의 산, Robinhood산이다. 아마도 죄를 저지르고 봉금된 이 산에 숨어드는 도둑들이 많아서 붙인 이름일 것이다.

또 백두산에서 白은 '부질없이', 頭는 '머리'이므로, 합하면 불질하여 중간중간에 끊어진 머리카락 모양의 땅을 말한다.

3. 백두산 천지(白頭山 天池)

천지는 오늘날 트윈트리호이다. 백두산 천지는 둥글지 않고, 초승달 또는 타원형 모양을 하고 있으며, 길이는 약 7km, 폭은 약 3km로 기록되어 있는데 현재는 길이만 맞다.

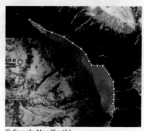

© Google Map(Earth)

4. 병사봉(兵使峰)

병사봉에서 兵은 '군인', 使는 '따르다'이므로, 군인과 딸이 된다. 그림의 왼편에는 군인이, 오른편에는 딸(여자)이 있다. 최고 3,007m인데, 좌표는 브리티시 컬럼비아 프레이저-포르 조지(53.186, -119.343)에 있다.

© Google Map(Earth)

5. 대연지봉(大臙脂峰)

대연지에서 大는 '크다', 臙脂는 '볼에 바르는 연지'이므로, 큰 연지를 바른 얼굴 모양으로서 좌표는 알버타주(53.257, -118.960)에 있다.

© Google Map(Earth)

6. 토문산(土門山)

© Google Map(Earth)

토문에서 土는 '헤아리다', 門은 '집안'이
므로 해씨 집안을 말한다. 즉 단군조선
제2기의 해씨 집안이 이곳 토문에서 탄
생했음을 알려주는 것이고, 우리 민족의
성지가 되는 것이다. 또한, 그림에서 해
알이란 일출의 모양을 그대로 보여준다.

또 별칭 도문(圖們)에서 圖는 '헤아리다', 們은 '무리'이므로 합하면 해씨
집안으로 토문의 뜻과 같다. 그러나 1883년경부터 청국은 圖를 용기
(用器)로 재해석하여 토문강, 도문강, 두만강을 모두 같은 강이라고 주
장하였다.

6-1. 토문강(土門江)

© Google Map(Earth)

토문강은 현재 스모키강인데 피스강의 지
류이다. 토문강의 이남이 1712년 획정된
조선의 영토인데 토문산을 포함하고 있다.

7. 두만산(豆滿山)

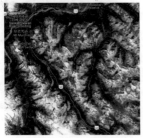
© Google Map(Earth)

豆는 '콩 또는 술잔', 滿은 '가득 차 있다'
이므로, 콩줄기나 술잔으로 가득 차 있는
모양을 말한다. 좌표는 알버타주(51.898,
-116.532)에 있다.

7-1. 두만강(豆滿江)

두만강은 현재 클라인강을 말하는데 사스캐처원강으로 합류한다. saske는 '술'에 대응하고, tche은 '잔'에 대응하는데, 합하여 sasketche 는 술잔이란 뜻을 가진 豆에 대응한다.

또 wan은 滿에 대응하므로 Saskatchewan River는 두만강이다. 절 벽의 돌기 모양을 豆로 볼 수도 있는데 마침 이 지역이 캐나다 최대의 콩 생산지이기도 하다. 두만강은 알버타주 백두산의 대연지봉 동쪽 기 슭에서 발원하는 석을수(石乙水)를 원류로 하여 북쪽으로 흐른다.

8. 압록강(鴨綠江)

압록에서 鴨은 '여종', 綠은 '조개풀'이므로, 꿰면 여성기가 된다. 또 장 백산과 백두산이 만나는 깊은 계곡을 압록이라 하며 이 계곡을 흐르 는 강을 압록강(鴨綠江)이라 한다. 즉 압록강은 나란히 전개되는 二大 山의 가운데를 흐르는 큰 강으로서, 이를 일반화시키면 많은 압록강이 있을 수 있다. 그래서 압록강은 '백두산의 압록강'처럼 산 이름을 붙여 서 특정하는 것이다.

9. 청산(靑山) 지역

고려의 청산별곡(靑山別曲)은 민족의 영산인 백두산의 청산에서 살고 싶음을 노래한 것이다. 靑은 '대껍질(대나무의 순(筍)을 싸고 있는 껍질)' 을 말하므로, 청산은 '음핵을 싸고 있는 껍질 부분', 즉 여성기 모양 땅 의 상반부에 해당하는 땅이다.

또 황진이가 왕족 벽계수(이종숙)를 간 보기 위하여 노래한 시조가 있 는데, 벽계수는 황진이가 진짜 유혹하는 줄 알고, 가던 길 돌이켰으므 로 황진이의 시험에 통과하지 못했던 에피소드가 있다.

靑山裏碧溪水: 여성기 속 애액(청산 속의 압록수)이여

莫誇易移去: 애액이 쉽게 나올 거라 자신하지 마라

一到滄海不復還: 애액이 한번 바다로 가면 돌아오지 못하듯,

너도 한번 가면 돌아오지 못하리

明月滿空山: 나만이 이 산에 있으니

暫休且去奈何: 잠시 나랑 쉬었다가 가는 것이 어떠한가

청산의 동측 반을 행정상 화룡현(化龍縣)이라고도 불렀다. 化는 '가르치다', 龍은 '은총(恩寵)'이므로, 합하면 여성기 중 은총을 받은 상반부를 말한다. 대체로 선조들은 여성기를 은유적으로 칼로 표현하였는데, Clitoris(칼의 묘)는 8,000개 이상의 신경 말단을 가진 성감대로서 은총을 받았다는 것이 아닐까 생각해 본다.

행정상 화룡현의 일도구는 평지로서 일본군 사령부가 있는 일본인 거주 지역이었다. 그보다 서쪽에 있는 산으로 접어들면 이도구가 있고, 압록강 가까이에 삼도구(三道區)가 있었다.

9-1. 어랑촌(魚郞村)

© Google Map(Earth)

어랑촌은 이도구에 있다. 어랑촌에서 魚는 '물고기', 郞은 '사내'이므로, 합하면 물고기 사내, 즉 인어 모양의 땅이다. 어랑의 머리가 있는 좌표는 알버타주(54.055, -119.632)에 있다.

9-2. 백운평(白雲坪)

백운평은 삼도구에 있다. 白은 '비단(緋緞)', 雲은 '덩이짐의 비유'이므로, 합하면 비단 같은 덩이를 말한다. 은어화되는 과정에서 나온 지명인데 음핵의 윗부분 두덩을 말한다.

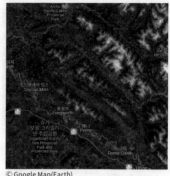
© Google Map(Earth)

9-3. 천수평(泉水坪)

천수평은 삼도구에 있다. 泉은 '조개의 이름', 수는 '액체(液體)'이므로, 합하면 애액이 나오는 땅이다. 좌표는 브리티시컬럼비아주(52.621, -118.635)에 있다.

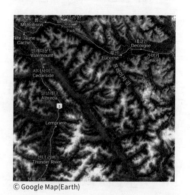
© Google Map(Earth)

9-4. 완루곡(完虜谷)

완루곡은 삼도구에 있는데, 完은 '둥글다', 虜는 '사로잡다'이므로, 합하면 둥근 살인데 이른바 음핵이다. 별칭으로 보다회산 또는 송화라고 한다. 좌표는 브리티시컬럼비아주(53.550, -119.885)에 있다.

© Google Map(Earth)

9-5. 봉밀구(蜂密溝)

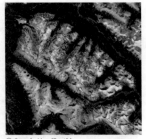

© Google Map(Earth)

봉밀구는 삼도구에 있다. 蜂은 '봉망(鋒鋩: 창, 칼 따위의 뾰족한 끝)', 密은 '촘촘하다', 溝는 '해자(垓子)'이므로 합하면 창칼이 촘촘한 해자 모양의 땅이다. 이는 질내 돌기 모양의 땅을 말한다. 좌표는 알버타주(53.580, -119.067)에 있다.

10. 길림(吉林)

© Google Map(Earth)

길림에서 吉은 '혼인', 林은 '집단'이므로, 혼인 집단 또는 집단 성관계를 하는 모습의 땅이다. 좌표는 알버타주(55.819, 118.562)에 있다.

별칭 女眞에서 女는 '짝짓다', 眞은 '진리(眞理)'이므로, 합하면 관계하는 것이 최우선이자 진리인 곳이다.

길림 출신의 부족을 여진족이라 한다.

11. 장백산(長白山)

© Google Map(Earth)

장백산에서 長은 '길다', 白은 '비단'이므로 꿰면 길게 땋은 비단 머리 모양의 산이다.

12. 연변(延邊)

연변에서 延은 '면류관 덮개', 邊은 '가장자리'이므로, 합하면 음순 가장자리이다. 또 Calgory에서 cal은 '여성기', gory는 '걸이'로 보아, 음순을 나타낸다고 해석할 수 있다. 따라서 연변은 Calgory와 동일 지명이라고 보는 것이다.

© Google Map(Earth)

13. 서구금척(西區金尺)

현지명 Skookumchuck이다. 목극등이 양천척뿐 아니라 서구금척(서양의 금척)을 가지고 측량한 것을 기념한 것이다. 서구금척에는 평수준기, 사분의원, 테오돌라이트 등이 있다. 좌표는 Skookum-chuck(49.913, -115.735)에 있다.

© Google Map(Earth)

B. 흑룡산(黑龍山) 영토의 지명

흑룡산은 두 개의 산 즉, 동측 비암산, 서측 봉밀산으로 구성되어 있다. 그림의 중앙에 비상하려는 순간의 흑룡이 있다.

© Google Map(Earth)

1. 비암산(琵岩山)

© Google Map(Earth)

비암산에서 琵는 '비파(琵琶)'이므로, 비파 모양의 돌산을 의미한다. 좌표는 브리티시컬럼비아주(58.209, -124.814)에 있다.

일제강점기 한때 김구, 이승만 등이 비암산에 거주한 적도 있었으며, 비암산을 배경으로 한 가곡으로는 윤해영과 조두남이 작사 작곡한 선구자가 있다. 비록 친일파의 노래란 논란이 있기는 하나, 그 내용에서는 우리의 잃어버린 북간도에서 활동한 독립운동가의 비장함을 느낄 수 있다. 또 이 노래에는 우리가 잃어버렸던 지명, 비암산, 해란강, 용두레 우물가, 용문교, 용주사 등이 있다.

일송정 푸른 솔은 늙어 늙어 갔어도
한줄기 해란강은 천년 두고 흐른다.
지난날 강가에서 말 달리던 선구자
지금은 어느 곳에 거친 꿈이 깊었나.
용두레 우물가에 밤새 소리 들릴 때
뜻깊은 용문교에 달빛 고이 비친다.
이역 하늘 바라보며 활을 쏘던 선구자
지금은 어느 곳에 거친 꿈이 깊었나.
용주사 저녁 종이 비암산에 울릴 때
사나이 굳은 마음 길이 새겨 두었네.
조국을 찾겠노라 맹세하던 선구자
지금은 어느 곳에 거친 꿈이 깊었나.

2. 해란산(海蘭山)

해란에서 海는 '크다', 蘭은 '난초'이므로 큰 난초를 말한다. 별칭 용조(龍爪)는 지상화에서 용의 발톱으로도 볼 수 있기 때문에 붙은 이름이다. 별칭 文草(Muncho)는 文字를 닮은 풀이라 하여 불렸다. 해란강은 해란산 중앙을 흐른다.

© Google Map(Earth)

2-1. 용조사(龍爪寺)

해란 또는 용조에 있는 절 이름이다. 중국어로 용주사로 불린다. 좌표는 브리티시컬럼비아주(58.846, -125.231)로 추정된다.

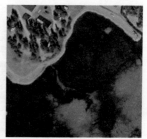
© Google Map(Earth)

2-2. 문초호(文草湖)

문초호는 현지명으로 Lake Muncho이다. 文草는 海蘭草를 말하고, 해란 땅과 동일한 곳이다. 문초호는 해란강이 만들어낸 호수이다.

© Google Map(Earth)

3. 봉오동(鳳梧洞)

봉오동은 비암산의 중간부에 있다. 鳳은 '鳳凰', 梧는 '맞이하다'이므로, 꿰면 수컷 봉(위)과 암컷 황(아래)이 서로 맞이하는 모습을 한 땅이다.

우리 독립전쟁사에서 유명한 봉오동전투가 이곳에서 벌어졌다.

© Google Map(Earth)

별칭 속평(速平)에서 速은 '에워싸다', 平은 '손쉽다'이므로, 합하면 손으로 에워싸 수읍하는 모습의 땅이다. 이곳을 흐르는 강을 속평강(Musquaw River)이라 하는데 고려 시대 윤관이 영토 확장비를 세운 바 있다.

4. 봉밀산(蜂蜜山)

© Google Map(Earth)

봉밀산은 비암산의 서측에 있는 산이다. 蜂은 '꿀벌', 蜜은 '벌꿀'이므로 꿀벌과 벌꿀 집이다.

그림 중앙에 비암산이 있고 그 좌측에 봉산이 있고 그 좌측에 벌꿀 집을 의미하는 밀산이 있는데 이를 합하여 봉밀산이라 한다. 좌표는 브리티시컬럼비아주(57.060, -126.190)에 있다.

5. 우예(虞芮)

© Google Map(Earth)

우예는 4군 중 가장 북측에 위치했으며, 봉밀산과 용두산의 경계에 있으며, 좌우로 여연과 무창이 있었다.

虞는 '헤아리다', 芮는 '방패(防牌·旁牌) 끈'이므로 합하면 헤알이 그려진 방패 모양의 땅이 된다. 좌표는 유콘 테리토리 (60.005, -130.560)에 있다.

6. 흥개호(興凱湖)

흥개호는 봉밀산 남쪽 인근에 있다. 흥개호에서 興은 '일다', 凱는 '마파람'이므로 합하면 마파람이 불 듯한 모양의 호수이다.

별칭 미타호(湄沱湖)에서 湄는 '더운 물', 沱는 '눈물이 흐르는 모양'이므로, 합하면 더운 눈물이 흐르는 모양이다. 좌표는 브리티시컬럼비아주

© Google Map(Earth)

(54.952, -125.359)에 있다. 그림에서 여러 호수들이 합쳐서 눈물 흐르는 모양이나 바람이 부는 형태를 나타내 주고 있다.

나는 본 원고가 거의 완성될 무렵, 한 지인에게 이를 공개하였다.

주어진 사명이라고 힘겨워하던 내 얼굴이 환해졌다고 지인은 좋아하였다. 그리고 책의 홍보에 대해 걱정하였더니 지인은 이렇게 말했다.

"선생님은 사직 신들의 일을 대신하신 거잖아요. 일단 출판을 하면, 홍보를 하든 말든, 사직 신들이 알아서 하시겠죠. 선생님 개원할 즈음 일면식도 없던 망자가 병원을 소개한 적이 있듯이 말이에요."

지인은 병원의 옛적 이야기를 기억하고 말한 것이었다.

2002년 내가 연고가 없던 곳에 개원하고 5개월쯤 지난 시점이었다. 하루는 50대 여자 환자가 어지럼 등 여러 가지 고질적인 증상을 주소로 나를 찾아왔는데 시어머니가 이 병원을 소개하여 주셔서 왔다고 하였다. 그래서 나는 시어머니의 성함이 어떻게 되시는지 물었다. 그 환자는 내가 시어머니를 잘 모르실 것이라고 하면서, "시어머니는 1년 전 돌아가신 분이에요. 시어머니가 죽어서도 저를 걱정하시는지 어제 꿈에 나타나, 100미터나 되는 길의 간판들을 쭉 보여주시더니 이 병원을 가리키면서 진료받아 보라고 하셨어요."라고 말하였다. 믿을 수 없는 이야기였지만, 그 환자는 잘 치료되어서 얼마 후 증상을 호소하지 않게 되었다.

이 이야기는 당시에는 '망자의 소개'로 한동안 회자하였다. 그래서 지인의 말에 따라 홍보에 있어서 일희일비하지 않기로 하고, 이제 본업으로 마음을 돌리리라 생각하였다.

2024. 4. 일렁이는 바람이 된 벚꽃잎들을 바라보면서

참고 도서 및 웹사이트

1. 구글 맵 & 구글 어스 출처

2. 국립중앙박물관, 왕의 금제 관 꾸미개(https://www.museum.go.kr) 참조

3. Matteo Ricci, 1650년, 坤輿萬國全圖, Image Database of the Kano Collection출처

4. 김종문, 2021년, 『해수면의 비밀』, 좋은땅

5. Orontius Fineus, 1566년, 세계지도, DavidRumsey mapcollection 출처

6. 위키백과(https://ko.wikipedia.org) 참조

7. 권근 외, 1402년, 혼일강리역대국도, 서울대 규장각 출처

8. 네이버 한자사전(http://hanja.naver.com)

9. 존 한자사전(http://www.zonmal.com)

10. 다음 한자사전(https://dic.daum.net/index.do?dic=hanja)

11. 조선왕조실록, 국사편찬위원회(https://sillok.history.go.kr) 출처

12. 한국민족문화대백과사전(https://encykorea.aks.ac.kr) 참조

C. 불교 관련 지명

1. 람비니(藍毘尼)

2. 가필라국

3. 교살라국(憍薩羅國)

4. 사위국(舍衛國)

5. 기수급고독원(祇樹給孤獨園)

6. 거라제야산(佉羅帝耶山)

7. 구리성(拘利城)

8. 부다가야

9. 피라닐사(彼羅疿斯)

10. 녹야원(사르나트)

11. 상카샤

12. 수미산(須彌山)

13. 마가다국(馬加大突)

14. 위파나(違坡那)

15. 아라카주

16. 영취산(靈鷲山)

17. 갠지즈강

18. 배냇엘라, 배실라, 배살라

19. 니련선하(尼連禪河)

20. 구시국(拘尸國)

21. 화전(和田)

22. 오악사카

23. 마하가섭(摩訶迦葉)

24. 가섭불(迦葉佛)

25. 서역(西域)과 인도(印度)

다. 고대 왕조의 지명

A. 배달국의 지명

1. 신시(神市)

2. 청구(清丘)

3. 탁록(涿鹿)

B. 단군조선의 지명

1. 왕험성(王險城)

2. 백아강(白牙岡)

3. 안덕향(安德鄉)

4. 녹산(鹿山)

5. 영고탑(寧古塔)

6. 장당경(藏唐京)

7. 단군조선의 수도 변천

8. 두지주(豆只州)

C. 수명국의 지명

1. 상구(商丘)

D. 진제국의 지명

1. 회양(淮陽)

E. 염제신농국과 단웅국의 지명

1. 기산(岐山)

2. 공상(空桑)

F. 유웅국의 지명

1. 헌구(軒丘)

2. 궁상(窮桑)

3. 강수(江水)

4. 청양(青陽)

5. 곡부(曲阜)

6. 안양(安陽)

7. 도당(陶唐)

8. 삼위산(三危山)

G. 하나라의 지명

1. 회계산(會稽山)

2. 임분(臨汾)

3. 짐심(斟鄩)

4. 윤읍(綸邑)

5. 노구(老丘)

H. 상나라의 지명

1. 박(亳)

2. 은(殷)

3. 조가(朝歌)

I. 주나라의 지명

1. 호경(鎬京)

2. 부도(副都)

3. 낙읍(洛邑)

J. 진(秦)나라의 지명

1. 함양(咸陽)

K. 마우리아 제국의 지명

1. 부풍(扶風)

2. 팽성(彭城)

3. 촉군(蜀郡)

4. 정안(定安)

5. 금강산(金剛山)

L. 해자판 일본의 건국

1. 조선인 추장 소시모리(曾尸茂梨)와 그 후손의 전략

2. 단군조선의 협야후 배반명과 그 형제들의 전략

3. 단군조선의 장군, 신무천황의 일본 건국

4. 쿠바섬

제3편 단군조선 멸망부터 고려의 멸망까지

가. 환국인 등이 세운 나라의 지명

A. 신라의 지명

1. 알천(閼川)의 양산촌(楊山村)

2. 돌산(突山)의 고허촌(高墟村)

3. 취산(觜山)의 진지촌(珍支村)

4. 무산(茂山)의 대수촌(大樹村)

5. 금산(金山)의 가리촌(加利村)

6. 명활산(明活山)의 고야촌(高耶村)

7. 신라 6부를 연결한 모습

8. 월성(月城)

9. 낭산(狼山)

10. 용궁(龍宮)

11. 분황사(芬皇寺)

12. 신유림(神遊林)의 천왕사(天王寺)

13. 서청전(婿請田)의 담엄사(曇嚴寺)

14. 영묘사(靈廟寺)

15. 황룡사(皇龍寺, 黃龍寺)

16. 삼천기(三川岐)의 영흥사(永興寺)

17. 천경림(天鏡林)의 흥륜사(興輪寺)

18. 회암사(檜巖寺)

19. 사로국(斯盧國)

20. 갈화성(竭火城)

21. 토함산(吐含山)

22. 절영도(絶影島)

23. 울릉도(鬱陵島)

24. 우산도(于山島)

25. 낙동강(洛東江)

26. 마량온하(馬良溫河)

B. 통일신라의 지명

1. 호로하(瓠瀘河)

2. 칠중성(七重城)

3. 포석정(鮑石亭)

4. 양주(楊州)

5. 수리남(네덜란드령 기아나)

6. 우풍현(虞風縣)

7. 의창군(義昌郡)

8. 청해진(淸海鎭)

9. 문무대왕암과 감은사지(感恩寺址)

C. 남미 왜국의 지명

1. 구야한국(狗邪韓國)

2. 대마국(對馬國)

3. 구주(九州)

4. 명석포(明石浦)

5. 이도국(伊都國)

6. 노국(奴國)

7. 불미국(不彌國)

8. 야마대국(邪馬壹國)

9. 페르남부쿠(Pernambuco)

D. 고구려의 지명

1. 임유관(臨渝關)

2. 무려라(武厲邏)

3. 개모성(蓋牟城)

4. 환도성(丸都城)

5. 대방(帶方)

O. 해씨판(에스판) 일본의 건국과 그 지명

1. 출운국(出雲國)

2. 불랑(拂郞)의 해씨판 일본

3. 아라곤 왕국

4. 라만차(La Mancha)

5. 마르둑(多勒篤)

6. 포르투갈

P. 15~16세기 이전 멕시코만-카리브해의 해자판 일본 막부와 제도

1. 지팡구(Chipangu)

2. 자메이카(Jameica)

3. 다파나국(多婆那國)

4. 여한도(如漢島)

5. 흑치국(黑齒國)

6. 부상(扶桑)섬

7. 탕곡(湯谷)

8. 삼불제국(三佛齊國)

Q. 15~16세기 이전 남미 막부의 지명

1. 고려 제국 남미주행성(南美州行省)

2. 멕시카 제국

3. 대환천수(大桓千首, 타완틴수유)

R. 아프리카 막부의 지명

1. 빅토리아호수

2. 킬리만자로산

3. 탄자니아(Tanzania)

4. 제력호(齊歷湖)

5. 루웬조리(Rwenzori)산

6. 불라와요(Bulawayo)

7. 마다가스카르섬

제4편 근세 조선 시대와 그 막부

가. 동아시아의 나라
1. 서고려 동아행성(東亞行省)
2. 서고려의 수도자치구(首都自治區)

나. 북미 근세 조선의 지명
A. 경기도
1. 광주(廣州)
2. 가평(加平)
3. 화성(華城)
4. 수원(水原)
5. 부평(富平)
6. 여주(驪州)
7. 인천(仁川)
8. 양화진(楊花津)
9. 개경(開京)
10. 강화도(江華島)

B. 충청도
1. 공주(公州)
2. 천안(天安)
3. 충주(忠州)
4. 대전(大田)
5. 조선의 당진(唐津)
6. 보령(保寧)
7. 단양(丹陽)
8. 청주(淸州)
9. 온양(溫陽)

C. 경상도

E. 황해도

1. 해주(海州)

2. 황주(黃州)

3. 옹진(甕津)

F. 강원도

1. 강릉(江陵)

2. 삼척(三陟)

3. 간성(杆城)

4. 횡성(橫城)

5. 평창(平昌)

6. 홍천(洪川)

7. 춘천(春川)

8. 원주(原州)

9. 원산(元山)

10. 금강산(金剛山)

11. 양양(襄陽)

12. 영월(寧越)

13. 통천(通川)

14. 철원(鐵原)

15. 거문도(巨文島)

16. 여순(旅順)

G. 함경도

1. 의주(宜州)

2. 화령(和寧)

3. 함흥(咸興)

4. 길주(吉州)

5. 경성(鏡城)

6. 경흥(慶興)

H. 평안도

1. 평양(平壤)

2. 가도(椵島)

3. 의주(義州)

4. 귀성(龜城)

5. 안주(安州)

6. 위화도(威化島) 주변의 강과 섬

7. 흥화진(興化鎭)

8. 함종(咸從)

9. 마산(馬山)

다. 북미 막부의 지명

A. 명국의 지명

1. 장안(長安)

2. 각리불이(角利弗爾)반도

3. 중국의 남경(南京)

4. 백가충(白家冲)

5. 살이호(薩爾滸)

6. 길림(吉林)

B. 청국(후김국)의 지명

1. 북경(北京)

2. 심양(瀋陽)

3. 무순(撫順)

4. 마카오(澳門)

5. 상해(上海)

6. 향항(香港)

7. 구룡반도(九龍半島)

8. 하관(下關)

9. 청국의 중경(重慶)

10. 청국의 중경(中京)

11. 관동(關東) 지방

12. 하얼빈(哈爾濱)

13. 대련(大連)

14. 고혈도(庫頁島)

15. 요동반도(遼東半島)

16. 연길(延吉)

라. 15~16세기 이후 멕시코만-카리브해의 해자판 일본 막부

1. 괌

2. 대만(臺灣)섬과 제도

3. 이오지마섬(硫黃島)

4. 하와이제도

5. 콰잘레인(Kwajalein)섬

6. 에니웨톡(Eniwetok)섬

7. 자바섬

8. 미드웨이섬(Midway)섬

9. 과달카날(Guadalcanal)섬

10. 타라와(Tarawa)섬

11. 마킨섬

12. 세인트루시아섬

13. 필리핀섬

14. 류구국(琉球國)

15. 히스파니올라섬

마. 15~16세기 이후 해씨판 일본 막부

1. 임진란 전후 해씨판 일본 막부

2. 조선사 왜곡에 대한 해씨판 일본의 입장

3. 잉글랜드

4. 아란타(阿蘭陀)

제6편 거인들의 諸國

제7편 근세 조선의 역외 영토

가. 역외 영토의 개요
나. 실록에 나타난 근세 조선의 역외 영토
다. 백두산정계비 이후 역외 영토
1. 백두산정계비의 목적
2. 백두산정계비 터의 발견

라. 역외 영토의 지명
A. 칼산 영토의 지명
1. 보다회산(甫多會山)
2. 백두산(白頭山)
3. 백두산 천지(白頭山 天池)
4. 병사봉(兵使峰)
5. 대연지봉(大臙脂峰)
6. 토문산(土門山)
7. 두만산(豆滿山)
8. 압록강(鴨綠江)
9. 청산(靑山) 지역
10. 길림(吉林)
11. 장백산(長白山)
12. 연변(延邊)
13. 서구금척(西區金尺)

B. 흑룡산(黑龍山) 영토의 지명
1. 비암산(琵岩山)
2. 해란산(海蘭山)
3. 봉오동(鳳梧洞)
4. 봉밀산(蜂蜜山)
5. 우예(虞芮)
6. 흥개호(興凱湖)